国家社科基金
后期资助项目

职业生涯发展模式探新
——基于角色交互的视角

孙美佳 著

Exploration on the Innovative Model of Career Development:
Based on the Perspective of Role Interaction

上海社会科学院出版社
SHANGHAI ACADEMY OF SOCIAL SCIENCES PRESS

图书在版编目(CIP)数据

职业生涯发展模式探新：基于角色交互的视角 / 孙美佳著. — 上海：上海社会科学院出版社，2023
ISBN 978 - 7 - 5520 - 4243 - 6

Ⅰ.①职… Ⅱ.①孙… Ⅲ.①职业选择—研究 Ⅳ.①C913.2

中国国家版本馆 CIP 数据核字(2023)第 185168 号

职业生涯发展模式探新
——基于角色交互的视角

著　　者：孙美佳
责任编辑：赵秋蕙
封面设计：黄婧昉
出版发行：上海社会科学院出版社
　　　　　上海顺昌路 622 号　邮编 200025
　　　　　电话总机 021 - 63315947　销售热线 021 - 53063735
　　　　　http://www.sassp.cn　E-mail:sassp@sassp.cn
照　　排：南京展望文化发展有限公司
印　　刷：上海龙腾印务有限公司
开　　本：710 毫米×1010 毫米　1/16
印　　张：16.75
字　　数：300 千
版　　次：2023 年 11 月第 1 版　2023 年 11 月第 1 次印刷

ISBN 978 - 7 - 5520 - 4243 - 6/C·229　　　　定价：88.00 元

版权所有　翻印必究

国家社科基金后期资助项目
出版说明

后期资助项目是国家社科基金设立的一类重要项目,旨在鼓励广大社科研究者潜心治学,支持基础研究多出优秀成果。它是经过严格评审,从接近完成的科研成果中遴选立项的。为扩大后期资助项目的影响,更好地推动学术发展,促进成果转化,全国哲学社会科学工作办公室按照"统一设计、统一标识、统一版式、形成系列"的总体要求,组织出版国家社科基金后期资助项目成果。

全国哲学社会科学工作办公室

前　言

　　工业化使劳动从家庭中分离,造成了个体职业角色对其他角色的侵蚀,导致了诸多社会、家庭和个体问题的产生。如果继续以"工作"的单维视角探讨个体生涯发展,容易陷入"劳动异化"和组织与员工"对立发展"的僵局,最终可能导致组织内驱力耗竭和发展的不可持续。相反,越来越多的组织创新管理方式和员工自我职业生涯管理实践表明,个体职业发展不仅是单一职业角色的承担问题,还与其家庭角色、教育角色、社会角色等诸多角色息息相关。当下,虚拟组织、群落组织、平台组织等新兴组织形态大量涌现,信息化技术深刻改变了人类的生产生活方式。尤其在后疫情时代,居家办公变得越来越普遍,个体的工作角色、家庭角色、社会角色等角色的边界变得模糊,角色间产生相互影响的程度和范围不断加深,个体的职业生涯发展也随之产生了一些新变化和新挑战,突出体现为多元角色的融合、匹配、互补和共担,出现了多元角色并行发展、折中发展、迂回发展等新策略。因此,以多元角色协调发展观替代单一职业角色发展观,不仅可拓展该领域的学术空间,也可促使组织从更理性、更时代性和更社会性的视角最大限度地激发个体的创造潜能。

　　目前,在职业生涯研究中存在两类截然相反的观点:一类观点认为,不同角色隐含着差异化的行为规范和关系处理逻辑,将导致诸角色之间的冲突,这是个体职业生涯发展的阻力来源。另一类观点认为,多元角色承担也存在相互协调与促进的方面,可以成为个体职业生涯发展的动力来源。理论观点未达成共识的原因在于多元角色间关系可能存在特定的系统结构,从系统角度对角色结构进行分析或可解开两种假说之间的争端。现有研究多从"工作—家庭"两个传统角色的零和博弈入手,探讨局部要素对个体职业生涯发展的影响。受社会网络理论的启发,工作、家庭以外的其他社会角色(例如学习者角色)也对职业生涯发展具有重要价值。有必要从多元动态视角出发,挖掘多元角色间关系对职业生涯发展的价值,以更真实全面地反映当代职业生涯发展的客观规律。

在无边界、易变型、知识型职业生涯发展趋势的现实背景下,本研究以职业生涯发展理论和角色理论为依据,结合人力资源开发、工作—家庭平衡、社会网络等领域的相关研究,尝试以角色关系系统为视角探讨职业生涯发展过程,以期对职业生涯发展领域的研究有所突破。为此确定了三个研究目标:第一,探讨以角色关系系统视角解读职业生涯发展过程的必要性与可行性,构建基于角色关系的职业生涯发展理论。第二,挖掘并检验多元角色关系博弈中职业生涯发展的过程机理。第三,寻求该理论在职业生涯管理中的应用价值。

本研究综合使用了文献分析、系统动力学分析、质性研究、调查研究、理论构型分析等研究方法。具体研究思路为:首先,梳理职业生涯、角色理论、工作—家庭平衡等领域的前沿文献,在已有研究基础上,构建了基于角色关系的职业生涯发展理论视角。其次,从多元角色视角出发,搭建了"职业—家庭—社会"三元角色框架,采用质性研究,选择 10 位女性 MBA 毕业生进行案例分析,归纳出基于角色关系的职业生涯发展过程,挖掘出多角色参与的系统动力结构关系。再次,采用定量研究,提出带调节的中介模型假设。选择面临角色关系特征的职业人群作为调查对象,共回收有效问卷 364 份,利用 Mplus 和 Hayes 编写的 SPSS 宏程序 PROCESS 对研究假设进行检验。最后,借鉴理论构型法,分析角色关系的四种构型,通过调整交互载体,为职业生涯管理活动提供视角与工具。得到以下研究结论:

第一,多元角色间关系存在非线性特征,角色间存在双向反馈作用的系统特质,其联合影响最终可能形成超越任何单一角色影响的整体价值,符合系统运行的基本规律。因此,使用系统动力学的方法,分析角色间关系、内在动力机制、阻力机制和角色发展过程,不仅是可行的而且是必要的,形成了"基于角色关系的职业生涯发展理论"的基本框架。

第二,从多元角色视角考察,"职业—家庭—社会"三元角色组成的角色系统,是推动个体职业生涯发展的重要机制。在复杂多变的环境中,主体突破单一角色的框架,在职业角色、家庭角色和社会角色等多重角色间进行选择与博弈,在多组织、多领域、多身份的变化中寻求职业生涯发展。

第三,通过质性研究,挖掘出"多角色参与""角色交互""交互载体""角色状态改变"等核心概念,探索"基于角色关系的职业生涯发展模式"的机制机理。研究发现,交互载体是决定角色间关系性质的关键中介,它存在两种形式,增值型和消耗型。增值型载体具有拓展性、兼容性、柔性等特征,消耗型载体具有专属性、有限性、排他性等特征。据此,又形成角色关系的两种系统结构:增长型循环,可引发角色状态的积极改变,促进职业生涯发展;调节型循环,可导致角色状态的消极改变,阻碍职业生涯发展。最终对个体职业生涯产生的联合影响取决于占主导地位循环的性质,增长型循环占主导,则个体职业生涯正向发展;调节型循环占主导,则将造成个体职业生涯的停滞甚至倒退。

第四,根据研究需要,开发了角色促进和角色冲突的测量量表。预调研中,量表通过了信度和效度检验。探索性因素分析显示,角色促进包括能力促进、资源促进和心理促进三个维度,角色冲突包括主观冲突和客观冲突两个维度。此外,多角色参与可由多角色投入、角色多样性、平均角色投入三个指标来体现。

第五,借助问卷调查,检验了多元角色关系对个体职业生涯成功的影响。统计结果显示:① 从主效应来看,角色促进对个体职业生涯成功具有显著的正向影响,角色冲突对个体职业生涯成功具有显著的负向影响。② 多角色参与具有显著的"双刃剑效应"。尤其是多角色投入、角色多样性可以同时对角色促进和角色冲突产生显著的正向影响。但平均角色投入仅对角色促进具有显著的正向影响,对角色冲突的影响不显著。③ 角色交互在多角色参与和职业生涯成功之间具有显著的中介作用。其中,角色促进在多角色参与和职业生涯成功之间具有显著的正向中介作用,而角色冲突在多角色参与和职业生涯成功之间则表现为遮掩效应。④ 应对策略在过程机制中具有带调节的中介作用。其中,角色多样性通过角色促进(角色冲突)影响个体职业生涯成功的中介过程受到积极应对策略的调节,平均角色投入通过角色促进(角色冲突)影响个体职业生涯成功的中介过程受到积极应对策略的调节。多角色投入通过角色冲突影响个体职业生涯成功的中介过程受到消极应对策略的调节作用,角色多样性通过角色促进(角色冲突)影响个体职业生涯成功的中介过程受到消极应对策略的调节。

第六,角色关系构型是解读个体角色关系系统结构、发现角色发展阻力、寻求角色系统改进的重要分析工具。基于角色关系的职业生涯发展模式重点在于对角色交互性质进行分析,其本质是角色间系统动力结构的呈现。而交互载体是把握角色关系系统结构的关键中介,通过交互载体的性质可以判断出角色交互的性质;通过对交互载体的调整,可以实现改变角色间关系的目的。根据交互载体的不同,多元角色间的相互影响会分化成两个力量相反的过程:以消耗型交互载体为基础,形成多元角色间调节型循环结构,表现为角色冲突过程,抑制职业生涯发展;以增值型交互载体为基础,形成多元角色间的增长型循环,表现为角色促进过程,有利于职业生涯发展。

第七,多数情况下,交互载体是已经客观存在的,即使主体不主动干预,角色间的相互影响也会自然地发生。然而，作为一种客观规律，角色交互过程仍然会受到个体应对策略的调节，可以促进或抑制这种规律的产生、发展和效果实现。通过增加增值型交互载体、减少消耗型交互载体、调整角色投入程度，可以改变角色间交互关系的性质，实现促进职业生涯发展的目的。同时，还可以通过巧用积极应对策略、善用角色支持系统等方式缓解角色冲突水平，改善角色间关系，促进个体职业生涯发展。

　　本研究的创新性主要体现在：① 引入角色理论、系统动力理论，论证了职业生涯发展的角色系统属性，提出"基于角色关系的职业生涯发展模式"，扩展了职业生涯领域的研究视角。② 构建了"工作—家庭—社会"三元角色互动的分析单元，运用系统动力学原理进行分析，揭示了职业生涯发展的动力来源和阻力来源，丰富了职业生涯领域的研究路径。③ 在质性研究基础上，挖掘出"角色交互""多角色参与""交互载体""角色状态改变"等概念，构建了新的概念框架和分析体系。④ 开发了角色促进和角色冲突量表，贡献了新的测量工具。⑤ 构建了"角色关系构型"，为职业生涯管理提供了新的理念、工具和管理策略。

目录

第一章　绪论 / 1
　　第一节　实践背景与问题提出 / 1
　　第二节　理论背景与研究立意 / 5
　　第三节　研究思路与章节设置 / 9

第二章　职业生涯发展及相关理论综述 / 15
　　第一节　职业生涯的内涵及其影响因素 / 15
　　第二节　职业生涯发展的几种典型理论 / 27
　　第三节　无边界、易变型、知识型职业生涯的新趋势 / 38

第三章　多元角色关系的系统学分析 / 47
　　第一节　关于角色本质的研究 / 47
　　第二节　多元角色关系研究 / 53
　　第三节　角色关系系统的形成 / 58

第四章　系统动力视角下基于角色关系的职业生涯发展理论建构 / 67
　　第一节　系统动力学的基本原理与研究工具 / 67
　　第二节　多元角色影响职业生涯发展的系统动力学分析 / 73
　　第三节　基于角色关系的职业生涯发展理论构建 / 86

第五章　基于角色关系的职业生涯发展过程机理的质性探索 / 94
　　第一节　质性研究设计 / 94
　　第二节　基于角色关系的职业生涯发展的概念化 / 101
　　第三节　基于角色关系的职业生涯发展的核心过程梳理 / 110

第六章　基于角色关系的职业生涯发展过程的实证设计 / 129
　　第一节　基于角色关系的职业生涯发展的理论框架 / 129
　　第二节　角色交互的量表开发与优化 / 132

第三节　研究假设与量表选择 / 145

第七章　基于角色关系的职业生涯发展过程机制检验 / 156

　　第一节　问卷调查与初步检验 / 156

　　第二节　基于角色关系的职业生涯发展基本过程检验 / 162

　　第三节　应对策略的调节中介作用检验 / 171

第八章　角色关系构型与职业生涯管理策略 / 186

　　第一节　职业生涯发展角色关系过程的基本原理 / 186

　　第二节　角色关系构型及其转化路径 / 190

　　第三节　以角色交互为基础的职业生涯优化策略 / 196

第九章　基于角色关系的职业生涯发展研究与展望 / 205

　　第一节　基于角色关系的职业生涯发展研究的相关结论 / 205

　　第二节　基于角色关系的职业生涯发展模式的管理实践 / 210

　　第三节　基于角色关系的职业生涯发展研究的未来展望 / 214

参考文献 / 220

附录 / 242

　　附录A　深度访谈意见征询 / 242

　　附录B　访谈记录节选 / 243

　　附录C　2013年调查问卷（预调研）/ 246

　　附录D　2021年调查问卷 / 252

第一章 绪 论

绪论主要围绕研究问题的提出而展开。从当前现实背景和理论背景的双重视角，提出本研究所关注的主要问题，明确研究目标和研究意义，进而介绍研究方法、研究思路、研究报告的结构安排和各章节的主要内容。

第一节 实践背景与问题提出

一、职业生涯发展是员工面临的重大现实问题

职业生涯发展是人力资源开发的一项重要内容，也是人力资源管理的核心议题。传统的员工发展往往被纳入组织框架之下，按照组织的发展目标，通过一系列的开发手段，实现激发员工潜能的目的，即实施有组织的职业生涯开发。然而，该视角以组织需求为主导，隐含着忽视员工需求的潜在缺陷，极易导致员工压力问题的产生，且不易被重视，间接破坏了企业人力资源队伍的可持续发展。本研究旨在关注日趋多元化的个体需求，尝试通过满足个体需求的途径实现个体开发与组织人力资源开发的双赢目标。

工业化和市场经济模式引发了劳动从"以家庭为单元"转变为"以组织为单元"，把劳动从其他生活领域中分离出来，遵从市场的运营逻辑，致使个体成为职业生涯发展的决策单元，收入回报和社会地位变成了个体职业发展的决策依据，而忽视了家庭的整体协调性及其对个人发展的潜在价值。另一方面，企业也以经济指标作为评价标准，对员工能否承担好家庭角色漠不关心，更助长了工作对家庭生活的挤压与偏离，偏好工作成为个体对家庭和工作价值权衡的结果。[①] 对单一经济性逻辑的过度关注导致了诸多社会问题。例如，流水线上的员工跳楼事件、互联网大厂员工"过劳死"事件、工作压力催生

[①] 刘汶蓉.家庭价值的变迁和延续——来自四个维度的经验证据[J].社会科学，2011(10)：78-89.

的"丁克族""不婚族""离婚率上升"现象。随着人口老龄化的不断加剧，中国的人口政策从"独生子女政策"逐步调整为"三孩政策"，但适龄人口的生育意愿极低。以上海为例，根据2021年公布的《上海市民生育意愿调研报告》，即使不考虑政策限制，49.3%的受访者仍希望只生育1个孩子，36.6%希望生育2个孩子，仅2.7%希望生育3个及以上孩子，另有11.4%的人"不想要孩子"，[①]工作压力大、生活节奏快导致个人精力不足，以及养育子女的经济成本过高，均是导致这一情况的最直接原因。如果继续以市场经济的逻辑攫取员工价值，忽视潜在的损失，终将影响经济发展的整体动力性和可持续性。如何拓宽思路，结合时代发展脉络，解决因经济逻辑过度而产生的劳动异化问题是企业、组织和社会所面临的现实挑战。

二、协调兼顾是实现员工与组织利益结合的纽带

一些优秀企业与员工通过工作以外的方式，就员工发展问题进行了诸多尝试，探索通过获取社会资源满足日益增长的员工发展需求，以社会心理视角对过度的经济逻辑进行补充，为员工发展问题提供了有价值的参考。

实践创新多从员工的精神世界入手，从"关注组织人的发展"转变为"关注完整人的发展"，以回应员工切身利益的方式激发员工对组织的归属感和凝聚力。例如，全球500强企业伟创力公司通过留守儿童教育与亲子计划，为其所雇用的农民工雇员提供全方位的关怀。农民工从农村来到城市，把大部分时间投入在工作上，工作内容枯燥与精神生活匮乏是造成工作压力的主要原因。尤其是他们的子女多数仍然留在农村，子女教育和亲子间沟通交流是农民工们最牵挂的问题。该企业从农民工的子女教育和情感入手，帮助农民工员工切实解决生活中关心的问题，为留守儿童开设"日间课堂"、为亲子之间提供免费热线平台、免费咨询和免费的亲子沟通培训等，不仅满足了员工的精神需求，充分调动了其工作积极性，而且降低了员工流失率。[②] 该企业还曾以提供员工教育的方式将非洲一家濒临破产的工厂改造成一家流动率几乎为零、最赚钱、毛利最高的工厂，可见人文关怀中潜藏着社会效益和经济价值。

实践中也出现了很多员工自我职业生涯管理的创新尝试。尤其是新生代知识型员工，以更加积极、主动和追求自我完善的姿态直面问题的焦点，设

---

① 青年报.上海市民生育意愿调研报告来了！上海人想生几个娃？[EB/OL].(2021-08-31). https://page.om.qq.com/page/Omwu9b6Pj3VL38spdCVqOwyQ0.

② 黄英祺.不容忽视的员工切身利益[EB/OL].(2012-11-11).http://www.chinahrd.net/employee-relations/employee-relations-training/2012/1111/179335.html.

计出有别于传统的职业生涯管理方式。例如,现实生活中,一些具有高等教育背景、正值职业和家庭峰值期的知识型女性,在面临工作对家庭的不利影响时(如由于工作负担而影响生育使命的实现),探索性地将终身学习和接受再教育巧妙地融入了自身职业生涯的设计之中,选择于再教育期间完成生育使命,将工作与家庭间的"二元冲突"转变为"工作—学习—家庭"间的"三元促进",形成了"并行处理""折中处理""迂回发展"等多种新模式。这些实践是以自我生涯管理的方式突破狭义职业领域的局限,在更广阔的生命空间中对经济角色进行拓展和补充。

组织的创新实践和员工自我生涯管理的探索均表明,员工发展不仅与职业问题有关,还与家庭、教育、社会等诸多角色息息相关。如果继续以"工作"的一维视角探讨员工发展问题,将陷入"劳动异化"和"畸形发展"的僵局。需要适当的社会情感对过度的经济逻辑进行调和,以多元角色协调发展对单一的职业角色发展进行补充,从而在更广阔的生命空间里激发个体的潜能。在多元角色视角下探究个体发展问题的本质及可能的解决途径,不仅有助于个体的职业生涯发展与全面提高,而且有助于突破组织与员工间的零和博弈,在根本上保证组织发展的可持续性。

三、多元角色冲突对员工及组织形成的巨大挑战

随着实践的发展,员工往往扮演着更多的角色,经常面临角色冲突和角色选择的困境。尽管一些管理尝试表明,从单一角色向多元角色的回归有助于员工心理压力的缓解和内在潜能的激发,可以帮助个体的职业生涯发展。但现实中往往出现与之相反的事实。

一项《生命时报》的调查显示,97.48%的城市人群感觉生活压力很大很辛苦,而工作(64.80%)、家庭负担(47.42%)、个人健康(41.32%)和住房问题(37.42%)是导致这一现象的主要原因。此外,婚恋关系、赡养父母、同事关系、子女教育也是造成这一问题的重要因素。[1] 另据《中国青年报》针对新生代职业群体的调查显示,有53.4%的被调查者需要承担多位老人的赡养责任;相当一部分被调查者反映生活成本过高(52.7%),感到无力负担;更有一半以上的被调查者反映因为工作压力过大,感觉照顾父母力不从心(54.1%),或因各种原因无法把父母接到身边照顾(39.7%)。[2] 此外,一项针

---

[1] 张静,王月.压力调查显示97.48%的人觉得累,中年人累得喘不过气[EB/OL].(2011-01-05). http://health.people.com.cn/GB/13655977.html.

[2] 王聪聪.86.4%受访者期待未来十年国家加大老人护理投入——社工人士建议设立助老志愿服务时间银行,把城市志愿活动向助老方面延伸[N].中国青年报,2012-11-13(7).

对4 155名"80后""90后"新生代员工的调查显示,46.9%的被调查者认为职位晋升会增加工作压力,导致无法平衡工作和家庭生活,因此愿意为了家庭而放弃晋升。①

这些现象均表明多元角色承担对个体的冲突性要求可能导致诸多不良后果。一方面,作为家庭成员,个体必须考虑赡养老人、抚育子女、改善生活质量等问题,需要通过工作和职业生涯发展等手段获取所需资源。另一方面,作为员工,组织框架的刚性又使个体被工作束缚,不得不牺牲一部分家庭时间和精力,以促进职业角色的绩效表现。特别是在知识经济时代,职业群体的工作压力和家庭问题更加复杂多样。处于职业上升期,相对于传统职业生涯发展所面临的工作—家庭平衡问题,知识经济时代下的知识型员工还需要面临终身学习与职业发展之间的选择。换言之,他们将面临工作、家庭与学习三者之间的冲突与抉择。

与此同时,虚拟组织、群落组织、平台组织等新兴组织形态大量涌现,信息化技术深刻改变了人类的生产生活方式。网络购物、线上业务办理、一网通办、一网统管等方式为个体的工作与生活提供了极大的便利。尤其在后疫情时代,居家办公变得越来越普遍,个体工作、家庭、社会等角色的边界变得模糊,角色间产生相互影响的程度和范围不断加深,个体的职业生涯发展也随之出现了一些新变化和新挑战。

四、多元角色关系的两面性与研究问题的提出

工作—家庭领域的现实情况表明,对多元角色差异化要求的权衡与取舍,可能导致员工更大的角色压力,使得他们在职业生涯发展过程中面临艰难选择。由于个体的时间、精力、体力和资源有限,对多元角色职能的承担不仅会加重个体的资源负担,而且会加重个体的心理负担,最终将羁绊其职业生涯发展。多元角色承担可能导致个体的过度消耗,引发相关的心理问题,从而成为抑制其职业生涯发展的阻力来源。

然而,伟创力公司的创新管理实践和知识型女性的自我生涯设计,均体现了工作角色以外,与工作息息相关的其他角色对职业生涯发展的价值。一些角色的强化(例如家庭角色)或引入(例如学习者角色),可能成为促进职业生涯与家庭生涯和谐发展的桥梁。这意味着,只有将员工视作"完整人",把员工的职业空间与家庭空间和教育空间相结合,利用综合性的激励手段将

---

① 中国人力资源开发网.47%年轻人认为工作压力大拒升职[EB/OL].(2012-11-13). http://www.chinahrd.net/news/career-mulriple/2012/1113/179482.html.

"原子化个体"重新赋予完整的生命空间与社会意义,才是促进个体发展、激发人力资源潜能的根本解决之道。换言之,多元角色的融合、匹配、互补和共担,也有可能成为促进个体职业生涯发展的动力来源。

本研究正是源于对这些现实问题的观察与思考:对现代职业群体而言,多元角色的承担是否一定是个体职业生涯发展的阻力来源?如何将其转化为个体职业生涯发展的动力来源?员工需要如何处理多元角色间关系,才能实现职业生涯的积极、健康、持续发展?

第二节 理论背景与研究立意

基于上述问题,本研究尝试在现有理论中寻找答案,其中职业生涯发展理论和工作—家庭关系理论与之最为相关,在一定程度上可对问题的解决提供有价值的分析视角。本节从理论背景出发,将问题进一步梳理和细化,以提出具体研究目标,并论述研究价值和可能的创新之处。

一、已有研究梳理

1. 职业生涯领域的相关研究

职业生涯是指工作的路径与发展过程(Baruch,Rosenstein,1992),或个体准备、进行和持续选择职业的过程,与个体的价值观、态度、需求、工作经历、行为等密切相关(如,Appelbaum,Hare,1996;Judge et al.,1995)。传统职业生涯发展理论多从以工作为中心的单一视角看待生涯发展问题(如,Raabe et al.,2007;Schein,1978,1996),或关注了生命周期及家庭要素与职业生涯发展的联系(如,Super,1980;Greenhaus,Beutell,1985;Ginzberg,1972)。尤其是从工作—家庭关系视角进行的研究,已经获得了较为丰硕的成果。相关结论也形成了截然不同的两种观点:一种观点认为家庭角色对职业生涯发展具有阻碍作用,另一种观点则认为两者之间存在相互促进的作用。

2. 工作—家庭冲突领域的研究

以工作—家庭冲突为视角的研究认为,不同角色本质上代表了社会活动的不同性质,隐含着差异化的行为规范和关系处理逻辑,人们不可避免会将一个系统中的感情、行为和关系逻辑带入另一个系统中,从而引发角色之间的混淆,形成角色冲突。相关研究显示,较高的工作—家庭冲突水平不仅会引起个体的负面情绪(如,Kossek et al.,2012;Marks,MacDermid,1996;Frone et al.,1992)和精神压力(如,Amstad et al.,2011;Coverman,1989),降低其满意度与幸福感(如,Aryee et al.,1999;林丹瑚等,2008;张勉等,2011),而且还将导致主体的职业倦怠(如,曾练平,2008;唐汉瑛等,2010),引发迟到、早退、缺勤等工作场所退缩行为(张建卫,刘玉新,2011)降低工作绩效(如,Karatepe et al.,2008;Frone et al.,1997;Kossek,Ozeki,1999;Netemeyer,1996),提高员工的离职倾向(如,Greenhaus et al.,1990;潘镇,陈亚勤,2012),形成职业高原的发展瓶颈(如,白光林,王国栋,2013)。这类研究认为多元角色的承担可能成为个体职业生涯发展的阻力来源。

3. 工作—家庭促进领域的研究

另一类研究以工作—家庭促进为代表,其观点与上述研究结论相反。该视角认为工作与家庭角色之间不都是对立与竞争的关系,也存在相互协调与促进的方面。人们在一个系统中有所丧失,就会在另一个系统中寻求弥补,以求得心理上的满足(Staines,1980)。对工作或家庭角色的参与还可以为个体带来特权、资源、安全或人格丰富,帮助其他领域职能的改善(Sieber,1974;Crouter,1984)。因此,该领域的研究发现,工作—家庭促进不仅有助于改善个体的情绪和心理健康状态(Grzywacz et al.,2011)、提升工作满意度和家庭满意度(Wayne et al.,2006;林丹瑚等,2008)以及主观幸福感(Allis,O'Driscoll,2008),还能够有效提高个体的技能水平,促进个体的创造力(王永丽等,2012),提升其工作投入程度(Wayne et al.,2006),并能减少工作场所退行行为(Grzywacz,Marks,2000;张伶,聂婷,2013),最终可以降低个体的离职意愿(Wayne et al.,2006;张莉等,2012)。这类研究认为,多元角色的承担可能成为个体职业生涯发展的动力来源。

二、研究目标的确立

1. 本研究的突破口

上述研究从两种不同的角度探讨了多元角色承担对职业生涯发展的影响,得出了相悖的结论,是可供借鉴的重要理论基础,并提供了更多值得研究探讨的关键点,具体为以下三点。

第一,已有研究从不同角度对工作角色和家庭角色之间的关系进行了分析,就两类角色对个体职业生涯发展的影响效果进行了讨论,虽然得到的研究结论不一致,但已经在一定程度上反映出了职业生涯发展的角色本质。换言之,职业生涯发展又可理解为职业角色的演进历程,该角色能够通过与其他角色的互动实现自身的发展。但已有研究尚未对职业生涯发展的角色内涵进行讨论,职业生涯发展的角色基础有待进一步挖掘。从角色角度进行分析不仅有助于厘清促进和阻碍职业生涯发展的关键因素和过程机制,还可能促进新模式的产生,是本研究的关键切入点。

第二,多元角色承担对职业生涯发展影响的方向尚不明确,存在是正向影响还是负向影响的理论困惑。尽管一些研究倡导角色整合(Role Integration),试图将多元角色间及角色内部的满意度与压力进行平衡(Olson-Buchanan, Boswell, 2006; Meleis et al., 1989; Hall et al., 1992),认为角色满意度与角色压力可以相互抵消,但仍然无法明确角色冲突面与角色促进面同时对职业生涯发展产生影响时的系统性作用和联合效果。借鉴系统分析工具对多元角色间关系的梳理与探索,可能成为解决这一理论与现实困惑的关键点,也是本研究的重要突破口。

第三,现有研究所涉及的角色范围大多局限在工作—家庭关系领域,未能充分说明其他角色对职业角色的影响。根据社会资本理论,由角色所形成的社会网络,不仅可以帮助个体获得更多的就业机会(Granovetter, 1973, 1983, 1985; 董占奎, 黄登仕, 2013),而且有助于个体职业地位的获取(边燕杰, 2004; Adler, 2002),以及职业成功的实现(Seibert et al., 2001; 刘宁, 2007; 周含, 刘津言, 2012),因而社会网络也是职业角色发展的促进因素之一。但当前研究没有关注到工作和家庭以外的其他社会角色,或将三类主要角色分开讨论,忽视了多元角色间可能存在的互动关系及其相应的联合影响。多元角色框架的搭建和系统动力学角度的分析,有利于挖掘出多元角色间相互影响的本质过程与内在机理,是本文的关键研究工具。

2. 拟解决的理论问题

基于研究空间的挖掘,本研究拟解决以下五个相关理论问题。

(1) 新视角的介入

职业生涯发展是否可以通过角色理论进行解读?借鉴职业生涯发展理论、角色理论、系统动力学等理论,探讨以角色关系系统的视角解读职业生涯发展过程的必要性与可行性。

(2) 分析框架的形成

影响职业生涯发展的角色有哪些?将以怎样的方式,对职业角色产生怎样的影响?结合角色理论、人力资源开发、工作—家庭关系、社会网络等理论,挖掘影响职业生涯发展的角色类型,对角色间关系影响职业生涯发展的可能性进行讨论,构建职业生涯发展的角色分析框架。

(3) 过程机制的探索

以角色关系为基础,对职业角色发展的动力过程和阻力过程进行挖掘,并进一步讨论角色发展动力与角色发展阻力之间的关系,及可能存在的联合影响,从而明确以角色关系为基础的职业生涯发展的系统结构与过程机制。

（4）测量工具的开发

测量模型是衡量一个理论科学性、有效性的必要方面。为验证以角色关系为基础的职业生涯发展理论的可信性和理论复现性，需要对相关变量进行有效测量。理论界已存在二元角色关系的测量方法，但尚无测量多元角色间关系的成熟量表，需要根据研究目的进行量表开发。以此为基础，就理论框架的科学性、可信性和有效性，寻求实证数据的支持。

（5）在职业生涯管理中的应用

以研究结论为基础，从角色间相互影响的角度，尝试构建职业生涯管理的指导原则与分析工具，挖掘化解冲突、促进发展的现实举措，为职业生涯管理实践提供改进方向，以解答"个体如何处理多元角色间的关系，才能实现职业生涯的健康持续发展"的根本性问题。

三、研究价值与意义

结合研究问题和研究目标，本研究创新点主要体现在理论构建、过程探索和对职业生涯管理的理论突破与模式创新等三个方面。

1. 以多元角色视角分析职业生涯发展问题

传统职业生涯发展理论多注重个体因素、工作因素、组织因素、环境因素等单一要素对员工职业生涯发展的影响作用，仅从静态角度解释生涯发展的局部、片面规律。本研究关注了可能对职业角色存在影响的多元角色，尝试以角色关系分析为视角，通过对多元角色之间动态关系的探讨，揭示职业生涯发展的角色本质，解读职业生涯发展的过程机理。该视角的加入能够更加系统、动态、科学地揭示职业生涯发展的客观情况，对职业生涯理论、角色理论有所补充。

2. 对职业生涯发展理念的反思与完善

当前研究多以企业战略为出发点，过度强调企业目标与绩效的达成，忽略了员工主体的现实需求，可能陷入劳动异化的怪圈。本研究对此进行了反思，发现在知识经济时代，员工的价值观已经发生了巨大的变化，尤其是知识型员工，自我实现、全面发展的内在动机已经替代了单纯出于物质利益和社会地位考虑的外在标准。因此，本研究尝试引入社会系统视角解决经济逻辑过度的问题，强调把员工的职业空间与家庭空间和社会空间相结合，还原其生命空间的完整面貌，从而调整管理理论中过度强调组织价值导向的理念偏差，从"全人发展"的本源上看待人力资源开发的议题。

3. 突破工作—家庭零和博弈的尝试

目前工作—家庭关系领域的研究，多持冲突的立场，认为职业角色的发展不可避免地需要以家庭角色的牺牲为代价,仅从工作系统和家庭系统的二元视角寻找解决问题的途径,以权衡妥协为基本策略,不仅手段有限,效果也不尽理想。一些缓解员工工作—家庭冲突和工作压力的手段,如员工援助计划,仅面向核心员工,很难惠及非核心员工和非正式员工,因此相关研究结论并不能使所有员工从中受益。本研究将对职业生涯发展的角色过程进行梳理,尝试以新角色的引入重构二元角色框架,以多元角色协调发展化解工作与家庭间的矛盾。相关结论不仅有助于打破工作—家庭间零和博弈的僵局,并可能在更广阔的范围中,为冲突目标管理、员工主观幸福感等关乎社会福祉的问题提供综合解决方案。

第三节 研究思路与章节设置

一、研究思路与技术路线

1. 研究思路

本研究沿着由现象到理论再到实证、由具体到抽象再到具体、由一般到特殊再到一般的思路,展开全文讨论,共分为四个核心组成部分。首先,由现象驱动,发现原有职业生涯发展理论中虽然隐含着角色的本质特征,但理论界尚缺乏以角色为视角的讨论,以此为突破口,尝试对"以角色关系为基础的职业生涯发展"进行理论构建。其次,为了在具体情境中更加准确地阐释问题,本研究选择具有代表性的样本,进行质性研究和案例分析,抽象出"以角色关系为基础的职业生涯发展"的研究框架。再次,为了弥补质性研究样本的局限性,本研究采用定量研究方法,将理论框架转化为可以进行测量和验证的研究议题,根据需要开发量表,在更一般的群体中检验结论的适用性。最后,以研究结论回应现实问题,尝试对研究结果的应用价值进行解读。探讨角色冲突与角色促进过程的关系,以关系的类型为区分,构建角色关系模型的分析框架,为职业生涯规划与管理提供指导方向。

2. 研究方法

为了实现上述研究目的,本研究拟采用文献回顾、理论构建、系统动力学分析、质性研究、实证研究、问卷调查、统计分析、理论构型法等多种研究方法,具体的研究思路如图1-1所示。

(1) 理论梳理

采用理论梳理和文献回顾的方法对职业生涯发展理论进行综述,以奠定

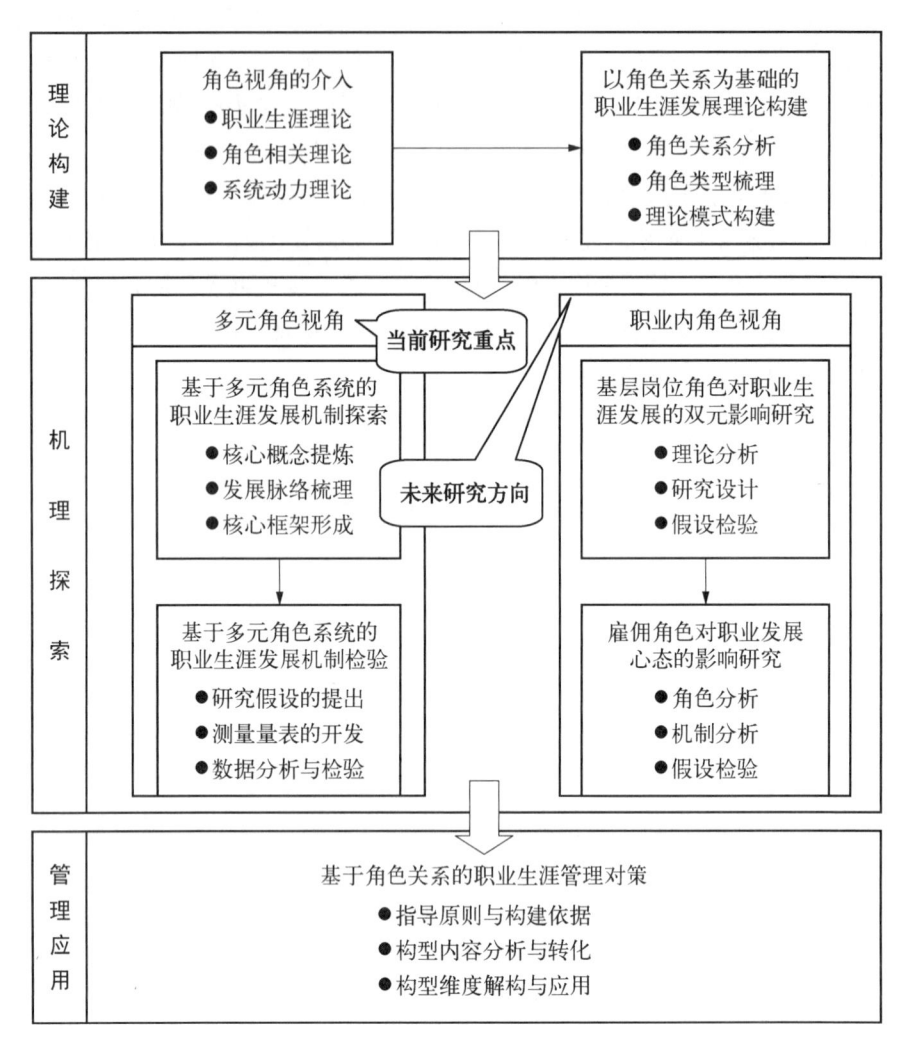

```
┌──────┬─────────────────────────────────────────────────────────┐
│      │ ┌──────────────────┐      ┌──────────────────┐          │
│ 理论 │ │ 角色视角的介入   │      │ 以角色关系为基础的│          │
│ 构   │ │ ●职业生涯理论    │─────▶│ 职业生涯发展理论构建│        │
│ 建   │ │ ●角色相关理论    │      │ ●角色关系分析    │          │
│      │ │ ●系统动力理论    │      │ ●角色类型梳理    │          │
│      │ │                  │      │ ●理论模式构建    │          │
│      │ └──────────────────┘      └──────────────────┘          │
├──────┼─────────────────────────────────────────────────────────┤
│      │ ┌─多元角色视角──────────┐ ┌─职业内角色视角────┐         │
│      │ │              当前研究重点 │                  │         │
│      │ │ ┌──────────────┐      │ │ ┌──────────────┐ │         │
│      │ │ │基于多元角色系统的│    │ │ │基层岗位角色对职业生│         │
│ 机   │ │ │职业生涯发展机制探索│  │ │ │涯发展的双元影响研究│        │
│ 理   │ │ │●核心概念提炼 │未来研究方向│●理论分析     │ │         │
│ 探   │ │ │●发展脉络梳理 │      │ │ │●研究设计     │ │         │
│ 索   │ │ │●核心框架形成 │      │ │ │●假设检验     │ │         │
│      │ │ └──────────────┘      │ │ └──────────────┘ │         │
│      │ │ ┌──────────────┐      │ │ ┌──────────────┐ │         │
│      │ │ │基于多元角色系统的│    │ │ │雇佣角色对职业发展│ │         │
│      │ │ │职业生涯发展机制检验│  │ │ │心态的影响研究│ │         │
│      │ │ │●研究假设的提出│      │ │ │●角色分析     │ │         │
│      │ │ │●测量量表的开发│      │ │ │●机制分析     │ │         │
│      │ │ │●数据分析与检验│      │ │ │●假设检验     │ │         │
│      │ │ └──────────────┘      │ │ └──────────────┘ │         │
│      │ └───────────────────────┘ └──────────────────┘         │
├──────┼─────────────────────────────────────────────────────────┤
│ 管   │ ┌─────────────────────────────────────────────┐        │
│ 理   │ │ 基于角色关系的职业生涯管理对策              │        │
│ 应   │ │ ●指导原则与构建依据                         │        │
│ 用   │ │ ●构型内容分析与转化                         │        │
│      │ │ ●构型维度解构与应用                         │        │
│      │ └─────────────────────────────────────────────┘        │
└──────┴─────────────────────────────────────────────────────────┘
```

图 1-1 研究思路与研究路径

资料来源：本研究设计。

全文的研究基础。进而，将角色理论的相关内容进行整合，探讨多元角色间关系的影响方向与影响方式，论证角色关系的系统属性。

(2) 系统动力学分析

借助系统动力学的方法，尝试借助因果链、回路、极性、循环等工具，绘制多元角色影响职业生涯发展的因果回路图，形成多元角色影响职业生涯发展的系统基模。以此为基础，构建基于角色关系的职业生涯发展理论，并区分出两种研究视角——职业内角色和职业外角色（多元角色视角），后者是本文的研究重点，前者有待未来进一步深入研究。

（3）质性研究

从角色关系系统角度对职业生涯发展进行解读是一种突破性的尝试，现有理论中的指导性结论并不多见。为厘清职业生涯发展的角色过程本质，本研究还将采用质性研究方法，探索基于角色关系的职业生涯发展的内容框架与过程机理。通过深度访谈的方式，对多案例信息进行开放性编码、主轴编码、选择性编码等质性分析手段，抽象概括出角色间相互影响的内在逻辑与基本过程。

（4）实证研究

借助专家咨询、头脑风暴、德尔菲法等方法，讨论关键概念的内涵与外延，概念与概念之间的逻辑关系，形成研究框架。针对"角色交互"这一关键变量进行量表开发，通过团队研讨、头脑风暴等方法，设计相关题项，征询同领域专家的专业化意见，优化量表。

（5）问卷调查

选择适宜的样本，以调查问卷为载体进行数据收集，对核心假设进行检验。首先，进行了一轮预调研，以在职学历人群为样本，纸质版问卷和在线问卷相结合，以检验量表的信度和效度水平，优化量表题项。然后，再以普通职业人群为调查对象，主要采用了线上问卷的形式，配合小额报酬，进行数据采集。

（6）统计分析

采用定量研究方法，对研究假设进行检验。先将理论模型转化成可供测量的变量间关系。借助 Amos、Mplus 和 SPSS（宏程序 PROCESS）等统计分析软件进行数据处理，用到的统计分析方法主要有描述性统计分析、探索性因子分析、验证性因子分析、信效度分析、多元回归分析、分组回归等，对直接影响模型、中介模型、带调节的中介模型进行了假设检验。

（7）理论构型法

根据质性研究和定量研究中得到的结论，采用理论构型法，对多元角色间的相互关系进行分类讨论，形成以角色关系为基础的职业生涯分析与管理框架。此外还将尝试对该框架进行解构，以寻找指导实践的目标方向和具体管理举措，将理论框架切实应用到现实问题的解决之中。

二、研究重点与难点

1. 基于角色关系的职业生涯发展理论构建

该部分的研究需要对职业生涯发展、工作—家庭平衡、人力资源开发等现有理论和文献进行归纳与梳理，以新视角对实际现象进行重新理论解读，从而搭建新的体系和分析框架。该议题涉及多领域的理论基础、研究范式和研究方法，需要研究者具备扎实的理论功底，并对实际现象进行恰如其分的理论抽象。

2. 以角色关系为基础的职业生涯发展过程探索

该部分的研究是为了厘清多元角色之间的逻辑关系和相互影响方式，挖掘职业生涯发展潜在的动力过程、阻力过程及相关的影响因素，需要以质性研究作为研究工具。质性研究的操作与实施尚无一致性标准，且研究周期较长，研究过程复杂，不可控因素较多，容易干扰研究结论。尤其是多案例之间的比较研究，需要研究者具有高度的理论抽象能力，把握整体研究脉络，在众多相关因素间找到最关键、最本质的因素，排除非核心因素的干扰。

3. 量表开发

该部分的目的在于为理论研究和质性研究得到的框架提供检验工具，是提升研究科学性与有效性的重要环节。然而，理论界针对多元角色间相互影响的集中研究较少，尚无测量角色关系的成熟量表，可供借鉴的文献资料有限，加大了研究的难度。

4. 角色关系类型的分类与解构

对多元角色间关系的分类与解构，旨在揭示角色间相互影响的作用机理，以形成职业生涯的角色分析与管理框架，是对研究结论应用性回归的过程，是本研究欲解决的关键问题，也是研究难点之一。拟采用构型法进行研究和讨论，该方法是围绕研究主题进行要素提炼并搭建分析框架的有效工具，需要以质性研究和定量研究的结论作为基础。因此，该部分不仅受前几部分研究质量的影响较大，而且涉及一系列的逻辑推理过程。

三、主要内容与章节设置

围绕研究议题，本书的章节设置如下：

第一章绪论，包括三节内容，第一节实践背景与问题提出，从劳动异化、管理创新、角色压力等实践角度出发，提出多元角色关系的两面性，提出"多元角色承担是职业生涯发展的动力来源还是阻力来源"的探讨。第二节理论背景与研究立意，从职业生涯发展理论和工作—家庭关系理论中找到截然不同的两种观点：一种观点认为家庭角色对职业生涯发展具有阻碍作用，另一种观点则认为两者之间存在相互促进的作用，提出对多元角色关系进行系统动力学分析有助于解开两类观点之间的矛盾，进而提出具体研究问题与研究立意。第三节研究思路与章节设置，主要介绍了研究思路、研究方法、重点难点和章节设置等内容。

第二章职业生涯发展及相关理论综述，主要围绕职业生涯发展的核心议题进行理论回顾与文献梳理，包括三节内容：第一节职业生涯的内涵及其影响因素,明确了职业、生涯、职业生涯等核心概念的内涵与外延,梳理了影响职业生涯发展的环境因素、组织因素与个体因素,以及评价职业生涯发展的客观标准、主观标准和过程性标准。第二节职业生涯发展的几种典型理论,重点梳理了职业选择理论、职业生涯阶段理论、职业生涯管理理论。第三节无边界、易变型、知识型职业生涯发展的新趋势,结合上述新趋势挖掘研究空间,为后续研究奠定理论基础。

第三章多元角色关系的系统学分析,以角色理论为基础,阐释多元角色及其相互关系作为一个系统的可能性,包括三节内容:第一节关于角色本质的研究,探究角色的内涵外延,在梳理评述结构角色理论和过程角色理论的基础上,明确了本研究的切入点。第二节多元角色关系研究,分别梳理了角色集、角色冲突、角色促进的相关研究。第三节角色关系系统的形成,梳理了角色整合理论,解构了角色关系的非线性特征,提出角色关系系统的观点及相关的类别划分。

第四章以角色关系为基础的职业生涯发展理论探索,包括三节内容:第一节系统动力学的基本原理与分析工具,介绍系统动力学理论的主要观点、系统结构与因果回路图和几种常见的系统基模,作为后续研究的分析工具。第二节多元角色影响职业生涯发展的系统动力学分析,借鉴人力资源开发理论、工作—家庭关系理论、社会网络等理论,归纳影响职业生涯发展的角色类型,分别从职业角色、家庭角色、社会角色角度讨论了其与职业生涯发展之间的关系,并尝试绘制相关的系统结构模型。第三节基于角色关系的职业生涯发展理论构建,探讨了三元角色的异质共生关系,形成了职业生涯发展的三元角色分析框架,进而对基于角色关系的职业生涯发展理论进行逻辑推演,形成该理论的基本框架,提出职业内角色与职业外角色(多元角色视角)两个分析视角,后者是全书的研究重点。

第五章基于角色关系的职业生涯发展过程机制探索,借鉴质性研究方法,致力于该模式核心内容的挖掘,以提炼基于角色关系的职业生涯发展模式的理论框架,包括三节内容:第一节质性研究设计,主要介绍了研究框架、研究方法和数据收集处理手段。第二节基于角色关系的职业生涯发展概念化,对质性研究素材进行开放性编码、选择性编码,抽象出"多角色参与""角色交互""交互载体""角色状态改变"等核心概念。第三节基于角色关系的职业生涯发展的核心过程梳理,明确了该模式以"角色交互"为核心,以"多角色参与"为前提,以"交互载体"为中间介质,形成消耗型角色交互(调节型循环)和增值型角色交互(增长型循环)两类基本过程。最终形成"角色状态改变"是积极还是消极,取决于角色关系系统中是增长型循环还是调节型循环起主导作用。

　　第六章基于角色关系的职业生涯发展过程机制的实证设计,选择具体变量,将内容框架转化为可以测量的实证研究框架的过程。本章包括三节:第一节基于角色关系的职业生涯发展的理论框架,对质性研究中得到的框架进行梳理总结。第二节角色交互的量表开发与优化,设计角色促进和角色冲突的量表题项,通过预调研,对量表进行信效度检验,修订优化量表题项。第三节量表选择与研究假设,将抽象的理论构架转化为可以测量的变量间关系,选择成熟量表,将研究框架转化成研究假设。

　　第七章基于角色关系的职业生涯发展过程机理检验,综合运用Amos、Mplus和SPSS(宏程序PROCESS)等统计软件,对基于角色关系的职业生涯发展的两类基本过程、角色交互的中介作用、多角色参与的双刃剑效应、应对策略参与下带调节的中介模型进行了假设检验,并就结果的理论与现实意义进行讨论。共分为三节:第一节问卷调查与初步检验,涉及问卷调查过程、样本特征、量表的信度效度检验和变量间的相关分析。第二节基于角色关系的职业生涯发展基本过程检验,涉及对角色交互对职业生涯成功的影响作用、多角色参与对角色交互的影响作用、角色交互的中介作用的检验。第三节有调节的中介作用检验,从应对策略角度出发,检验积极应对策略和消极应对策略在多角色参与通过角色交互影响职业生涯成功之间的调节作用。

　　第八章基于角色关系构型的职业生涯管理思路与对策,尝试将研究结论进行实践应用。包括三节:第一节职业生涯发展角色关系过程的基本原理,以质性研究和实证研究结论为基础,总结以角色交互为思路的职业生涯发展的基本原理。第二节角色关系构型及其转化路径,主要借鉴理论构形法,就角色促进与角色冲突之间的关系类型进行整合,对每类角色关系构型的基本特征进行分析与讨论,明确职业生涯发展目标下的最佳关系构型,并指明其他构型向最佳构型转化的路径。第三节以角色关系为基础的职业生涯调整策略,对角色交互关系构型进行理论解构,明确可以帮助构型转化的实践举措,为个体或组织的职业生涯管理活动提供努力方向。

　　第九章基于角色关系的职业生涯发展的研究与展望,是全文的总结部分。共包括三节内容:第一节基于角色关系的职业生涯发展的基本框架,梳理全文的研究结论和主要观点。第二节基于角色关系的职业生涯发展管理实践,探讨研究结论和主要观点对员工个体自我职业生涯管理活动和组织人力资源管理活动的实践意义和有益启示。第三节基于角色关系的职业生涯发展的未来展望,分析本研究的贡献与创新点,探讨研究不足与局限,并对本领域的未来研究空间进行讨论与展望。

第二章 职业生涯发展及相关理论综述

本章对职业生涯发展领域的相关研究进行梳理,总结职业生涯发展的本质、机制与趋势,通过厘清职业生涯发展的理论脉络,为后续研究奠定基础。

第一节 职业生涯的内涵及其影响因素

本节首先明确职业生涯的内涵与分类,然后梳理职业生涯发展的影响因素和职业生涯成功的评价标准。

一、职业生涯的内涵

1. 职业的内涵

职业是人类社会分工的结果。在技术革新的推动下,分工不断细化,形成了专业化的劳动,便出现了职业的概念。作为个体赖以谋生的手段,职业是家庭收入的主要来源。众多学者就职业进行过理论界定。例如,Schultz将职业定义为"一个人为了取得个人收入而持续从事的、具有市场价值的、决定着从业者社会地位的特殊活动",日本学者保谷六郎认为"职业是有劳动能力的人为生活所得而发展个人能力,向社会做贡献的连续活动"。[①] 秦启文等将职业总结为"人们由于社会分工和生产内部分工而长期从事的具有专门业务和特定职责、并以此作为主要生活来源的社会活动"。[②] 职业具有社会性、规范性、功利性、技术性和时代性等特征。

2. 生涯的内涵

生涯(career)一词来源于拉丁语,其词根是"carrus",原指马车或战车,后来

---

① 吕建国,孟慧.职业心理学[M].大连:东北财经大学出版社,2000:6.
② 秦启文,周永康.角色学导论[M].北京:中国社会科学出版社,2011:244.

引申为"cararia",指路或路径的意思,最后形成大家所熟悉的"career"一词,专指与职业有关的路径或历程。Super 认为生涯是一个人一生中各种职业和生活角色的整合。[1] 之后 Super 又进一步将生涯的内涵拓展,提出广义"生涯"概念,用以说明"生活中各种事件的演进方向及历程,是人生中经历所有角色的序列与整合",涉及子女、学生、父母、员工、家庭成员、社会公民等,这些角色主要存在于家庭、学校、工作场所、社区等物理和心理环境之中,[2]代表了一个人生命的整个进程,通过一生中扮演过的所有角色展现出个人独特的自我发展形态。Super(1980)进一步认为生命角色的同时性组合构成了生活方式(life-style),它们的连续性组合形成了生活空间(life space),并进一步形成了生命周期(life cycle),生活方式与生活空间形成的总体结构就是生涯模式(career pattern)。

3. 职业生涯的内涵

一般来说,狭义的生涯(career)专指与职业相关的路径或历程,其含义局限在与工作有关的经历上,用以说明人一生的工作经历中所包括的一系列活动和行为,即"职业生涯"的概念,并被此后多数研究所认可。如,Shartle(1952)将职业生涯理解为"一个人工作生活中所经历的职业、工作、职位的关联顺序";个体根据自身的终极目标所形成的一系列工作选择,以及相关的教育、开发、培训活动,是有计划的职业发展历程。Brown、Brooks(1990)认为职业生涯是指"个人以社会提供的就业环境为基础,准备、进行和持续选择职业的终生过程";Baruch、Rosenstein 认为职业生涯是"雇员在一个或多个组织中沿着经验或工作路径发展的过程"[3];Greenhaus、Callanan(1994)认为职业生涯是贯穿人生且与工作体验相关的经历模式。Career 具有两种词性,作限定词时指"任何与工作相关的过程",作名词时指"一个人一生中所从事的有报酬或没有报酬的职业"。[4]

国内的学者也对职业生涯进行过相关界定。如,尹洁林、马丽认为职业生涯是指"个体从正式进入职场开始直到退出职场这段时间内的与工作有关的经历、态度、需求、行为等过程"[5];伍瑛、张建民认为职业生涯是"对每个长

---

[1] Super D E. Theory of Vocational Development [J]. Theory and Practice of Vocational Guidance, 1953, 8(5): 13-24.
[2] Super D E. A Life-span, Life-space Approach to Career Development [J]. Journal of Vocational Behavior, 1980, 16(3): 282-298.
[3] Baruch Y, Rosenstein E. Career Planning and Managing in High Tech Organizations [J]. International Journal of Human Resource Management, 1992, 3(3): 477-496.
[4] Duffy R D, Dik B J. Beyond the Self: External Influences in the Career Development Process [J]. The Career Development Quarterly, 2009, 58: 29-43.
[5] 尹洁林,马丽.基于员工心理契约的组织职业生涯管理[J].技术经济与管理研究,2012(8): 57-60.

期从业人员工作经历中所包括的活动和行为的概括"①。

4. 职业生涯的分类

Schein(1978)把职业生涯划分为"外职业生涯"和"内职业生涯"两个层面。其中,"外职业生涯"是指一系列外显的工作结果、职务晋升和生涯发展历程,关注生命和职业生涯的宽度,旨在说明从事一种职业时的工作时间、地点、单位、内容、工资待遇等因素的组合及其变化过程(程社明,2008),以及在此过程中所经历的职业、职位、资质以及外在物质财富的总和(张铤,2010),包括招聘、筛选、培训、开发、晋升、转岗、解雇、退休等各项活动。

与此相对应,"内职业生涯"是指那些与职业相关的、隐性的、内在的生命发展历程,关注生命和职业生涯的深度和厚度。它包括从事一种职业所需要的知识、技能、能力、经验、理念、身心健康、内心感受等因素的培养、开发、整合及其变化过程,还涉及工作—家庭平衡、个人身心发展与自我价值实现、事业可持续发展等内容。

外职业生涯是职业生涯发展的具体表现形式,内职业生涯是职业生涯发展的基础和根本性动力,二者相互依存,各有侧重。内外职业生涯的划分有利于厘清职业生涯发展的本质,进而从内外兼顾的角度对个体职业生涯进行全面的审视。

二、职业生涯发展的影响因素

影响职业生涯发展的因素主要涉及环境、组织和员工个体因素,几类因素相互协调、共同促进个体职业生涯的发展方式与方向。

1. 环境因素

当今世界,新一轮科技革命和产业变革正在孕育兴起,变革突破的能量正在不断积累,使很多职业的内涵、外延、方向、趋势产生深刻改变,是个体职业生涯发展不容忽视的机遇与挑战因素。中国进入"十四五"时期,人工智能、5G、云计算、大数据等新技术将获得更广泛的应用,数字经济、网络经济、平台经济等新兴经济模式与经济业态也将对职业进行重新定义,并将深刻改变人力资源的需求方向和需求结构。尤其是受到新冠肺炎疫情的冲击,数字化转型成为各行各业的头等大事。Daron、Pascual 的研究发现,数字经济对低技能劳动力具有替代效应,对高技能的劳动力具有互补作用。② 在此趋势

---

① 伍瑛,张建民.职业生涯管理系统的系统变量及其影响[J].商业时代,2006(36):45-46.
② Daron A, Pascual R. Low-Skill and High-Skill Automation [J]. Journal of Human Capital, 2018, 12(2):204-232.

之下,未来三年将出现重大的行业颠覆,尤其在生命科学、消费品和能源行业表现最明显。① 随着人工智能和自动化等先进技术的深度使用,未来5年将有8300万个工作岗位会消失,行政、人事、文员、财务、出纳、会计等传统职能岗位将大幅缩减,而保安、收银、建筑管理、库存管理、电话销售等岗位也将逐渐被新技术所取代。② 这意味着,一些陈旧落后的技能将被无情地淘汰,劳动密集型产业的技能人才需求将大幅缩减,那些执行属性强、流程明确、工作场景稳定、使用技能简单的岗位面临严峻威胁。

在新技术抢占工作岗位的同时,6900万个新的净就业机会将被创造。新技术的应用也将推动就业结构向高科技、高速变革、高水平的方向调整。第一层含义是指"高"新技术领域,人力资源的职业发展要与高新技术领域相适应。根据世界经济论坛发布的《2023年未来就业报告》的预测,未来新技术应用、数字化设计、绿色转型、ESG标准、供应链本地化是工作机会新的增长点,与此相关的新岗位、新工种和新职业将会大量涌现,与高新技术领域相关的技能将成为一种新的趋势。第二层含义是指"高"速发展,人力资源的职业发展要与技术的高速变革相适应。很多领域的核心技术都在高速变革之中,具有更新迭代快、专业性强等特点,需要人力资源具有一定的适应性和延展性,能够根据需求快速调整自己的技术能力、技术策略和技术范围。第三层含义是指"高"水平,人力资源的职业发展需要与高质量发展的需求相适应。这就要求个体人力资源保有量的不断升级,体现为技能和能力发挥的高水准、高质量、稳定性和效率性,能够在现有的资源水平下,通过智力能力的运用对工作结果实现帕累托改进。

新技术的应用也带来就业形态的重要变革。其中最为典型的是共享经济模式下的网约就业形态,表现为用工主体的平台性、轻资产化和就业主体的原子性、重资产化,用工方式的高弹性和社会化,就业方式的网约性和非标准化,用工管理上的"重绩效轻责任"非均衡性以及去劳动关系化等主要特质。③ 金华等将这种就业形态定义为"数智化劳动",将之视为数字化与智能化的双重技术赋能,是劳动过程、劳动方式及劳动工具的一次全面转型升级,呈现出"数智化的全景监控与平台规训、资本驱动下的超级流动与加速主义、消费者与从业者的冲突隐匿了劳资矛盾、原子化个体博弈空间被数智化技术压缩"等全新特征,也隐含了"对劳动者去技能化、对制造业的虹吸效应及产

---

① 王懿霖.《2022年全球人才趋势报告》发布[J].求贤,2023(1):4.
② 世界经济论坛.2023年未来就业报告[R].2023.
③ 汪雁,张丽华.关于我国共享经济新就业形态的研究[J].中国劳动关系学院学报,2019,33(2):49-59.

业空心化"等结构性风险。① 这些时代变革拉开了无边界职业生涯的大幕，个体的职业选择决策更加依赖环境信息。

2. 组织因素

组织因素构成了组织内的职业生涯发展环境和相应的组织制度规范，为个体实现职业生涯发展提供了情境载体与决策依据，成为吸引、激励、保留员工的重要手段，对减少员工流失，保证员工队伍稳定具有重要的意义。②

（1）职位补充模式与人力资本策略

职位补充模式对组织职业生涯管理及个体职业生涯发展具有重要的影响（柳婷，2006）。一些企业主要依靠外部劳动力市场补充职位空缺，而另一些企业则依赖于组织内部选拔。学者们对两类方式的有效性进行过讨论，但观点尚未统一。一种观点认为内部导向型的职业生涯管理活动容易导致组织过度依赖内部劳动力市场，忽略外部劳动力市场的竞争机制，从而形成职业生涯管理活动的低效率，以传统中国国有企业最为典型。而另一类观点则认为，内部劳动力市场机制是组织职业生涯管理形成的基础，不仅能够鼓励员工的长期行为、降低劳动力替代成本，而且对开发组织专属性人力资本具有独特的价值和意义。③ 此外，刘璇璇、张向前针对中国民营企业职业生涯管理的投资决策研究发现，民营企业因起步晚、规模小、资金实力有限，对人力资本投资决策更为慎重。根据投资主体的不同，研究者构建了企业单独出资、企业与员工共同出资和员工单独出资三个数学模型，通过比较发现，企业单独出资虽然能够提高员工的工作积极性、对员工职业发展和企业长远绩效产生正向影响，但由于投资回报周期较长，使众多中小企业望而却步；相比之下，企业与员工联合出资开发的情况更加符合雇佣双方的共同预期。④

（2）组织结构与惯例

组织结构直接决定了员工晋升的机会与可能性。无论是传统"金字塔式"结构，还是目前盛行的"扁平式"结构，都存在管理职位有限的问题，不是所有员工都能按照自己的生涯规划升迁或发展，大部分员工在职位晋升到一

---

① 金华,陈佳鹏,黄匡时.新业态下数智化劳动：平台规训、风险生成与政策因应[J].电子政务,2022,(2)：75-87.
② 谢克海,黄瑛.论应变性职业生涯管理及角色的分派[J].中国人才,2002(10)：40-42.
③ 赵增耀.内部劳动市场的经济理性及其在我国的适用性[J].经济研究,2002(3)：76-96.
④ 刘璇璇,张向前.民营企业核心员工职业生涯管理投资决策分析[J].商业研究,2008(10)：57-61.

定阶段以后会停滞在特定管理层级上,这就是著名的"职业高原现象",该现象对组织和员工职业生涯管理具有消极影响。[1] 同理,组织惯例也具有类似的影响,李丽、张力在以中国国有企业为对象的研究中发现,"官本位"思想和"论资排辈"的组织惯例成为国企员工职业生涯发展的最大阻力,形成独特的"玻璃天花板效应",不仅导致员工忠诚度下滑,而且给组织和个体的职业生涯管理带来诸多消极影响。[2]

（3）组织赞助

组织赞助(Organizational Sponsorship)源自 Turner(1960)的社会流动理论,该理论识别出个体阶层跃升的两种模式,一种是竞争性流动,另一种是赞助性流动,前者是指在充分竞争的情况下依靠自身实力获得向上流动的机会,后者是指依靠精英阶层或其代理人的支持获得向上流动的机会。由此衍生出组织赞助的概念,具体是指个人获得组织内地位更高的人的支持和帮助,[3]大体包括在组织内获得导师或资深上级职业或心理上的支持、获得直接上级情绪和与工作相关的社会支持、获得组织所提供的关于职业发展的信息、获得组织所提供的培训和技能发展的机会、获得完成工作所需要的额外资源和战略性信息等方面。[4] 周文霞等通过元分析技术验证了组织赞助对个体的客观职业生涯成功和主观职业生涯成功均具有显著的正向影响,且是人力资本、社会资本和心理资本对个体职业生涯成功影响的关键过程机制。[5]

3. 个体因素

个体是职业选择的主体,是决定生涯发展模式和方向的根本性因素。个体的性格特点、兴趣爱好、知识水平、心智模式、价值观导向和发展阶段等方面是形成职业理想、职业能力、发展目标的基础要素。Judge 将对职业生涯发展具有重要影响的个体因素归纳成三大类:第一类是人口统计学变量(例如,性别、年龄、家庭等)、第二类是人力资本变量(例如,教育水平、职业经历、工作经验等)、第三类是心理特征变量(例如,动机水平、主观

---

[1] 宋志强,葛玉辉,陈悦明.扁平化组织结构对员工职业生涯通道的影响及应对策略[J].中国人力资源开发,2012(2):40-48.

[2] 李丽,张力.我国国有企业员工职业生涯规划探析——给予职业锚理论的多重职业生涯规划[J].兰州大学学报(社会科学版),2010,38:86-90.

[3] 周文霞,谢宝国,辛迅,等.人力资本、社会资本和心理资本影响中国员工职业成功的元分析[J].心理学报,2015,47(2):251-263.

[4] Ng T W H, Eby L T, Sorensen K L, et al. Predictors of Objective and Subjective Career Success: A Metal-analysis [J]. Personnel Psychology, 2005, 58(2): 367-408.

[5] 周文霞,谢宝国,辛迅,等.人力资本、社会资本和心理资本影响中国员工职业成功的元分析[J].心理学报,2015,47(2):251-263.

努力程度等)[1]。此外,学术界也普遍认为,社会资本对个体职业生涯发展具有重要价值。

(1) 人口统计学变量

在众多人口统计学变量中,性别因素对职业生涯发展的影响表现得最为直观,"玻璃天花板效应"(Morrison, White, van Velsor, 1987)和"相对剥削"(Jackson, Granski, 1988)等方面的研究均揭示了女性在职业发展中的劣势地位,因此也引起了两性在职业发展方式上的不同反应。马跃如、程伟波在以中国管理人员为对象的研究中发现,男性管理者比女性管理者更加专注于工作本身,而女性管理者则在人际关系处理、心态调整等延伸管理方面做得更好。[2] 年龄与特定的生命历程密切相关,对应了职业生涯的不同阶段和任务目标。同时,年龄体现了个体的身体和心理成熟度,并通过心智能力和胜任力水平实现对职业生涯发展的影响。家庭因素是职业生涯发展的重要影响因素,既是职业动机的源泉,也是时间和精力的争夺者,其对个体职业生涯发展的作用多样且复杂,这一点将在下文"工作—家庭平衡"的讨论中重点阐述。

(2) 人力资本变量

人力资本变量包括教育、学习、胜任力、可雇佣性等诸多方面。人力资本是个体职业生涯发展的根基,直接决定了工作质量和职业成就。教育与学习从客观上反映了主体的知识水平和学习能力。Babette、Michael 的研究表明,知识学习和目标承诺将影响个体的自我职业生涯管理,最终影响职业满意度。[3] 国内学者康小明以城乡背景、最高学历、本科院校、本科主修专业、基础课成绩、专业课成绩、选修课成绩、英语水平、资格证书作为衡量人力资本的指标,检验了人力资本对职业生涯成就的影响。结果显示,基础课成绩、本科就读院校、英语水平、兼职经历等人力资本因素均对收入具有显著的正向影响。[4] 周文霞等的元分析结果证实,相对于社会资本和心理资本,人力资本对晋升、薪酬等客观职业生涯成功具有更加积极的预测作用。[5]

---

[1] Judge T A, Cable D M, Boudreau J W, et al. An Empirical Investigation of the Predictors of Executive Career Success [J]. Personnel Psychology, 1995, 48(3): 485-519.

[2] 马跃如,程伟波.自我职业生涯管理结构维度与人口变量的差异性分析[J].科技管理研究,2010(9): 130-133.

[3] Raabe B, Frese M, Beehn T A. Action Regulation Theory and Career Self-Management [J]. Journal of Vocational Behavior, 2007, 70(2): 297-311.

[4] 康小明.人力资本、社会资本与职业发展成就[M].北京: 北京大学出版社,2009.

[5] 周文霞,谢宝国,辛迅,等.人力资本、社会资本和心理资本影响中国员工职业成功的元分析[J].心理学报,2015,47(2): 251-263.

胜任力是人力资本存量的重要体现，Kuijpers等的研究发现，职业胜任力对职业生涯成功具有直接的影响。[①] 可雇佣性是获得最初就业、维持就业和必要时获取新的就业所需要的能力，可雇佣性的获取、展示和认可是个体职业选择的核心环节，对职业生涯发展具有关键的影响作用。[②] 杨凯乔等以警察群体为样本，探讨了职业韧性对工作形塑（job crafting）形成机制的关键作用。研究发现，随着职业生涯韧性的增强，警察工作形塑力越大，并认为工作形塑和职业生涯韧性均具有自我效能感和主动性人格的积极意义，体现为个体自发地对迎接挑战、承担压力、维持平衡、反弹恢复的环境耐受力和自我重塑力。[③]

（3）社会资本变量

社会网络的相关研究认为，社会资本能够帮助个体获取更多的就业机会，从而促进其职业生涯发展。Granovetter认为，与强连带相比，弱连带具有快速传递非冗余信息的优势，能够帮助个体更快找到工作。[④] Seibert等也就网络资源对个体职业生涯发展影响的过程机理进行了分析，发现社会资本能够帮助个体获取重要的信息、机会和资源，进而影响个体的职业生涯发展。[⑤] 此外，Harris通过案例研究也发现，前瞻性的政治结盟对职业生涯成功具有积极作用。[⑥] 康小明以北京大学经济管理类毕业生为研究对象，发现高等教育阶段积累的社会资本对个体职业生涯发展初期的年收入水平和职位等级具有显著的正向影响，但家庭社会资本对个体职业发展成就的影响却不显著。[⑦] 市场转型理论（Theory of Market Transition）认为，社会资本与人力资本所代表的市场竞争机制存在此消彼长的关系，随着中国特色社会主义市场机制的不断完善，精英阶层的优势地位将逐渐让位于高人力资本的拥有者。[⑧]

---

① Kuijpers M A C T, Schyns B, Scheerens J. Career Competencies for Career Success [J]. The Career Development Quarterly, 2006, 55(2): 168-178.
② 宋国学.可雇佣性胜任能力：职业生涯研究的新视角[J].管理探索,2008(5):25-27.
③ 杨凯乔,邓雁玲,李辉,等.警察工作压力对工作形塑的影响：职业生涯韧性的中介作用[J].中国健康心理学杂志,2023,31(2):226-232.
④ Granovetter M S. The Strength of Weak Ties [J]. American Journal of Sociology, 1973, 78(6): 1360-1380.
⑤ Seibert S E, Kraimer M L, Liden R C. A Social Capital Theory of Career Success [J]. Academy of Management Journal, 2001, 44(2): 219-237.
⑥ Harris L C, Ogbonna E. Approaches to Career Success: An Exploration of Surreptitious Career-success Strategies [J]. Human Resource Management, 2006, 45(1): 43-66.
⑦ 康小明.社会资本对高等教育毕业生职业发展成就的影响与作用——基于北京大学经济管理类毕业生的实证研究[J].清华大学教育研究,2006,27(6):49-57.
⑧ Nee V. A Theory of Market transition: From Redistribution to Markets in State Socialism [J]. American Sociological Review, 1989, 54: 663-681.

林宗弘、吴晓刚的研究则认为,中国市场经济的转型过程中,社会资本仍然是嵌入在人力资本竞争中的重要力量,市场机制的完善并不会削弱社会资本对职业生涯发展的关键作用。① 张顺、郭小弦的研究发现,在中国市场经济转型过程中,社会资本对个体职业生涯发展的影响会因市场类型的不同而有所差异,在体制内的内部劳动力市场和竞争激烈且不太规范的低端劳动力市场,社会资本对客观职业生涯中收入的影响效应更为明显,而在以外部劳动力市场机制为代表的体制外单位和高端劳动力市场中,拼的是实力而不是关系,人力资本对收入的影响显著,社会资本的影响不明显。② 周文霞等的元分析发现,在控制了人力资本和心理资本的影响之后,社会资本对个体的客观职业生涯成功仍然具有显著的影响作用。③

(4) 心理特征变量

学者们从诸多方面探讨了心理特征要素对职业生涯的影响方式和影响效果。首先,不同的人格特征和心理能力对职业生涯存在显著影响(Judge,1995)。Appelbaum、Hare的研究发现,高自我效能感促使个体设置高水平的工作目标,乐于尝试具有挑战性的工作,并表现出较强的目标承诺,有助于提升个体的工作效率,获得更多的职业发展机会。④ 同时,不同的职业发展动机会引起主体对生涯规划与管理方式的不同侧重,一些员工更加看重权力与地位,因此更加注重晋升和社会网络的构建;一些员工更加看重专业能力,因此更倾向于技能培养与经验积累;一些员工更加重视精神需求和情感体验,因此更加关注组织氛围与人际和谐;一些员工强调生活质量,因此更加重视收入水平与工作—家庭平衡。Hall、Chandler的研究认为源于使命感、自信、目标设置等内在驱动力的职业发展能使个体获得更大的主观满意度和客观成就。⑤ 目前,"呼唤"(Calling)作为一个组织行为学概念受到越来越多学者的关注,它代表了一种个体内心的使命、天赋与激情,影响个体的价值取向和对工作意义的感知。Davidson、

---

① 林宗弘,吴晓刚.中国的制度变迁、阶级结构转型和收入不平等:1978-2005[J].社会,2010,30(6):1-40.
② 张顺,郭小弦.社会网络资源及其收入效应研究——基于分位回归模型分析[J].社会,2011,31(1):94-111.
③ 周文霞,谢宝国,辛迅,等.人力资本、社会资本和心理资本影响中国员工职业成功的元分析[J].心理学报,2015,47(2):251-263.
④ Appelbaum S H, Hare A. Self-efficacy as a Mediator of Goal Setting and Performance: Some Human Resource Applications [J]. Journal of Managerial Psychology, 1996, 11 (3):33-47.
⑤ Hall D T, Chandler D. Psychological Success: When the Career is a Calling [J]. Journal of Organizational Behavior, 2005, 26(2):155-176.

Caddell对在职者的研究表明,以呼唤为职业导向的人具有更高水平的社会公平信念、工作安全感与满意度[1]。那些将自己的工作看成是世俗的、无出路的员工,不愿努力创造高质量的工作成果。[2] 王鉴忠、宋君卿认为成长型心智模式是职业生涯成功最关键的影响因素之一,并通过职业发展目标定位、能力开发、方法和策略选择、韧性培养等途径影响个体的职业生涯发展。[3] 方佳敏、严虹在以知识型员工为样本的研究中发现,成就需求和工作伦理是影响知识型人才职业生涯自我管理的重要因素。[4] Savickas、Porfeli认为职业生涯适应力和职业认同是个体职业生涯发展的两个元能力,两者决定了职业发展目标的确立和职业发展动力源的形成。[5] 王忠军等通过实证研究发现,无边界职业生涯心态对青年员工的职业生涯成功具有显著的"双刃剑"效应。具体来说,无边界职业生涯取向中的无边界思维模式对主观职业生涯成功、客观职业成功均具有显著的正向影响;而无边界职业生涯心理取向中的组织流动性偏好对主观职业生涯成功和客观职业成功均具有显著的负向影响。[6] 一些学者以高技能人才为研究对象,发现精益求精、追求完美、敬业奉献等情感性素养支撑的工匠精神是促进高技能人才职业生涯发展的核心要素,一种"为了把事情做好而把事情做好"的内在欲望不断驱动着技能人才的自我成长和自我完善。[7] 周文霞等的研究发现,相比人力资本和社会资本,心理资本对主观职业生涯成功具有更加积极的预测作用。[8]

三、职业生涯发展的评价标准

职业生涯成功(career success),又称职业成功,是职业生涯发展程度与

---

[1] Davidson J, Caddell D. Religion and the Meaning of Work [J]. Journal for the Scientific Study of Religion, 1994, 33(2): 135-147.
[2] 谢宝国,龙立荣.职业生涯高原对员工工作满意度、组织承诺、离职意愿的影响[J].心理学报,2008,40(8):927-938.
[3] 王鉴忠,宋君卿.成长型心智模式与职业生涯成功研究[J].外国经济与管理,2008,30(6):59-65.
[4] 方佳敏,严虹.知识型人才职业生涯自我管理研究[J].科技管理研究,2011(1):139-142.
[5] Savickas M L, Porfeli E J. The Career Adapt-Abilities Scale: Construction, Reliability, and Measurement Equivalence Across 13 Countries [J]. Journal of Vocational Behavior, 2012, 80(3): 661-673.
[6] 王忠军,杨彬,汪义广,等.无边界职业生涯取向与青年员工职业成功:职业胜任力的中介作用[J].心理与行为研究,2020,18(6):812-818.
[7] 肖龙,陈鹏.基础教育与高职教育衔接:何以必要与可能?——基于高技能人才成长的视角[J].中国职业技术教育,2018,(21):6-11.
[8] 周文霞,谢宝国,辛迅,等.人力资本、社会资本和心理资本影响中国员工职业成功的元分析[J].心理学报,2015,47(2):251-263.

质量的重要评价指标,用以说明"个体在其职业经历中累积起来的与工作相关的积极成果或心理成就感"①。学者们从客观、主观、过程等多视角对职业生涯成功所包含的内容进行了研究。

1. 职业生涯成功的客观指标

职业生涯成功领域的研究始于20世纪30年代,Hughes(1937)尝试以客观指标来衡量个体的职业发展成就,例如,收入水平、职务、资质认证、地位和社会声望等。这些客观标准通常是可观察到、可评价、可被不带偏见的第三方证实的,便于获取数据和进行横向比较,能从一定程度上反映出主体的职业生涯发展程度和阶段特点。然而,传统研究过于注重职务层级的提高,且成功的绝对标准只适用于少数人,无法适用于更广泛的职业群体。学者们开始将目光拓展到晋升以外的衡量标准,提出职业生涯可以通过工作自主权的扩大或业绩指标的提高进行衡量,②因此在指标体系中加入管理幅度、自主权、个人市场竞争力、可雇佣性等指标,丰富了职业生涯成功的客观评价标准。

2. 职业生涯成功的主观评价

随着研究的深入,学者们发现客观指标无法全面地反映个体的主观收获,开始对职业生涯成功的主观标准进行研究。主观职业生涯成功是指"个人对于自身职业完成情况的主观感觉和满意程度,或指个人在工作经历中逐渐积累和获得的积极心理感受"(VanMaanen,Schein,1977;Heslin,2005),主要包括职业满意度、工作—家庭平衡、生活满意度、胜任能力的增强、从别人那里获得的尊敬、学习新东西的机会等主观评标标准,侧重于个体在职业发展过程中的精神收获。研究发现,由于所持价值观的不同,个体对职业生涯成功的主观评价标准存在较大差异。Crites提出了职业成熟度(vocational maturity)的概念,用以衡量各阶段个体职业生涯发展的速率与程度,并从认知和情感两个主观感知的维度来评估。③

3. 主观标准与客观标准的结合

越来越多的学者以主观和客观指标相结合的方式对职业生涯成功进行衡量(如,Judge,1995;Greenhaus,2003;Jansen,Vinkenburg,2006),这不仅能反映个体职业生涯的客观发展程度,也能反映其对发展目标和职业期望的

---

① London M, Stumpf S A. Managing Careers[M]. Reading, MA: Addison Wesley, 1982: 5.
② 尹洁林,马丽.基于员工心理契约的组织职业生涯管理[J].技术经济与管理研究,2012(8):57-60.
③ Crites J O. Problems in the Measurement of Vocational Maturity [J]. Journal of Vocational Behavior, 1974, 4(1): 25-31.

主观感受(Hall，Chandler，2005)，从而对个体职业生涯成功进行更加全面地衡量。刘宁和刘晓阳(2008)在中国情境下以企业管理人员为样本，开发了一套主客观指标相结合的职业生涯成功量表，如表2-1所示，该研究显示中国企业管理人员较为重视职业满意度、工作—家庭平衡、经济收入等方面的提高。

表2-1 企业管理人员可能的职业生涯成功评价指标

客观标准（重要性排名）	具体含义	主观标准（重要性排名）	具体含义
总收入水平(3)	包括工资、奖金、股票期权、福利等所有收入	工作满意度(8)	对当前工作总体状况的满意程度
晋升次数(4)	包括工作范围、内容和权限的扩大和职位的提升	职业满意度(1)	对收入、职业目标的实现、未来发展机会等的满意程度
晋升前景(7)	对未来几年内能否晋升的评价	生活满意度(9)	对目前生活状态的满意程度
权力(5)	岗位拥有的决策权、人事权、财权等	感知到的职业生涯成功(13)	对自己职业生涯是否成功的主观感觉
职位等级(11)	是基层、中层还是高层管理人员	工作—家庭平衡(2)	是否能协调好工作与家庭之间的关系，保持两者的平衡
工作自主性(10)	能否自由安排时间、工作内容和方式等		
下属的人数(12)	属于自己管辖的员工人数		
就业能力(6)	对工作的灵活性和适应性、当前业务熟练程度和个人影响力等		

说明：()中的数值为按照重要性进行排名的名次。
资料来源：根据刘宁，刘晓阳．企业管理人员职业生涯成功的评价标准研究[J]．经济经纬，2008(5)：75-78．整理。

4. 职业生涯成功的过程性标准

王鉴忠、宋君卿以人的职业"成长性"为视角，提出一个"过程成功"标准。其内涵包括四个方面：① 心理品质，体现个体在战胜困难、超越自我、创造性地工作并最终取得相关成果的过程中表现出来的优秀心理特征，如信念、勇气、坚韧、创造性等;② 职业生涯成功的正当性和价值性,即职业生涯成功主要是凭借个人努力获得的,而不是凭借其他非法或不正当手段;③ 成功难度的跨越,即个体取得职业生涯成功的难度越大,其职业生涯成功所体现的成长性就越强;④ 职业生涯成功的速度,即取得职业生涯成功所花费的时间越短越好。[①] 由此构建了一个包括客观指标、主观指标和过程性指标的职业生涯成功综合评价体系,全面衡量个体在职业发展过程中的客观成就、主观积极感知和阶段性的能力收获,如图2-1所示。

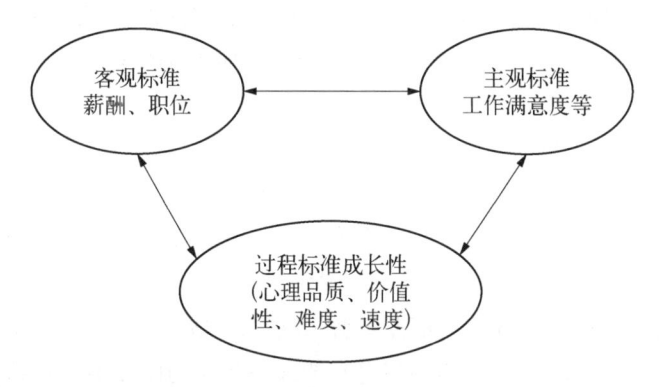

图2-1 职业生涯成功的综合评价框架

资料来源:王鉴忠,宋君卿.成长型心智模式与职业生涯成功研究[J].外国经济与管理,2008,30(6):59-65.

第二节 职业生涯发展的几种典型理论

本节按理论发展脉络,在职业选择理论、职业生涯发展阶段理论、职业生涯管理理论三种典型理论框架下,对职业生涯发展的若干代表性理论进行梳理回顾。

一、职业选择理论

职业选择理论源于早期职业规划与指导方面的研究,以1908年美国学者Parsons在波士顿创办职业指导局作为重要标志。该理论的主要观点反映了当时员工职业选择的现实需求,研究对象集中在以男性为主的白领群体上,具有代表性的理论主要有:人—职匹配理论、职业性向理论、职业锚理论。

---

① 王鉴忠,宋君卿.成长型心智模式与职业生涯成功研究[J].外国经济与管理,2008,30(6):59-65.

1. 人—职匹配理论

Parsons(1909)的"人—职匹配"理论,也称特质—因素理论(Trait-Factor Theory),是职业生涯领域出现最早的理论之一。该理论认为,差异性普遍存在于个体心理与行为中,个体具有自己独特的能力模式和人格特质,并与某些特定的职业存在相关性。在职业选择时,人与职位的匹配程度是需要考虑的关键问题,个体既要了解自己的兴趣、爱好、需求、性格,又要了解职业的性质与要求,这样才能找到与自己匹配的工作。匹配的重点在于两个方面:职位所需要的知识、技能、能力、条件与个体所掌握的知识、技能、能力、条件间的匹配;个体的兴趣、爱好、性格、需求与职位所能提供的工作倾向之间的匹配。

2. 职业性向理论

承接 Parsons 人—职匹配的思想,Holland 提出了职业性向理论(Career Orientation)。该理论认为职业选择是个体人格的反映和延伸,因此个体的价值观、动机和需要等是决定一个人选择何种职业的重要因素。他发现了六种基本职业性向,对应于六种职业类型,分别为调研型、艺术型、社会型、专业型、表现型、常规型,劳动者需要将自身的人格类型与职业类型相结合,以促进人格与职位之间的匹配程度。当人格类型与职业环境协调一致时,能促进才能和技艺的施展,激发个体的最大潜能,从而产生更高的工作绩效和更高的工作满意度。[1]

3. 职业锚理论

Schein(1978)首次提出"职业锚"(Career Anchor)的概念,是指"人们选择和发展自己的职业时所围绕的中心"[2],用以说明"当一个人不得不做出职业选择时,他无论如何都不会放弃的、职业中至关重要的东西或价值观"[3],也即人们选择和发展自己职业时所锁定的目标。它包括三个核心内容:自我感知的天赋与能力、基础价值观、在职业发展过程中坚守的动机与需求。[4] 职业锚是个体与职业环境互动的产物,由职业实践经验所决定,反映了个体的价值观、潜在需求和技术技能倾向,强调个人能力、动机和价值观的相互影响与整合。职业锚不是一成不变的,会随着工作实践的发展而不断调整,以

---

[1] 宋斌,闵军.国外职业生涯发展理论综述[J].求实,2009(S1):194-195.

[2] 李丽,张力.我国国有企业员工职业生涯规划探析——给予职业锚理论的多重职业生涯规划[J].兰州大学学报(社会科学版),2010,38:86-90.

[3] 宋君卿,王鉴忠.职业生涯管理理论历史演进和发展趋势[J].生产力研究,2008(23):129-131.

[4] Schein E H. Career Anchors Revisited: Implications for Career Development in the 21st Century [J]. Academy of Management Executive, 1996:80-88.

明确自身职业生涯发展的基础。Schein 最初识别出五类职业锚：独立/自主型、安全/稳定型、技术/功能能力型、一般管理能力型、企业家创造力型。随着实践的发展，又识别出另外三种职业锚，分别是：服务或为了事业献身型、纯粹挑战型、生活方式型。①

4. 对职业选择理论的评价

早期的职业生涯研究，尤其是人—职匹配理论和职业性向理论，假设环境是静态不变的，或是缓慢变化的，不会对个体的职业选择造成影响。同时，这些理论将个体的特质也看成是与生俱来、恒定不变的，没有关注到外部环境变化可能引起的价值观、需求与动机的转变。② Schein 的研究在一定程度上关注到职业选择基础的动态性，认为先前的职业经历对后续的职业选择具有影响作用，但也仅从横向角度，强调个人特质与职位属性的静态阶段性匹配，没有考虑到时间维度和工作以外的综合性需求。

二、职业生涯发展阶段理论

在职业选择理论的基础上，学者们开始关注职业的长期发展，形成了职业生涯发展阶段理论。该理论从纵向生命历程的角度出发，具有代表性的有 Ginzberg(1951)的"三阶段理论"、Greenhaus(1985)和 Super(1953)的"五阶段理论"，以及 Schein(1978)的"九阶段理论"。

1. Ginzberg 的三阶段理论

Ginzberg(1951)的研究关注于职业生涯的初始阶段，从职业预期的形成到职业选择与调整的全过程，将这一过程分为三个阶段：幻想期、尝试期和实现期。幻想期在 11 岁以前，儿童在游戏中扮演他们所喜欢的角色，构想自己将来是什么样的人。尝试期处于少年向青年的过渡阶段，Ginzberg(1951)又将这一时期分为四个子阶段：兴趣阶段（职业兴趣的培养阶段）、能力阶段（关注自身擅长的能力适合哪类工作）、价值阶段（职业价值观的形成）和综合阶段（结合以上三方面因素做出职业选择）。实现期是指成年之后正式开始职业生涯，这一时期又可以分为三个子阶段：试探阶段（尝试各种可能的职业）、具体化阶段（进一步的职业选择，具体到某一特定职业）、专业化阶段（更加专业地从事所选择的职业）。Ginzberg 认为职业选择是一个终身的决策过程，是变化的职业目标与工作现实之间不断匹配的过程。

---

① Schein E H. Career Anchors Revisited: Implications for Career Development in the 21st Century [J]. Academy of Management Executive, 1996: 80 - 88.
② Bowen D D, Hisrich R D. The Female Entrepreneur: A Career Development Perspective [J]. Academy of Management Review, 1986, 11(2): 393 - 407.

2. Greenhaus 的五阶段理论

Greenhaus(1987)将职业生涯发展分为五个阶段：一是职业准备阶段，个体对职业充满幻想，并接受必要的教育，形成初步的职业方向；二是进入阶段，获得与职业相关的工作，并根据对工作的满意度和外界评价来选择职业；三是职业生涯初期，学习职业技能，了解职业环境，培养职业能力，适应并融入职业之中；四是职业生涯中期，强化或调整职业定性；五是职业生涯后期，保持已有的职业成就，发展停滞，准备引退。

3. Super 的五阶段理论

Super(1953)将个人的生命历程与职业发展阶段相联系，从而划分出五个阶段：成长阶段、探索阶段、建立阶段、维持阶段和衰退阶段，每个阶段有各自的发展任务。如在成长阶段每个人形成了特定的人生观和价值观，潜在地影响了后续的职业选择；探索阶段是自我概念和职业概念的形成阶段，在不断的尝试和探索中锁定职业目标范围；在建立阶段，个体会将外部环境、职业机遇与自身努力相结合，实现职业目标，并根据现实情况不断地调整；维持阶段，即在职业稳定后持续将工作做好；衰退阶段是指进入暮年后职业发展缓慢、停滞直到最后退出。后来，Super(1980)将视角扩展至工作以外的整个生命历程，开始关注生命中众多角色的影响作用，并结合情境决定因素和个人决定因素，描绘了生涯发展的彩虹模型，如图 2-2 所示。该模型认为多元角色与职业生涯发展息息相关。随着角色发展程度不同，相应的代表颜色也会出现深浅程度的变化，发展起始阶段的颜色很浅，发展的顶峰颜色会变得很深。[1]

4. Schein 的九阶段理论

Schein(1978)结合各年龄阶段个体面临的职业角色与任务，将职业生涯分为 9 个阶段。

成长、幻想、探索阶段(0—21 岁)：职业候选人。个体在该阶段的主要任务是挖掘自身兴趣、特长与职业理想，通过接受教育学习职业相关的知识，培育基础能力，为职业选择打好基础。

进入工作世界(16—25 岁)：应聘者、新学员。个体进入就业市场，做出有效的工作选择，找到可能成为职业的第一份工作，与雇主签订雇佣契约，成为组织的一分子。

基础培训(16—25 岁)：实习生、新手。个体适应组织环境，了解、熟悉工

---

[1] Super D E. A Life-Span, Life-Space Approach to Career Development [J]. Journal of Vocational Behavior, 1980, 16(3): 282-298.

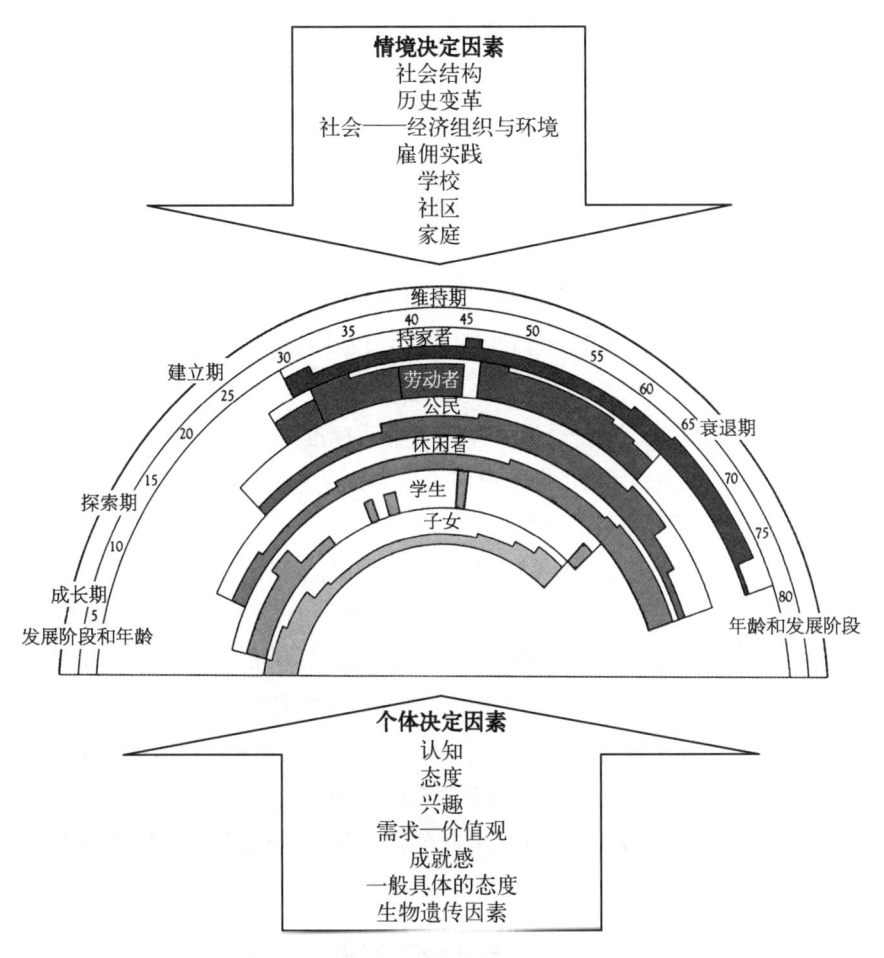

情境决定因素
社会结构
历史变革
社会——经济组织与环境
雇佣实践
学校
社区
家庭

个体决定因素
认知
态度
兴趣
需求—价值观
成就感
一般具体的态度
生物遗传因素

图 2-2 生涯彩虹模型

资料来源：Super D E. A Life-Span, Life-Space Approach to Career Development [J]. Journal of Vocational Behavior, 1980, 16: 282-298. 本研究略有改动。

作流程与组织文化，学会与人相处，融入工作群体，尽快成为可以独立开展工作的有效成员。

早期职业的正式成员资格(17—30岁)：取得组织新的正式成员资格。个体履行工作任务，发展并展示自己的技能和专长，为晋升或多元职业成长奠定基础；重新评估，在自身需求、组织约束和机会之间寻找更好的契合；寻找职业导师或伯乐。

职业中期(25岁以上)：正式成员、任职者、终身成员、主管、经理等。个体选定一项专业或进入管理部门；继续学习保持职业竞争力，成为专家或职业能手；承担较大的责任，确定自己的地位；进行个人职业生涯规划；寻求家庭、自我和工作间的平衡。

职业中期危险阶段(35—45岁)：正式成员、任职者、终身成员、主管、经理等。个体根据现实估价自己的才能，进一步明确自己的职业抱负与前途；在现状与争取更大成就间做出选择；建立与他人的良师关系。

职业后期(40岁至退休)：骨干成员、管理者、有效贡献者。个体成为一名导师，学会影响他人并承担更大责任；拓展深化技能，提高才干，以承担更大责任；如果求安稳，则就此停滞，但要接受和正视自己影响力和竞争力的下降。

衰退和离职阶段(40岁至退休)：个体要学着接受权力、责任、地位下降。基于竞争力和进取心下降，个体要学会接受和发展新的角色；培养工作以外的其他兴趣爱好，寻找新的满足源；评估自己的职业生涯，准备退休。

退休：个体要适应角色、生活方式和生活标准的急剧变化；保持自我价值观，借助各种资源角色，将自己积累的经验和智慧传授给他人。

5. 对职业生涯阶段理论的评价

职业生涯阶段理论开始关注职业生涯在纵向生命历程中的延伸，关注到家庭、教育、社会文化等诸多因素对职业生涯发展的影响作用。通过将生涯进行阶段性划分，明确了每一阶段的不同需求、任务和关注重点，从更加动态的角度描绘了生涯发展的一般性规律。然而，这些研究均从职业者个体角度出发，强调个人的主观意识、自主性和能动性，认为职业生涯管理完全是个体的责任，是出于自利考虑的个体行为，将组织和环境因素当作个体职业生涯发展的外生变量，作为客观、不可控因素加以考虑，缺乏与组织管理视角的整合。

三、职业生涯管理理论

为了更好地规划职业发展，个体会对自身的职业行为进行管理和设计。同时，为了整合内部资源和培养核心人才，组织也会采取职业生涯管理活动。根据开发主体的不同，职业生涯管理可以分为以个人为主体的"自我职业生涯管理"和以组织为主体的"组织职业生涯管理"两大类(如，崔冰，侯学博，2005；张再生，2007；徐智华，2011)。以下将对职业生涯管理理论进行梳理。

1. 员工自我职业生涯管理

自我职业生涯管理是"由个人主动实施的，个人结合自身条件和外部环境的分析，确立自己的职业生涯发展目标，选定实现这一目标的职业，以及制定相应的工作、教育和培训计划，并按照一定的时间安排，采取必要行动的过程"[①]。自我职业生涯管理是员工按照个人意愿，对职业生涯进行自

---

① 张再生.职业生涯规划[M].天津：天津大学出版社，2007.

我管理的过程,会综合考虑家庭责任、人生发展阶段、教育与培训等与职业生涯发展密切相关的众多因素。从个人的角度讲,职业生涯管理可选择的方法主要包括正式教育、职业教育、管理教育、工作经验、职业生涯规划等。

关于自我职业生涯管理系统的组成要素,学者们进行过大量的研究。Pazy通过因素分析法发现,自我职业生涯管理应当包括职业生涯规划、职业策略和个体主动性三个维度。[1] Noe将自我职业生涯管理分成职业探索、职业目标设置和职业策略三个方面。[2] 龙立荣等在国外学者研究基础上,通过访谈、开放式问卷确立了中国情境下员工自我职业生涯管理的结构,包括职业探索、职业目标与策略确立、继续学习、自我展示和注重关系五个因素。[3] 马跃如、程伟波以高科技企业的经理为研究对象,编制了自陈式量表,探索性因子分析后发现,经理人员的自我职业生涯管理系统可划分为职业探索、生涯规划、专注工作、延伸管理等四个维度。[4] 个体需要结合职业发展环境,修订自身职业生涯发展目标,以配合并顺应内部或外部劳动力市场的整体发展趋势。

2. 组织职业生涯管理

在职业选择和发展阶段理论的基础上,管理学视角开始进入到职业生涯发展领域,并将对员工的职业生涯管理作为人力资源开发的重要手段,以实现人力资源规划与配置、激励保留核心员工等多重管理目的,开始出现组织职业生涯管理理论。众多世界知名企业(如IBM、Xerox、Hewlett-Packet、Disney等)在组织职业生涯管理实践中获得的客观成绩,进一步推进了该领域的研究进程。

(1) 组织职业生涯管理的形成基础

组织职业生涯管理是在基于内部劳动市场的长期雇佣关系框架下开展实施的。早期,建立组织职业生涯管理的企业大多奉行内部劳动力市场政策。所谓的内部劳动力市场是指"组织内部进行的劳动力分配,并由组织决定工资水平的机制"[5]。内部劳动市场通常伴随着长期雇佣、年资制度、组织职业生涯管理制度而存在,其形成原因在于组织对技能具有专属性需求,员

---

[1] Pazy A. Joint Responsibility: The Relationship Between Organizational and Individual Career Management and the Effectiveness of Careers [J]. Group and Organization Studies, 1988, 13 (3): 311-331.

[2] Noe R A. Is Career Management Related to Employee Development and Performance? [J]. Journal of Organizational Behavior, 1996, 17(2): 119-133.

[3] 龙立荣,方俐洛,凌文辁.企业员工自我职业生涯管理的结构及关系[J].心理学报,2002(2): 183-191.

[4] 马跃如,程伟波.自我职业生涯管理结构维度与人口变量的差异性分析[J].科技管理研究, 2010,30(9): 130-133.

[5] 潘新红.技能柔性的形成机理与实现途径研究[D].天津: 南开大学,2009.

工的技能需要在组织内部培养形成,以实现蓄积企业人力资本、鼓励员工长期行为、降低劳动力替换成本等组织目标。① 从员工的角度讲,内部劳动力市场为自身组织内职业生涯管理提供了发展通道和发展平台,使其职业生涯发展具有更好的连续性和目标明确性,且能获得组织在制度、资源、培训、信息等方面的支持,能够有效避免职业转换所形成的沉没成本和适应性成本,或可促进个体职业生涯发展进程。

(2) 组织职业生涯管理的概念与维度

组织职业生涯管理是"由组织主动实施的,组织开展和提供的、用于帮助和促进组织内的雇员实现其职业发展目标的行为过程,以促进组织发展目标和雇员职业生涯目标的实现"②。

众多学者对组织职业生涯管理的内容要素进行了研究,Gutteridge 通过对西方理论的系统回顾,将其概括成评估系统、内部劳动市场信息交换系统、个人生涯咨询与对话系统、职位适配系统以及发展方案系统等几大要素。③ 龙立荣等学者以中国企业中的管理者和技术人员为研究对象,发现组织职业生涯管理包括晋升公平、注重培训、组织自我认识的活动、职业发展信息的沟通等四个维度。④ Baruch、Peiperl 的研究认为,组织职业生涯管理系统包括员工发展导向、组织决策导向、创新导向、组织参与程度、复杂性、战略导向六个维度。⑤ 组织职业生涯管理主要依据组织的发展目标,具有明显的组织干预意图。

(3) 组织职业生涯管理的相关活动与成效

组织职业生涯管理是一个系统性工程,涉及岗位配置、培训与开发、薪酬管理、绩效管理等人力资源管理模块,要求这些模块具有内部一致性,以相互匹配的方式协调运行。实现组织职业生涯管理的手段也较为丰富,包括正式培训、项目团队、工作轮换、干中学等,可以帮助组织挑选、培养、开发、建设优质的人力资源队伍,以实现中长期的人力资源规划。首先,组织职业生涯管理的本质是以组织的手段促进员工个体的职业生涯发展,以满足组织发展的

---

① 赵增耀.内部劳动市场的经济理性及其在我国的适用性[J].经济研究,2002(3):76-96.
② 张再生.职业生涯规划[M].天津:天津大学出版社,2007.
③ Gutteridge T G. Organizational Career Development Systems: The State of the Practice [M]// Hall D T, ed. Career Development in Organizations. San Francisco: Jossey-Bass Publishers, 1986:50-95.
④ 龙立荣,方俐洛,凌文辁.组织职业生涯管理及效果的实证研究[J].管理科学学报,2002,5(4):61-67.
⑤ Baruch Y, Peiperl M. An Empirical Assessment of Sonnenfeld's Career Systems Typology [J]. International Journal of Human Resource Management, 2003, 14(7):1267-1283.

需求,因此需要以员工个体的自我评价与规划为起点。第二,组织职业生涯管理活动需要职业生涯发展咨询的积极配合,员工可以与人事部职员讨论个人职业规划,可以通过直接上司确定个人职业发展目标,也可以向专业咨询员寻求帮助。[①] 第三,组织作为政策的制定者需要明确提供内部劳动力市场信息,如职位空缺信息、晋升制度、人力资源管理制度等,以便为员工进行职业生涯规划提供决策依据。第四,组织需要通过人员测评等科学手段,综合评估员工的能力、素质、性格特点,以识别员工职业发展的优势和行为倾向,主要的测评手段有心理测验、能力测验、评价中心等。最后,确定符合雇佣双方共同需求的职业生涯发展规划,组织需要为之提供相应的支持,如提供培训开发、岗位轮换、挂职锻炼机会等。这些职业发展项目是由管理层所启动的,组织是人力资源开发的主体,需要严格地遵循组织利益至上的原则。组织职业生涯管理的一个主要特点在于员工职业发展目标要与组织发展战略结合起来,人员测评、生涯管理咨询、信息发布和培训开发项目也都会围绕这一核心要义进行。

一些学者认为企业的所有权国家背景会影响组织职业生涯管理活动的实施方式和实施程度。例如,Selmer 等曾以中国大陆企业与欧美企业对管理人员职业生涯发展的支持措施和支持程度进行过比较研究,发现在十项比较内容中,工作发布、快车道计划、生涯规划信息、评价中心和职业兴趣测验等措施上表现出了明显的国别差异,而在年度绩效考核、职业指导和职业生涯讲习班等措施上国家差异并不显著。[②]

从管理成效的角度看,龙立荣等学者的研究证实了组织职业生涯管理的四个因素对员工的组织承诺、工作卷入度、职业满意度、工作绩效均具有积极的影响,对降低员工的离职意愿具有重要的作用,从而能够促进员工职业生涯发展的有效性。[③] 叶晓倩等以跨国公司外派回任人员为对象的研究发现,组织职业生涯管理能够有效提升回任员工的内部人身份认知,从而促进回任知识转移意愿。[④] 但也有学者认为,不仅要关注组织职业生涯管理举措,也要关注组织人力资源管理强度,只有两者状态相一致,员工才能表现出与职

---

① 龙立荣,方俐洛,凌文辁.组织职业生涯管理的发展趋势[J].心理学动态,2001,9(4):347-351.
② Selmer J, Ebrahimi B P, Li Mingtao. Corporate Career Support: Chinese Mainland Expatriates in Hong Kong [J]. Career Development International, 2000, 5(1): 5-12.
③ 龙立荣,方俐洛,凌文辁.组织职业生涯管理及效果的实证研究[J].管理科学学报,2002,5(4):61-67.
④ 叶晓倩,王泽群,李玲.组织职业生涯管理、内部人身份认知与回任知识转移——个体—组织一致性匹配的调节效应[J].南开管理评论,2020,23(4):154-165.

业生涯管理实践信息相一致的态度和行为,进而提高其职业满意度、组织认同度,降低离职倾向。①

3. 组织职业生涯管理与自我职业生涯管理的关系与整合

(1) 对组织职业生涯管理弊端的反思

早期组织职业生涯管理活动以传统的工业经济为时代背景,隐含着如下研究假设:组织所面临的外部市场环境相对稳定且可预测性强,竞争程度适中;组织结构以科层制为主,结构较为刚性;员工流动性较低,且沿着组织既定的发展通道进行职业生涯规划活动。② 随着实践的发展,这些研究假设多数已经不再成立,这些基础性条件逐渐被环境变化所打破。因此Sonnenfeld、Peiped 打破了内部劳动力市场的局限,将组织职业生涯管理系统的含义拓展为"组织对员工入职、留职和离职过程中所采取一系列政策和实践的集合"③,认为在以外部劳动力市场为基础的职位补充方式下,劳动关系存续期间仍然存在组织职业生涯管理问题,并且以"职位补充渠道"和"晋升选拔标准"作为两个维度,将组织职业生涯管理系统划分成四种类型:堡垒型、棒球队型、俱乐部型和学院型,如图 2-3 所示。

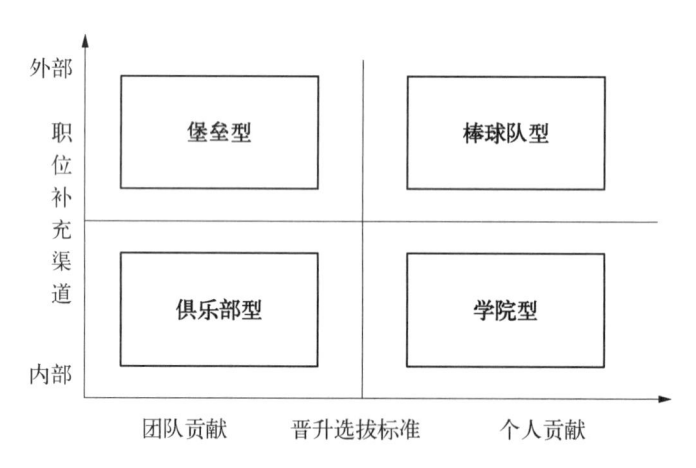

图 2-3 Sonnenfeld、Peiperl 的组织职业生涯系统分类模型

资料来源:转引自柳婷.组织职业生涯管理的研究综述[J].现代管理科学,2006(7):37-52.本研究略有改动。

---

① 朱飞,岳美琦,章婕璇.组织职业生涯管理与人力资源管理强度一致性对员工离职倾向的影响机制研究——职业满意度的中介作用和雇主品牌的调节作用[J].中央财经大学学报,2021(12):105-118.
② 王忠军,龙立荣.知识经济时代的职业生涯发展:模式转变与管理平衡[J].外国经济与管理,2008,30(10):39-44.
③ 转引自柳婷.组织职业生涯管理的研究综述[J].现代管理科学,2006(7):37-52.

同时，组织职业生涯管理强调组织目标的主导作用，假设员工与组织的发展目标是一致的，即使存在冲突也是可以协调的。这在一定程度上忽略了员工个体的需求。更有一些管理者开始质疑，作为一种长期性的人力资源投资项目，如果没有对员工个体需求加以考虑，组织职业生涯管理能否获得预期的收益。因此，越来越多的理论和实践开始倡导组织职业生涯管理和个体自我职业生涯管理的协调与整合。

（2）与员工自我职业生涯管理的融合

成功的职业生涯管理多数是在个人与组织协调互动基础上建立起来的，以满足雇佣双方的共同需求。这意味着需要对员工自我职业生涯管理和组织职业生涯管理进行整合。两者是一种双向互动的关系，主要体现在个人职业目标与组织战略目标的互动性、个人发展与组织发展相互选择性两个方面，归根结底体现为雇佣双方利益的统一性（崔冰，侯学博，2005）。

如何协调员工自我职业生涯管理和组织职业生涯管理之间的关系是促进雇佣关系健康和谐发展的关键。徐智华认为二者不仅需要相互协调，而且更要遵循利益整合原则、协作参与原则、动态匹配原则等科学规律，[①]王忠军、龙立荣认为应该从价值、策略、行为三个层面构建个体与组织职业生涯管理的动态平衡系统，以回应来自组织内外部环境变化的要求，[②]如图2-4所示。职业生涯管理的终极目标就是"把个人的职业生涯计划和组织的生涯管

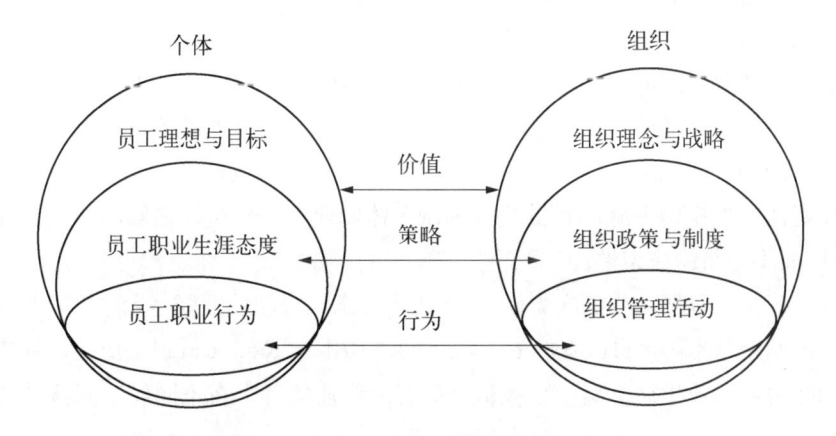

图2-4 个体与组织生涯管理的动态模型

资料来源：转引自王忠军，龙立荣.知识经济时代的职业生涯发展：模式转变与管理平衡[J].外国经济与管理，2008，30(10)：39-44。

---

① 徐智华.自我与组织职业生涯管理的整合[J].科技管理研究，2011(5)：161-164.
② 王忠军，龙立荣.知识经济时代的职业生涯发展：模式转变与管理平衡[J].外国经济与管理，2008，30(10)：39-44.

理两者结合起来,以达到组织人力资源需求与个人生涯发展需求之间的平衡,实现组织与员工的双赢"[①]。

第三节 无边界、易变型、知识型职业生涯的新趋势

因应快速变化的环境要求,兼并、重组和结构精简等组织变革也随之产生,组织结构扁平化、管理分权化成为主流。尽管这些变化使员工在工作中获得了更大的自主权,然而雇佣关系的稳定性也因此受到了破坏,终身雇佣和长期雇佣逐步被瓦解,市场化、短期化、灵活性的雇佣日渐成为主流,人力资源外包、劳务派遣、人力资源联盟、临时雇佣、共享员工、网约就业等多种雇佣方式被企业广泛使用。同时,许多组织正在寻求以战略联盟、产业集群、企业间合作、外包、分包、众包等形式结成组织间网络,以促进规模效应、组织间学习和信息共享。员工身份摆脱了单一组织的局限,拓展为跨界成员,催生了无边界、易变型、知识型等职业发展新模式。

一、无边界职业生涯发展模式

无边界职业生涯(boundaryless career)概念强调新时代职业生涯边界的模糊化趋势。在新的时代背景下,职业流动成为普遍现象,员工以改变工作甚至改变职业的形式实现职业生涯发展(Arthur,Rousseau,1996),在跨组织边界的机会周围循环往复地流动,[②]它是一种既包括又超越各种边界和分析层次的多层面现象,这种职业生涯模式中个体的组织成员身份、部门身份、工作责任变得模糊不清,[③]因此更加强调个体职业生涯和组织之间的相互依存性,而不是组织决定性。[④]

作为一种职业生涯发展模式,无边界心态和流动性偏好是无边界职业生涯的两个基本维度(Briscoe et al.,2006)。Arthur、Rousseau 识别出的六种典型无边界职业生涯类型:① 类似于硅谷的产业集群中在不同雇主间流动的

[①] 龙立荣,方俐洛,凌文辁.组织职业生涯管理的发展趋势[J].心理学动态,2001,9(4):347-351.
[②] DeFillippi R J, Arthur M B. The Boundaryless Career: A Competency-Based Perspective [J]. Journal of Organizational Behaviour, 1994, 15(4): 307-324.
[③] Miner A S, Robinson D F. Organizational and Population Level Learning as Engines for Career Transitions [J]. Journal of Organizational Behavior, 1994, 15(4): 345-364.
[④] 吕杰,徐延庆.无边界职业生涯研究演进探析与未来展望[J].外国经济与管理,2010,32(9):37-44.

职业生涯；② 从雇主之外获得从业资格的职业生涯，如律师、学者或手工艺人；③ 受到组织外部社会网络和信息持续支持的职业生涯；④ 打破传统组织层级与晋升的职业生涯；⑤ 由个人或家庭原因引起的职业流动；⑥ 基于从业者自身的理解，认为不受组织结构限制的职业。①

与传统有边界或由雇主来定义的职业生涯发展相比，无边界职业生涯中的个体以项目为标的在不同企业间流动，发展出根植于胜任力与战略的利基市场，并创造出以先前绩效和社会网络为基础的就业机会。② Jones、DeFillippi 认为无边界职业生涯将给个体带来很高程度的不确定性、时间压力和心理焦虑，也增加了个体职业声誉的重要性。因此这种职业生涯发展模式的新特征主要表现为：首先，员工的职业发展路径突破了单一组织的局限，在不同组织甚至不同行业间流动（如，Arthur，Rousseau，1996；DeFillppi，Arthur，1994）。其次，雇佣关系中的心理契约发生了本质的变化，传统的雇佣关系强调忠诚、技能和价值，体现为"关系型心理契约"模式，组织承诺是个体职业发展的主要动机；而无边界生涯模式强调以能力和绩效表现获取就业机会，表现为"交易型心理契约"模式（如，Jones，DeFillippi，1996；Baruch，2006），职业承诺成为支撑个体生涯发展的原动力。③ 第三，培养可雇佣性（employability）成为员工的职业发展重点（宋国学，2008），员工着意培养的不再是那些具有组织专属性的特殊技能，而是可迁移的、能在多种岗位上发挥作用的通用性技能，并利用出色完成项目或角色来提高自身的声誉和拓展专业性的关系网络，以获得更多的就业机会。④ 相比传统的职业生涯发展，无边界职业生涯更加侧重于知识技能的更新、就业能力和职业适应力的培养、自我职业生涯管理和对职业成功的自我评价。⑤

近年来，国内学者也对无边界职业生涯问题进行过大量研究。王丹、郑晓明以大学生群体为关注对象，认为无边界职业生涯应当包括"三位一体"的

---

① 张再生，肖雅楠.职业生涯发展理论及中国本土新现象：隐喻视角分析[J].东北大学学报（社会科学版），2008，10(4)：319-326.

② Jones C, DeFillippi R J. Back to the Future in Film: Combining Industry and Self-Knowledge to Meet the Career Challenges of the 21st Century [J]. Academy of Management Executive, 1996, 10(4): 89-103.

③ Jones C, DeFillippi R J. Back to the Future in Film: Combining Industry and Self-Knowledge to Meet the Career Challenges of the 21st Century [J]. Academy of Management Executive, 1996, 10(4): 89-103.

④ Arthur M B, Rousseau D M. The Boundaryless Career: A New Employment Principle for a New Organizational era[M]. New York: Oxford University Press, 1996.

⑤ Sullivan S E. The Changing Nature of Career: A Review and Research Agenda [J]. Journal of Management, 1999, 25(3): 457-484.

模型框架,即职业认同的形成、生涯适应能力的培养和生命意义感的确立,具体来说需要通过形成弹性的职业认同、提高生涯适应力、培养积极心理来促进无边界职业生涯时代大学生生涯的全面发展。①

二、易变型职业生涯发展模式

易变型职业生涯(protean career)也是在日益变动的环境下被提出来的,这一概念强调"受个体价值观驱动的职业生涯自我管理的程度"②,它由一个人在不同的组织或行业中所有的教育、培训和工作经验所组成,由个体主导,受个体主观成就标准的影响,包含个体整个生命空间(the whole life space),独立于组织的生涯安排。其核心在于个体的内在契约,而非个体与组织之间的外在契约。③ 在这种模式下,工作内在价值得到了更多的重视,满足员工自我实现和工作—家庭平衡的需求(Finegold, Mohrman, 2001)、促进人的全面发展成为生涯发展的新目标(Arthur, McMahon, 2005)。该模式有两个显著特点:① 价值观驱动,职业成功标准受个体内在价值观的影响;② 自我职业管理导向,在绩效和学习型需求上具有适应能力。④ 与传统职业生涯发展模式相比,易变型生涯发展模式使管理过程出现了本质性变化,如表2-2所示。

表2-2 传统职业生涯和易变型生涯模式的特征比较

维　　度	传统的职业生涯	易变型生涯
成功衡量的标准	薪酬、晋升、地位	自我实现、工作的内在价值、工作—家庭平衡
发展目的	配合企业战略发展	人的全面发展
开发主体	企业(组织)	员工
开发内容	知道如何做企业专属性技能	学习如何做可迁移的通用性技能
开发手段	正式培训、内部培养	工作轮换、团队工作、工作场所学习、继续教育

---

① 王丹,郑晓明.无边界职业生涯时代大学生生涯发展探析[J].社会科学战线,2020(12):276-280.
② Hall D T. The Protean Career: A Quarter-century Journey [J]. Journal of Vocational Behavior, 2004, 65(1): 1-13.
③ 王忠军,龙立荣.知识经济时代的职业生涯发展:模式转变与管理平衡[J].外国经济与管理,2008,30(10):39-44.
④ Briscoe J P, Hall D T. The Interplay of Boundaryless and Protean Careers: Combinations and Implications [J]. Journal of Vocational Behavior, 2006, 69(1): 4-18.

续表

维　　度	传统的职业生涯	易变型生涯
流动方向	垂直式内部流动	平行式跨组织流动
职业阶段转换点	与年龄相关	与学习相关
雇佣心理契约	以忠诚换取工作稳定	交易型契约，弹性就业能力
发展轨迹	直线型、专家型	短暂型、螺旋型

资料来源：本研究整理。

首先，开发主体由企业转变为员工个人（Greenhause，2006），开发内容从企业专属性技能转变为可迁移的通用性技能。其次，易变型职业生涯发展模式更加强调两个关键的元能力（meta-competencies）——身份（identity）与适应性（adaptability），[①]因此相关的开发方式与手段也围绕着这两者展开，个体会积极地利用继续教育、职业教育、管理教育等企业外部教育资源，培养更能突显身份地位的社会关系网络及更因地制宜的环境适应能力。再次，从发展模式上看，职业发展水平与年龄的关系被弱化，与学习的关系被强化（Hall，2004），学习已经与年龄无关，而与个人对环境的适应能力相关，学习能力成为促进生涯发展的关键。最后，员工采用水平式跨组织流动的迂回策略来促进职业价值提升（康淑斌，2003），发展路径也表现出短暂式、迂回式、螺旋式的轨迹特征。

易变型职业生涯（protean career）容易与无边界职业生涯（boundaryless career）相混淆。尽管二者具有一定的内在关联，但大部分学者都认为它们的核心思想存在本质区别，因此是两个不同的概念（如，Briscoe，Hall，2006；Baruch，2006）。Briscoe、Hall（2006）认为，无边界职业生涯更加强调个体在身体或心理上的流动，而易变型职业生涯更加强调是否受个体价值观所驱动，以及是否由员工自我主导。也就是说，只有那些身体与心理都具有流动性的无边界职业生涯才与易变型职业生涯高度相似。换言之，无边界职业生涯也存在主动无边界和被动无边界之分，那些由第三方代理机构雇佣的劳务派遣员工多数情况下都是被动流动的，并不符合易变型职业生涯中价值观主导和自我管理导向的内涵。只有个体出于价值观考虑主动选择的无边界职业流动才属于易变型职业生涯模式。

---

① Briscoe J P, Hall D T. Grooming and Picking Leaders Using Competency frameworks: Do They Work? [J]. Organizational Dynamics, 1999, 28(2): 37-52.

三、智力型职业生涯发展模式

Arthur、Claman、DeFillippi(1995)结合知识管理理论的相关观点,在知识经济时代的背景下,提出了"智力型职业生涯"(intelligent career)概念。这一概念的提出为职业生涯管理提供了一个较为完整的视角,个体价值观和兴趣、工作动机、知识技能、关注新事物的学习、更广泛的交际,这些对职业生涯发展提供支持的内容都是"智力型职业生涯"整体概念的一个局部。[①] 该理论假设了职业生涯管理的三个有效途径:获取动机知识(knowing-why)、获取技术知识(knowing-how)和获取人际知识(knowing-whom)。其中,动机知识(knowing-why)是指个体的动机,个体意图的结构与认同,个体的人格、倾向、价值观与兴趣,以及受家庭、社区等生活中非工作因素影响的职业选择、适应性和承诺态度;技术知识(knowing-how)是指个体所具有的、与工作相关的技术与技能专长,既包括正式的资质与培训,也包括在工作经历中涌现出的非正式隐性知识,对技术知识的持续开发会增强个体的可雇佣性,从而增加其职业机会;人际知识(knowing-whom)是指能够为个体提供职业支持、促进声誉传播、帮助信息获取的社会资本。[②] Parker(2004)认为这三种知识之间具有相互作用,共同影响个体的职业生涯管理活动,如图2-5所示。

动机知识(knowing-why)
我们为什么要工作:反映个体的价值观、兴趣、动机和工作—家庭议题

人际知识(knowing-whom)
我们跟谁一起工作:反映工作以内或以外的个人关系

技术知识(knowing-how)
我们如何工作:反映个体拥有的技术和技能专长

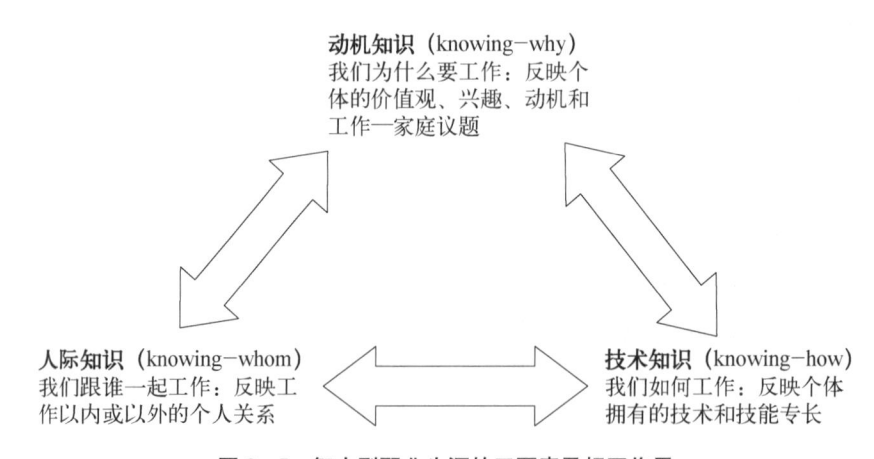

图2-5 智力型职业生涯的三要素及相互作用

资料来源:Parker P. Coaching for Career Development and Leadership Development: An Intelligent Career Approach [J]. Australian Journal of Career Development, 2004, 13(3): 55-60.

---

① Parker P. Working with the Intelligent Career Model [J]. Journal of Employment Counseling, 2002, 39(2): 83-96.
② Parker P. Coaching for Career Development and Leadership Development: An Intelligent Career Approach [J]. Australian Journal of Career Development, 2004, 13(3): 55-60.

Jones、DeFillippi(1996)在动机知识、技术知识和人际知识的基础上,又增加了三种要素:事实知识(knowing-what)、路径知识(knowing-where)和时机知识(knowing-when),将智力型职业生涯的分析框架拓展为六个要素,相关内涵如表2-3所示。其中,事实知识(knowing-what)是指理解与职业成功相关的行业机会、威胁和要求,以及行业中所展现的不确定性和竞争性水平。智力型职业生涯中,领悟成功的关键标准,掌握行业的游戏规则至关重要。路径知识(knowing-where)是指在一个职业系统中进入、训练、发展时的地理、空间和(国家或民族的)文化界限。

表2-3 智力型职业生涯的要素、挑战、战略与启示

要素	挑战	战略	启示
Knowing-What:行业机会、威胁和要求	应对不确定性 ● 保持雇佣状态 ● 适应活跃与休止状态 ● 快速创造高质量作品	跨边界转换并提升职业 ● 学习行业标准 ● 加强与关键人物接触 ● 利用项目和角色构建声誉	● 行业间流动受到职业网络的限制
Knowing-Why:意义、动机和价值观	管理职业需求 ● 保持热情,防止职业倦怠 ● 平衡职业与家庭	了解自身价值观与目标 ● 向自己的手艺承诺 ● 从事你所热爱的事业	● 最佳适应发生在将价值观作为事业的人身上
Knowing-Where:进入、培训与发展	创造一条职业路径 ● 训练并进入特定行业 ● 在该行业中保持 ● 增加未来的机会	获得信誉 ● 获得工作经验 ● 获得行业竞争力 ● 确保与核心群体的见面时间	● 对培训、进入和发展负责 ● 期待行业或职业中的有限支持
Knowing-Whom:以社会资本和吸引力为基础的关系	掌控关系 ● 发展战略性关系和纯粹的关系 ● 获得信誉和资历而不仅仅是履历摘要	管理社会资本 ● 与专家阵营发展友谊 ● 开发一个能显示个人技能的账户 ● 参与并赢得行业奖项	● 对是否继续维持关系进行再评价 ● 掌握人才库以评价技能
Knowing-When:角色、活动与选择的时机	开发职业时机 ● 勿被角色或地位所限制 ● 拓展或开发技能 ● 快速向机会靠近	感知重组 ● 突破他人的参考系 ● 控制节奏并选择项目 ● 形成自己的突破	● 如果可能,使项目与激情同步 ● 在低潮期仍然保持热情

续表

要　素	挑　战	战　略	启　示
Knowing-How：技术与合作的技能	加强合作	发展沟通技能 ● 变成跨职能的多面手 ● 发展并描述愿景 ● 与有形产品进行沟通	● 通过在技能和角色中创造独特的价值观来避免与大众趋同

资料来源：Jones C，DeFillippi J R. Back to the Future in Film：Combining Industry and Self-knowledge to Meet the Career Challenges of the 21st Century [J]. Academy of Management Executive，1996，10(4)：89-103.本研究略有改动。

在智力型职业生涯的模式下，存在多种路径可以实现这些目标，例如兼职工作、以项目为基础的雇佣、自我雇佣等，多元化路径一方面是自由的来源，个体可以根据自身的兴趣、目标选择更适宜的路径，另一方面也是焦虑的来源，因为每条路径的影响要素不尽相同。时机知识(knowing-when)是指职业生涯关键事件和时机的选择，把握职业生涯发展的节奏。在智力型职业生涯中，由于成功的标准不尽相同，职业发展的节奏也更难把握，因此更要审时度势，为技能培养、进入和退出选择恰当的时机。[1]

Jones、DeFillippi(1996)认为事实知识、动机知识、路径知识、人际知识、时机知识和技术知识是动态的、相互影响的、环环相扣的六个环节：关于行业机会和游戏规则的事实知识需要与表现个体兴趣、价值观的动机知识相匹配，动机知识需要适宜的路径知识加以支持，路径知识需要人际知识的配合才能实现，人际知识需要时机知识作为补充，时机知识也要技术知识作为基础方能更好地发挥作用，技术知识反过来又影响了选择哪个行业或工作的事实知识。其中动机知识、技术知识和人际知识是职业发展的自我知识(self-knowledge)，事实知识、路径知识和时机知识则属于职业发展的情境知识(contextual knowledge)，智力型职业生涯发展的核心内容是寻求自我知识与情境知识的最佳匹配。

四、职业生涯构建理论

Savickas(2002)提出了基于生涯适应的职业生涯建构理论(Career Construction Theory，CCT)。该理论捕捉到快速变化、不确定性增强、关系

---

[1] Jones C，DeFillippi R J. Back to the Future in Film：Combining Industry and Self-knowledge to Meet the Career Challenges of the 21st Century [J]. Academy of Management Executive，1996，10(4)：89-103.

更为复杂、边界更为模糊等生涯发展环境因素的变化趋势,认为职业转换和职业适应是新的历史阶段下个体必须面临的职业生涯发展挑战。[1] 该理论挖掘了职业生涯发展的心理学基础,阐释了心理自我中的三元角色在个体职业生涯发展和管理中所发挥的建构作用。该理论认为,个体通过自我建构和社会建构两个途径形成职业生涯发展机制,外在因素经由社会角色建构为个体内在的人生历程,生涯建构的过程实际上是个体在工作角色中实现职业自我概念的过程。[2]

Savickas(2002)将生涯建构理论归纳为三个方面,即个体特质差异、生涯阶段任务发展性和生涯过程动态性。其中,个体特质差异也即职业人格,主要包括与生涯相关的兴趣、能力、价值观等,是个人进入工作世界的准备资源。生涯阶段任务发展性,也即生涯适应力,代表个体适应未来的能力,体现为个体在适应工作的过程中所持有的态度、能力和行为,解释个人如何应对生涯发展不同阶段的任务,解决生涯实际问题的应对策略。生涯阶段任务发展性包括生涯关注、生涯控制、生涯好奇和生涯自信四个维度,是个人在生涯建构过程中应对生涯任务、职业转换和各种创伤的整体资源和策略。生涯过程动态性也即个人生涯故事,赋予个人的工作价值、目的和意义,强调职业社会贡献和职业利他属性,体现了自我建构与社会建构的互动。[3]

Savickas(2020)将认知图式和执行策略嵌入到三元自我角色当中,杨建锋等(2021)丰富拓展了该模型,总结出职业构建的基本理论框架,如图2-6所示。三元自我角色是指角色扮演者(social actor)、主动追求者(motivated agent)和自传写作者(autobiographical author)。在职业生涯发展早期,个体在接受有关职业信息的同时,进行角色学习和职业适应,并形成职业人格和自我概念,而这种职业探索的过程正是角色扮演的过程。随着成长环境和外部环境的变化,个人会从被动接受指导转向主动适应变化,其职业生涯发展进入到主动求变的新阶段,主动适应环境的变化、主动迎接更大的挑战、主动拓展发展方式,以求得更好的发展,是主动追求者发挥作用的过程。当职业生涯发展到一定阶段,出现发展瓶颈,个体需要对自己过去的发展经历进行梳理和反思,对自身职业生涯发展方式做出关键调整,以改写自己的职业生

---

[1] Savickas M L. Career Construction: A Developmental Theory of Vocational Behavior[M]// Brown D, ed. Career Choice and Development. 4th ed. San Francisco: Jossey-Bass Publisher, 2002: 149-205.

[2] 王雨,刘爱春.基于生涯建构理论的大学生职业生涯规划课程建设研究[J].现代职业教育, 2023(11): 53-56.

[3] 王雨,刘爱春.基于生涯建构理论的大学生职业生涯规划课程建设研究[J].现代职业教育, 2023(11): 53-56.

涯,这是一个沉淀、反思、调整、再出发的过程,通过解构过去以重构未来,个体扮演了自传写作者的角色。三种角色之间存在时间和程度上的递进关系,但也并非是简单的线性关系,[①]某一特定阶段其中一种角色发挥主导作用,其他两种角色也会在无形中发挥辅助作用。

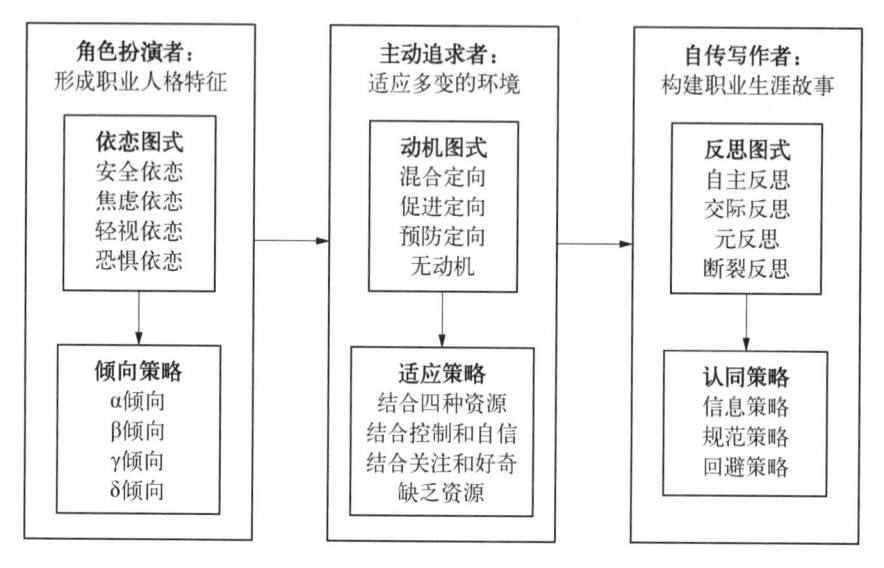

角色扮演者: 形成职业人格特征	主动追求者: 适应多变的环境	自传写作者: 构建职业生涯故事
依恋图式 安全依恋 焦虑依恋 轻视依恋 恐惧依恋	**动机图式** 混合定向 促进定向 预防定向 无动机	**反思图式** 自主反思 交际反思 元反思 断裂反思
倾向策略 α倾向 β倾向 γ倾向 δ倾向	**适应策略** 结合四种资源 结合控制和自信 结合关注和好奇 缺乏资源	**认同策略** 信息策略 规范策略 回避策略

图 2-6 职业生涯构建的基本理论框架

资料来源:转引自杨建锋,陈欢,明晓东,等.基于三元自我角色视角的职业生涯建构理论述评[J].中国人力资源开发,2021,38(5):25-44。

五、研究趋势的评价及对本研究的启示

无边界、易变型、知识型等职业生涯发展新模式更好地诠释了知识经济时代员工职业生涯发展的新变化,其主要特征是突破了"职业"和"组织"框架,以身份和适应性作为跨组织发展的元能力,将自我实现和工作—家庭平衡作为职业生涯发展的动力源泉,回归到了个体需求和全人发展的本质。同时,这些新模式均强调了学习能力和社会网络的重要作用,拓宽了职业生涯分析的理论视角,丰富了生涯的内涵与本质,将职业的一元分析框架和工作—家庭平衡的二元分析框架,扩展为工作—家庭—社会的三元分析框架,隐含着引入多元角色互动视角理论的必然性。基于此,以下将从角色理论和系统动力学理论角度出发,尝试以新视角揭示职业生涯发展的角色过程本质。

---

① 杨建锋,陈欢,明晓东,等.基于三元自我角色视角的职业生涯建构理论述评[J].中国人力资源开发,2021,38(5):25-44。

第三章 多元角色关系的系统学分析

角色(role)是社会学中的重要概念,原指演员按照剧本规定扮演某一特定人物,[1]在后来的使用中逐渐演变为分析和解释社会关系和社会结构的特定名词。角色理论认为,多种角色间存在特定的互动关系,能够影响角色的发展。职业生涯发展本质上就是职业角色从塑造到成熟再到突破的过程。本章将对角色理论的相关内容进行梳理,旨在为职业生涯发展问题提供全新的研究视角。

第一节 关于角色本质的研究

一、角色的内涵与外延

1. 角色的内涵

研究者们多从社会关系、社会规范、社会地位、社会身份的角度对角色进行定义。著名社会学家 Linton 认为角色是指"围绕地位(position)而产生的权利义务、行为规范和行为模式,是人们对处于一定地位上的人的行为期待"[2]。日本学者横山宁夫则认为"相互作用的主体在一定的社会中必然具有特定的地位及其随之而来的角色,制约着人们对行为的发生与选择"[3]。著名学者费孝通将角色定义为"社会结构中为其规定的一套权利义务和行为规范体系"[4]。秦启文等在回顾国内外学者相关研究的基础上总结出角色概念的三个本质特征:① 角色与社会位置、社会地位或社会身份密切相关;② 角色是社会所规定的或所期望的行为模式;③ 这种行为模

---

[1] 奚从清.角色论——个人与社会的互动[M].杭州:浙江大学出版社,2010:3-4.
[2] Linton R. The Study of Man[M]. New York: Appleton-Century, 1936: 581-582.
[3] [日]横山宁夫.社会学概论[M].毛良鸿,等译.上海:上海译文出版社,1983:85.
[4] 费孝通.社会学概论[M].天津:天津人民出版社,1984:63.

式是个人的。①

2. 角色的分类

莫雷诺(Jacob Levy Moreno)根据"主我"与"客我"的程度,将角色分为身心角色、心理角色和社会角色三种,身心角色是指个体行为与人们的基本生理需求相联系,角色设定是无意识的;心理角色是指个体按照特定社会背景的具体期望行事;社会角色是指个体需要遵从各种常规社会类别更一般的期望。角色既是主体对外在标准的接纳(体现"客我"),又是主体内在主观价值的展现(体现"主我"),它是角色扮演者自我意识在一定程度上的表达,同时也受社会普遍意识形态的规范性影响。

3. 角色研究的两个流派

角色是社会关系的重要组成部分,体现了人类的社会性本质,能够通过社会心理与行为角度,揭示人类社会活动的基本规律,可以作为个体研究或群体研究的重要分析单元。社会学家特纳(1987)认为,根据研究视角和观点的差异,角色理论可以归类为结构角色理论和过程角色理论两个分支。本文特将结构观点和过程观点相关内容进行梳理,在此基础上搭建角色分析框架,为后文奠定基础。

二、结构角色理论

结构角色理论认为:"社会是一个由各种各样相互关联的位置(position)或地位组成的网络,个体在其中扮演着各自的角色,对于每一种、每一群、每一类地位来说,都能区分出各自不同的、有关如何承担义务的期望,社会组织本质上是由各种不同地位和期望所组成的网络"②。因此,角色的结构与要素是角色分析的基础。关于角色的组成要素分为以下几类观点。

1. 二元要素的划分

杨开城认为角色包括责任与权力、经济地位、权利与义务、阶层等级、价值观、行为规范、思维方式、意识形态、能力与知识等要素,③如图3-1所示,又可将这些要素划分为客观和主观两大类:一类要素较为客观,诸如权利与义务、责任与权力、经济地位、阶层等级等,具有较强的社会规定性意味;另一类要素较为主观,例如价值观、行为规范、思维方式、意识形态、能力与知识

---

① 秦启文,周永康.角色学导论[M].北京:中国社会科学出版社,2011:33—38.
② [美]乔纳森·H·特纳.社会学理论的结构[M].吴曲辉,等译.杭州:浙江人民出版社,1987:431.
③ 杨开城.浅论课程开发理论中的角色分析和知识组件[J].教育理论与实践,2004,24(5):46—49.

等,具有较强的主观建构意味,可以通过教育等手段加以塑造或改变。客观要素是主观要素发挥作用的框架,通过社会规定性影响主观要素的形成与发展。主观要素是角色执行的主导力量,能够体现主体的需求、意愿和意义体系,不仅会影响角色的实现,而且可以反作用于客观要素,改进社会限定性的范围、内容及规范。

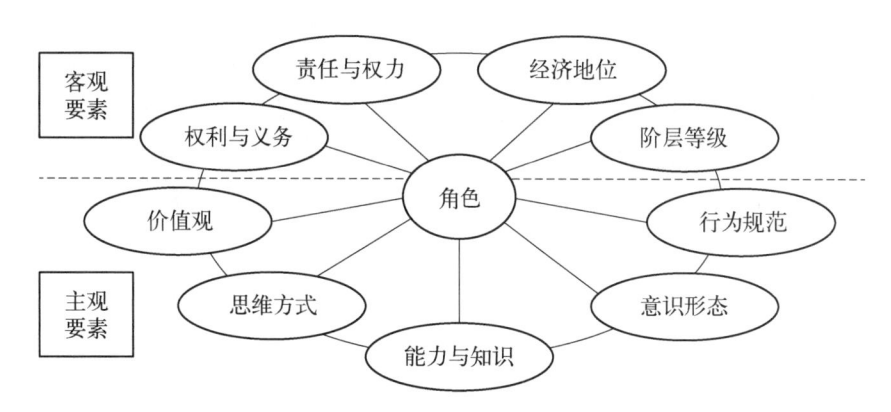

图 3-1 二元角色结构模型

资料来源:杨开城.浅论课程开发理论中的角色分析和知识组件[J].教育理论与实践,2004,24(5):46-49.本研究略有改动。

2. 三元要素结构

秦启文等(2011)将角色的基本要素归纳为三类:角色主体、角色客体和角色中介(角色符号),如图 3-2 所示。其中,角色主体(role subject)与角色客体(role object)是一对相对的概念,前者是指"某一特定角色的承担者,以及角色承担者在与角色客体相互作用中表现出来的自主性、能动性和创造性";后者是指"角色主体活动对象的总和,是进入角色主体对象性活动的领域,并同角色主体发生功能性关系,或为角色主体活动所指向的客观事物";角色符号(role symbol)是沟通角色主体和角色客体的重要桥梁;角色主体通过符号传递明确的意义,实现与其他角色的互动,从而产生具体的角色活动。[①]

图 3-2 三要素的角色结构模型

资料来源:根据秦启文,周永康.角色学导论[M].北京:中国社会科学出版社,2011:141-170.设计。

---

① 秦启文,周永康.角色学导论[M].北京:中国社会科学出版社,2011:141-170.

3. 六要素的结构划分

奚从清(2010)认为角色主要包括六种构成要素：角色扮演者、社会关系、社会地位、权利义务、社会期待和行为模式，要素关系结构如图 3-3 所示。其中，角色扮演者也可称之为角色的承担者，是指角色的个体对象；社会关系是由不同角色联结起来所形成的社会网络，体现了角色实现的具体情境；社会地位是角色在社会关系中所处的位置，体现了角色的基本状态；权利义务由特定的社会地位而产生，体现了角色活动的范围；社会期望与角色义务相联系，由地位网络上的各种社会期许所组成；行为模式是角色主体根据自身的社会地位和权利义务所形成的特定行为规范和处事风格。[①] 六个基本要素间相互联系、相互制约，在时间和空间上共同存在、共同发展。

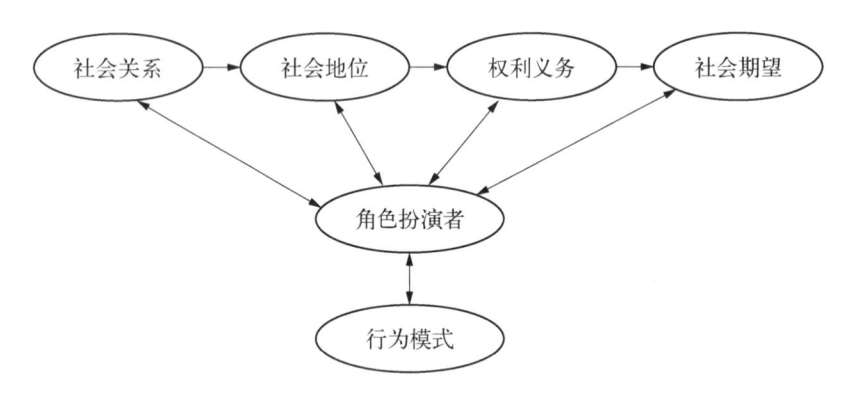

图 3-3 六要素的角色结构模型

资料来源：根据奚从清.角色论——个人与社会的互动[M].杭州：浙江大学出版社，2010：6-9. 设计。

三、过程角色理论

过程角色理论认为，互动是个体与社会群体之间意义理解和角色扮演的持续过程(Blumer, 1969)。角色作为一个互动框架(特纳，1987)，嵌入在特定的社会关系、社会结构与社会系统之中，体现了个体的社会功能，是个体与特定群体相关联的重要手段。个体的角色过程就是个体的社会化过程，其中包含了角色期望、角色认同、角色扮演、角色学习等动态化的核心环节。

1. 角色期望

角色具有非常丰富的社会与文化内涵，是主体与特定群体产生关联的重要手段，它通过"角色期望"(role expectation)搭建了社会结构和文化与角色

---

① 奚从清.角色论——个人与社会的互动[M].杭州：浙江大学出版社，2010：6-9.

行为之间的关系桥梁。所谓角色期望,是指"群体或个体对某种角色应该表现出的特定行为的预期"①。为了胜任角色,角色承担者需要表现出与该角色相符的形象特质,并在享受角色所带来的权利与资源的同时,完成角色所规定的义务与责任,这一过程便形成了角色期望。角色期望不仅包括对角色承担者形象的期望、素质与能力的期望,也包括对其态度与行为的期望,它根植于社会普遍持有的文化价值观之中,个体在社会化过程中习得,但也可能因为身份地位的不同而有所差异。它既反映了来自社会、群体、他人对个体的需求,是文化、价值观和社会规范的体现;也反映了个体的自我要求与期待,是个体对外部要求的内化与强化,并逐渐演化成角色承担者从事相关活动的规范与准则。

2. 角色认同

角色认同(role identity),也可译成角色同一性,是指"自我是由特定社会角色来定义的程度"②,与个体自我概念的形成有关。社会学家米德认为,个体在对语言、文字、手势、表情等符号的学习中理解和掌握他人扮演的角色,并获得社会反馈,从而学会把自己作为客体的思维,便产生了"自我"。自我又可以进一步被解构为"主我"(I)与"客我"(Me)两种成分。主我代表自我主动性、生物性的一面,通常遵循动作原则、冲动原则、创造性原则;而客我则是指自我关于他人对自我形象的心理表象,自我对他人期望的内化,代表了自我被动性、社会性的一面。通过对自我基本结构的分析,可以体现内在与外在、个体与社会的相互作用。

自我是人们在多种角色的承担过程中诞生的,自我概念体现了个体"如何看待自己和想让自己成为什么样的人"③的观念,这种观念通常融合了主我与客我的双重属性。个体通过社会交往和人际互动过程形成自我概念(Stets,2006;张宇,2008),并通过角色承担以及他人对角色的反馈,进一步理解自我概念的社会意涵,④便形成了角色同一性感知。因此,也可以将角色认同理解为"个体对自我概念的一种评价观点,是对自我特殊角色的认定和理解,是个体感知到的自我在他人面前的表现,以及个体对这种表现的一种判断"⑤。

---

① 秦启文,周永康.角色学导论[M].北京:中国社会科学出版社,2011:91-95.
② 周永康.大学生角色认同的实证研究[D].重庆:西南大学,2008.
③ Barron F M, Harrington D M. Creativity, Intelligence and Personality [J]. Annual Review of Psychology, 1981, 32(1): 439-476.
④ 严鸣,涂红伟,李骥.认同理论视角下新员工组织社会化的定义及结构维度[J].心理科学进展,2011,19(5): 624-632.
⑤ McCall G J, Simmons J L. Identities and Interaction: An Examination of Human Associations in Everyday Life[M]. New York: Free Press, 1978.

随着角色社会化程度的加深,主我与客我发生冲突的可能性也逐步增大,角色认同感也会随之减弱。如果不同角色或角色不同侧面的内在要求存在实质性差异,主体还将产生认同困惑或错位认同。曹培鑫、王瑶琦(2021)以国际广播中的华人记者为研究对象,剖析了角色认同困惑问题。研究发现,由于涉及国际政治、民族主义和意识形态的冲突,德国之声华人记者的角色认同具有多重性和流动性,矛盾的角色行为规范会引发他们的身份认同危机,民族身份认同因为内群体偏好现象导致他们的职业发展受阻,引发职业认同危机;同时,华人记者也通过协商、妥协或对抗的方式试图构建出新的职业认同。①

3. 角色行使

角色行使,也称"角色扮演",是角色理论中最核心的概念,是指"个体根据自己所处的特定位置,按照角色期待和规范要求所进行的一系列角色行为"②,它是社会互动得以进行的基本条件。个体角色行使的程度可以从三个方面得以体现:承担角色的数量、因此而耗费的精力、因此而投入的时间。角色承担的数量与个体所处的社会位置有关,承担的角色越多,参与社会的程度越深,对个体的时间与精力的要求也越多,不同角色间发生冲突的可能性也越大。但同时,角色也象征了社会资源与权力的获取,个体所承担的角色越多,资源与权力的可得性也越大,解决问题的途径也更为丰富。

4. 角色学习

角色学习属于社会学习的范畴,是角色行为的重要组成部分,是"个体在特定的社会互动中,掌握角色的权利与义务、态度与情感、知识与技能的过程"③,也是"个体掌握社会理想角色的行为准则,提高角色认同水平,缩小与理想角色差距的过程"④,不仅能够帮助个体更有效地实现角色任务,而且是角色社会化的必要条件。著名社会学家米勒(George Herbert Mead)认为角色学习通常会经历三个过程:由模仿到认知的过程,由自发到自觉的过程,由整体到细节的过程,并由此将社会性标准内化为个体的行动理念和行为意愿,一直到角色实践。角色学习过程通常会具有三个显著特征:综合性特征、互动性特征、适应性特征(秦启文等,2011)。综合性特征是指主体将角色或角色集作为一个整体,采用有组织的认知模式来学习;互动性特征是指角色学习是在特定的社会关系结构下、在人与人的互动过程中进行;适应性特

---

① 曹培鑫,王瑶琦.角色与认同困境:国际广播中的华人记者研究[J].文艺理论与批评,2021(4):118-128.
② 奚从清.角色论——个人与社会的互动[M].杭州:浙江大学出版社,2010:80-82.
③ 秦启文,周永康.角色学导论[M].北京:中国社会科学出版社,2011:86-91.
④ 王康.社会学词典[M].济南:山东人民出版社,1988:207.

征,即随着情境、地位、互动的变化,主体对复杂多变的角色要求不断适应的过程。

四、对角色理论的评价

综上所述,本研究认为角色的本质在于社会结构中隐含的对主体权利、义务和行为的规范。结构角色理论以角色在社会中所处的位置为出发点,着重于对角色行为及其与社会的关系进行研究,强调观念、关系、结构等要素对角色的重要影响,为角色分析提供了重要的内容与结构基础。然而,结构角色理论视角较为静态,角色及其隐含的地位与社会规范并非一成不变,人们可以通过社会化学习的方式对角色加以塑造,并在实践中对角色的内涵与行为范式进行改造创新,从而更有效地完成角色使命。

过程角色理论在对结构角色理论的继承与批判基础上,选择社会互动作为研究的出发点,关注到了人与人、人与群体、人与社会间的持续沟通过程和交互影响过程,个人的行动具有主动性、创造性、建构性和可变性等特征。基于过程视角的互动式角色分析不仅可以帮助个体在人际交往过程中发展出关于优先权与行为范式的期望,以增强行为的有效性;还可以帮助人们以稳定的方式对自身与他人的行为进行预期,帮助人们以相互影响的方式来实现共同的目标。最重要的是,这种分析方式有助于厘清同一主体所承担的不同角色间的互动,有利于预测个体角色发展程度与方向,从而帮助研究者探寻多角色系统中个体的职业生涯发展问题。因此,角色过程理论也是本研究重要的理论基础和分析视角。

第二节 多元角色关系研究

学者们在单一角色行为研究的基础上,还就角色间关系进行了讨论。相关研究以 Linton(1936)的角色集理论为基础而展开。

一、角 色 集

Linton 认为,地位与角色是一一对应的关系,每个人在社会上拥有许多地位,每个地位对应着特定的角色,一个人的多种地位对应了多种角色,便形成了角色集。[1] 后来 Merton(1957)在 Linton 观点基础上提出"角色丛"的概

---

[1] Linton R. The Study of Man[M]. New York: Appleton-Century, 1936.

念,在一定程度上拓展了角色集的内涵。Merton 认为一个地位不只可以对应一种角色,而是对应了一系列角色,因此形成了与特定社会地位相对应的角色丛,用以说明"人们因为占据了特定的社会地位而被卷入到某种角色关系中"[1]。Merton 的角色丛是一个比 Linton 的角色集范围更小的概念,前者指一种社会地位所对应的多种角色(一对多),后者包含了多种社会地位对应的多种社会角色(多对多),Merton 也将后者称之为"多角色"(multiple roles)。

对角色集概念的明确,是为了说明角色间相互关联、相互影响的系统性特征。相应地,角色集的含义又可以区分为两种情况:一种情况下特指多种角色集中于一个人身上,主要强调个体的内部关系,另一种情况特指一组相互依存的角色,强调人与人之间的关系。本研究主要借鉴了角色集的第一类观点,关注个体在承担多种角色时的内部关系处理问题。根据相互影响的性质不同,个体多角色内部间的关系大致可以分为两类——角色冲突和角色促进,以下将沿着这两个方向对角色间关系进行梳理和讨论。

二、角色冲突

角色冲突(role conflict)是指"个体承担的一个角色与其他角色之间不兼容而引起的压力感知"[2]。关于角色冲突的产生原因,存在两种观点。一种观点以稀缺性假设(Scarcity Hypothesis)为基础。该理论认为,个体的时间和精力是有限的,增加额外的角色和责任,很可能会导致主体的超负荷,从而引起角色超载的感知(如,Greenhaus, Beutell, 1985; Marshall, Barnett, 1993)。另一种观点认为,角色规则体系的差异是导致角色间冲突的根本原因。尽管不同角色间存在时间或空间上的分界,但现实中人们不可避免会将其中一个系统中的感情、行为规范和关系逻辑带入另一系统中,从而引发两者之间的角色混淆,引起角色紧张。

1. 对角色冲突的几种解释

一种观点源于角色超载(role overload)的相关研究。角色超载是指"角色需求过多超过个体承担能力的一种状态"[3]。江卫东、陈丽芬从质量和数量两个方面对角色超载进行了定义。质量的超载是指"角色要求过高或太复

---

[1] Merton R K. The Role Set: Problem in Sociological Theory [J]. British Journal of Sociology, 1957, 8(2): 106-120.

[2] Kopelman E R, Greenhaus H J, Connolly F T. A Model of Work, Family, and Interrole Conflict: A Construct Validation Study [J]. Organizational Behavior and Human Performance, 1983, 32(2): 198-215.

[3] Coverman S. Role Overload, Role Conflict, and Stress: Addressing Consequences of Multiple Role Demands [J]. Social Forces, 1989, 67(4): 965-983.

杂,个体缺乏足够的资源、经验与技能去完成工作任务"[1]。当同时需要履行两种或两种以上角色时,如果一种资源被用于特定角色就不能被其他角色所用,[2]这时所导致的排他性冲突,便体现为质量超载的特征。数量的超载是指"要求个体完成的任务与完成此任务的时间不一致,使个体感到无法在规定的时间内完成"[3]。由于人的时间、精力、认知、能力等均属于稀缺资源,如果外界同时对这些资源提出较高的多元化要求,导致个体应对资源不足时便会出现数量的超载。学者们也在积极探索角色超载的解决途径。周晓虹等学者认为,"将有限的时间和精力用到对自己更有价值的角色上"是解决角色超载的有效方法,并需要根据角色对个体的意义、角色可能产生的积极与消极结果,以及周围人对角色的反应来判断角色的价值。[4] Merton(1957)主张以地位不同个体之间的社会支持来解决缓解角色冲突。Evert、Van de Vliert推荐了一种包含三步骤的解决方式:步骤一,在不同规范中间选择;步骤二,如果不可能,则在规范之间妥协;步骤三,如果仍然失效,则退出情境。[5]

另一种观点源于角色紧张的相关研究。角色紧张是指"个体在角色扮演过程中因受到时间、地点、精力和义务分配的影响而产生的心理不适应状态"[6],主要是由多元角色对同一主体提出差异化要求造成的,并极易引发不同角色间的冲突。Goode(1960)曾将角色紧张区分为四种类型:① 受到时间或地点的限制;② 义务分配上的冲突;③ 角色要求不一致;④ 角色关系不协调。众多研究表明,角色紧张主要受以下因素的影响,承担角色的数量与角色承担的程度、不同角色期望间的不一致程度、角色期望限定的严格程度、角色位置的变化程度、其他角色的影响程度、个体对角色心理变化的控制程度等(奚从清,2010)。工作压力便是由工作角色所引发的角色紧张。特定的职业身份意味着从事相应职业所必须遵从的行为规范与行为期望,且角色绩效会受个体的社会地位、角色资源、互动范围、个体能力等多重因素影响,各种

---

[1] 江卫东,陈丽芬.工作倦怠与工作压力源和工作满意度关系研究[J].南京理工大学学报(自然科学版),33(4):22-26.
[2] Hecht D T, McCarthy M J. Coping with Employee, Family, and Student Roles: Evidence of Dispositional Conflict and Facilitation Tendencies [J]. Journal of Applied Psychology, 2010, 95(4): 631-647.
[3] 江卫东,陈丽芬.工作倦怠与工作压力源和工作满意度关系研究[J].南京理工大学学报(自然科学版),33(4):22-26.
[4] 周晓虹.现代社会心理学:多维视野中的社会行为研究[M].上海:上海人民出版社,1997:378.
[5] Hek H V D, Plomp H N. Occupational Stress Management Programmes: A Practical Overview of Published Effect Studies [J]. Occupational Medicine,1997,47(3):133-141.
[6] 奚从清.角色论——个人与社会的互动[M].杭州:浙江大学出版社,2010:127-129.

原因致使角色要求超出个体所能实现的绩效水平时,压力(role stress)便会产生。[①] 相关实证研究也证实,长期较高的绩效标准、不断出现的工作挑战、角色要求不清晰、多重上级冲突的工作指令等职业因素是员工工作压力的主要来源(畅志杰,2011)。这些压力如果不能得到适时有效的缓解,将导致员工工作满意度下降、工作效率下滑、创新能力萎缩等诸多消极影响,并可能进一步影响员工的心理及身体健康。针对这一问题,可以依靠角色承担者自身和角色承担者以外的力量两种途径来解决:如,Hall(1975)提出的协商、调整、顺应的解决之道,Van De Vliert(1976)提出的选择、妥协、退出的三个步骤,奚从清(2010)所阐述的合作、转移、顺应、自居等几种反应方式,以及秦启文等(2011)提出的角色规范法、角色合并法、角色层次法和角色协议法等方法。

2. 角色冲突的分类与方向性

在上述观点的基础上,Greenhaus、Beutell(1985)认为角色间冲突通常表现为三种形式:基于时间的冲突(time-based conflict),表现为各种角色对主体稀缺时间与精力的争夺;基于紧张的冲突(strain-based conflict),表现为从一种角色体验到负面情绪(如紧张、焦虑、疲劳、沮丧等紧张状态)时,引起对其他角色状态的干扰;基于行为的冲突(behavior-based conflict),表现为多种角色在行为特征与规范上不一致时,个体无法同时满足不同角色期望而引发的冲突。[②]

3. 对角色冲突研究的评价

角色理论在解释工作与家庭角色关系问题上提供了有效的思考方向,但相关研究仍然存在一定局限。首先,该理论认为工作角色与家庭角色之间的行为逻辑差异是不可避免的,却忽视了二者间可能存在的积极影响和相互促进作用。其次,这类研究仅关注了工作角色与家庭角色之间基于角色规则体系的抽象性冲突,且多采用平行静态性的视角,缺乏立体、系统、动态的问题解决思路。最后,该类研究多探讨较为消极且有限的应对策略,例如改变(自己或他人的)期望、认知或行为等,这些策略只能在一定程度上缓解角色(或角色间)压力的程度,但无法超越已有角色框架的限制,没有从根本上改变压力或冲突的性质。

三、角色促进

不同于建立在大量稀缺性假设上的角色冲突观点,学者们发现多角色间

[①] 秦启文,周永康.角色学导论[M].北京:中国社会科学出版社,2011:111-130.
[②] Greenhaus H J, Beutell J N. Sources of Conflict Between Work and Family Roles [J]. Academy of Management Review, 1985, 10(1):76-88.

的关系不尽然都是对立、竞争的,也存在协调促进的方面,因此产生了扩充性假设(Expansion Hypothesis)。该理论认为,多角色的承担可以带来相应的奖励,例如更高的自尊水平和更多的认可,可抵消承担多元角色所产生的成本(Marshall,Barnett,1993),从而产生角色促进,也称角色间的积极溢出。

1. 角色促进的几种解释

这一论断大致有以下几种解释依据:一种观点认为多角色参与可以给个体带来更丰富的人格(Thoits,1983)、特权与资源(Sieber,1974)、社会支持(Barnett,Hyde,2001)和知识能力(Edwards,Rothbard,2000),以及更广阔的参考框架,从而引发各领域职能间的相互改善。[1] 另一种观点认为,"一种角色活动中获得的收益(如积极情感或能量)可以在其他角色领域间发生正向迁移,或可对其他角色的表现产生帮助"[2]。还有的学者认为,每个人的自我概念中都包含着很多个侧面,当其中某些侧面受到了特殊事件的影响,主体会将关注点转移到那些没有受到干扰的方面,以缓解压力所带来的负面影响,[3]例如在生活中失意的人会更加努力地追求职业成就,以求得心理上的满足感(Staines,1980)。学者们曾检验过如收入、社会支持、家庭分工等多角色资源对缓解紧张和增加收益的贡献(Marshall,Barnett,1993);另一些学者直接检验了多角色承担的结果,例如 Sorensen、Verbrugge 的研究发现,有工作的女性比没有工作的女性具有更好的总体健康水平[4]。这些研究均在很大程度上支持了角色促进理论的有效性。

2. 角色促进的分类与方向性

Edwards、Rothbard(2000)将角色促进分为四种类型,情感溢出、价值观溢出、技能溢出、行为溢出。其中,情感溢出是指一种角色可以增强自我效能、动机、积极人际互动,从而帮助其他角色获得更好的绩效,使个体获得更多的认可或赞扬及相应的成就感知。情感溢出也可以解释为一种角色可能影响个体的一般性情感,从而影响个体在其他角色中的情绪状态。价值观、技能、行为溢出具有比较相似的含义,是指一种角色通过影响整体的个人框架而产生对其他角色的积极影响,或指在相似情境中发生的价值观、技能、行

---

[1] Sieber S D. Toward a Theory of Role Accumulation [J]. American Sociological Review, 1974, 39(4): 567-578.

[2] Crouter A C. Spillover from Family to Work: The Neglected Side of the Work-Family Interface [J]. Human Relations, 1984, 37(6): 425-442.

[3] Linville P W. Self-Complexity as a Cognitive Buffer Against Stress-Related Illness and Depression [J]. Journal of Personality and Social Psychology, 1987, 52(4): 663-676.

[4] Sorensen G, Verbrugge L M. Women, Work, and Health [J]. Annual Review of Public Health, 1987, 8(1): 235-251.

为的角色间转移。① Greenhaus、Powell（2006）则将角色促进划分成两类途径：工具性途径和情感性途径；前者是指资源（如知识、技能、价值观等）直接从一种角色转移到其他角色中，而引发接受角色的绩效提升；后者与Edwards、Rothbard的情感溢出的含义大致相同，是指一种角色所引发的情感提升有助于其他角色的表现，从而引发了相关角色的积极情感。② Hanson等在借鉴相关成果的基础上，进一步将角色促进归纳为三种类型：以行为为基础的工具性积极溢出、以价值观为基础的工具性积极溢出、情感性积极溢出。③

高晓萌等以中国员工为样本的研究发现，工作家庭促进不仅可以直接预测职业生涯成功，还可以通过心理资本间接预测职业生涯成功。④

3. 对角色促进理论的评价

角色促进领域的研究关注到角色之间的积极相互影响，作为角色冲突的补充视角，更加完整地反映了角色间关系的全貌。然而，无论是角色促进，还是角色冲突，均存在单一方向的研究倾向性，二者之间的关系尚不明确，无法完全解释多角色间关系的本质内涵和综合作用效果。学者们开始对作用相反的两个方面进行整合。

第三节 角色关系系统的形成

本节将从系统性视角出发，对角色间关系的性质进行讨论。从角色间关系的非线性机制入手，讨论多角色及其相互关系作为一个系统的可能性，分析角色关系系统的理论基础。

一、角色间关系的整合视角

一些学者开始倡导角色整合（role integration）的理念，以试图弥补角色

---

① Edwards J R, Rothbard N P. Mechanisms Linking Work and Family: Clarifying the Relationship Between Work and Family Constructs [J]. Academy of Management Review, 2000, 25(1): 178-199.
② Greenhaus J H, Powell G N. When Work and Family Are Allies: A Theory of Work-Family Enrichment [J]. Academy of Management Review, 2006, 31(1): 72-92.
③ Hanson C G, Hammer L B, Colton C L. Development and Validation of a Multidimensional Scale of Perceived Work-Family Positive Spillover [J]. Journal of Occupational Health Psychology, 2006, 11(3): 249-265.
④ 高晓萌,朱博,杜江红,等.企业员工工作家庭促进与职业生涯成功的关系：心理资本的中介作用[J].中国临床心理学杂志,2020,28(1): 181-184.

冲突和角色促进领域的研究局限。Hall 等将角色整合定义为"将多角色有意图地组织成一个更大整体的过程"①,用以描述角色与个人的潜在融合,并反映人与环境间日复一日的互动,从而体现角色冲突和角色促进的综合影响效果。② 研究发现,角色整合的程度越高,角色间的负向干扰越小(Olson-Buchanan, Boswell, 2006),感知的健康水平及心理状态越好(Meleis et al., 1989),生活质量也越好(Kim, Rew, 1994)。

然而,这些研究多数通过角色满意度减少角色压力的方式对角色整合程度进行测量,倾向于认为角色冲突与角色促进可以相互抵消,仍然无法明确角色冲突面与角色促进面同时对职业生涯发展产生影响时的作用效果和过程机理。角色促进与角色冲突之间的关系问题还存在很大的争议。一些学者认为促进与冲突构成一个连续体的两端,在多角色参与时,当主体体验到较高的角色间促进时,便不会体验到角色间冲突。另一些学者认为,角色冲突与角色促进并不是非此即彼的关系,它们是相互独立的两个维度,可以同时存在。③ 此外,也有学者认为角色冲突和角色促进是一种较为稳定的气质性特征,与个体特定的应对风格有关。④ 角色促进与角色冲突之间的关系有待进一步明确,并可能成为角色间关系研究的重要突破口。

二、角色间关系的非线性特征

学者们认为角色间的相互影响存在方向性,即"一对"角色间的冲突是不等价的,也即 A 角色对 B 角色的冲突不等同于 B 角色对 A 角色的冲突,同理,A 角色对 B 角色的促进也不等同于 B 角色对 A 角色的促进。下面特以常见的工作—家庭关系为例,讨论角色间关系的方向性。

1. 角色关系维度的双向性

多角色间的影响通常是双向的,对此理论界已存在相关讨论。众多学者已经提出并证实角色间关系的维度具有方向性。

---

① Hall J M, Stevens P E, Meleis A I. Developing the Construct of Role Integration: A Narrative Analysis of Women Clerical Works' Daily Lives [J]. Research in Nursing and Health, 1992, 15 (6): 447-457.
② Meleis A I, Norbeck J S, Laffrey S C. Role Integration and Health Among Female Clerical Workers [J]. Research in Nursing and Health, 1989, 12(6): 355-364.
③ Tiedje B L, Wortman C B, Downey G, et al. Women with Multiple Roles: Role-Compatibility Perceptions, Satisfaction, and Mental Health [J]. Journal of Marriage and the Family, 1990, 52(1): 63-72.
④ Hecht T D, McCarthy J M. Coping with Employee, Family, and Student Roles: Evidence of Dispositional Conflict and Facilitation Tendencies [J]. Journal of Applied Psychology, 2010, 95 (4): 631-647.

根据影响方向的不同，可区分出工作干扰家庭（work interference with family, WIF）和家庭干扰工作（family interference with work, FIW）。Mesmer-Magnus、Viswesvaran 采用元分析对 WIF 与 FIW 的作用效果进行梳理时认为，尽管角色间冲突的不同面向之间具有很强的相关性，并与工作及非工作性压力、退行行为、工作满意度、生活满意度等变量均展现出了相似的关系，但不能忽略它们各自的独特性，①仍需要对角色冲突的不同面向进行独立检验，以挖掘潜在的差异化机制。②

工作—家庭促进领域也进行了类似的方向性探讨。Hanson 等区分了角色间积极溢出的方向性，将其细分为工作对家庭的行为工具性溢出、工作对家庭的价值工具性溢出、工作对家庭的情感性溢出，以及家庭对工作的行为工具性溢出、家庭对工作的价值工具性溢出、家庭对工作的情感性溢出六个方面。③ Frone（2003）还根据工作与家庭的影响方向和影响性质，将工作—家庭关系划分为四种类型：工作对家庭的冲突、工作对家庭的促进、家庭对工作的冲突、家庭对工作的促进，如图 3-4 所示。

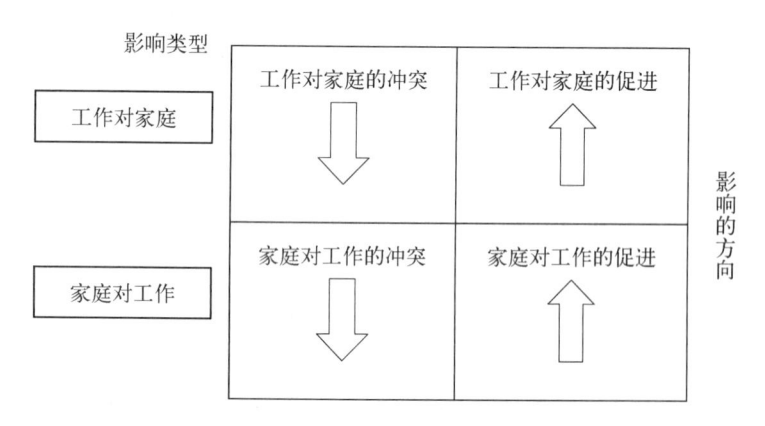

图 3-4　工作—家庭平衡维度

资料来源：Frone M R. Work-Family Balance[M]//Quick J C, Tetrick L E, eds. Handbook of Occupational Health Psychology [M]. Washington, DC: American Psychological Association, 2003: 143-162.

---

① Mesmer-Magnus J R, Viswesvaran C. Convergence Between Measures of Work-to-Family and Family-to-Work Conflict: A Meta-Analytic Examination [J]. Journal of Vocational Behavior, 2005, 67(2): 215-232.

② Amstad F T, Meier L L, Laurenz F U, et al. A Meta-Analysis of Work-Family Conflict and Various Outcomes with a Special Emphasis on Cross-Domain Versus Matching-Domain Relations [J]. Journal of Occupational Health Psychology, 2011, 16(2): 151-169.

③ Hanson G C, Hammer L B, Colton C L. Development and Validation of a Multidimensional Scale of Perceived Work-Family Positive Spillover [J]. Journal of Occupational Health Psychology, 2006, 11(3): 249-265.

2. 角色间关系影响机制的双向性

一些研究不仅对角色间关系维度的方向性进行了区分,还就角色间相互影响机制的双向性进行了检验。相关研究在讨论工作—家庭关系的作用效果和形成机制时,不仅证实了工作—家庭关系和家庭—工作关系分别对工作与家庭领域具有直接影响效果,还发现了工作—家庭关系对家庭领域、家庭—工作关系对工作领域存在交叉影响效果(Amstad et al., 2011; Ford et al., 2007)。Frone 等认为,工作干扰家庭(WIF)更多地与工作特征相关,最终产生对家庭领域的影响;而家庭干扰工作(FIW)更多与家庭特征相关,最终产生对工作领域的影响,[1]如图3-5所示。

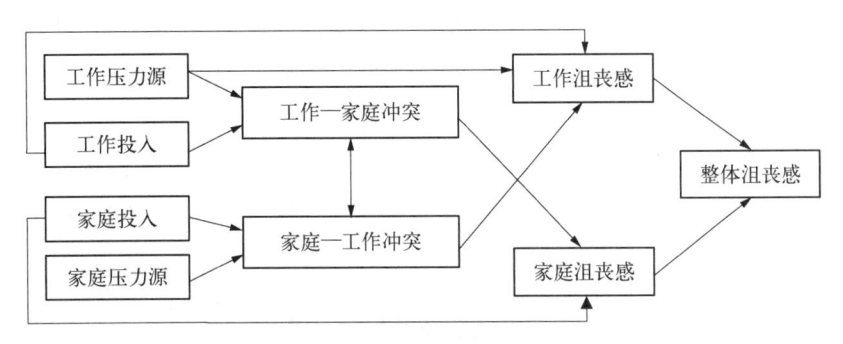

图3-5 工作—家庭冲突双向模型

资料来源:Frone M R, Russell M, Cooper M L. Antecedents and Outcomes of Work-Family Conflict: Testing a Model of the Work-Family Interface [J]. Journal of Applied Psychology, 1992, 77(1): 65 - 78.

国内学者也在中国情境下,就角色间关系的双向形成机制和双向影响机制进行了探索。李新建、孙美佳在针对高端职业人群工作—家庭冲突形成机理的研究中证实了工作—家庭冲突的直接形成模型与交叉形成模型同时存在,且在不同的性别中存在不同的侧重,职业因素的双元影响模型更适宜解释高端职业女性工作—家庭冲突的形成过程,而家庭投入的交叉影响模型更符合高端职业男性的特征。[2] 张勉等对工作—家庭冲突双向影响机制的研究中也发现,中国情境下在解释管理人员工作—家庭冲突问题上,交叉影响模型比直接影响模型具有更好的效果。[3]

---

[1] Frone M R, Russell M, Cooper M L. Antecedents and Outcomes of Work-Family Conflict: Testing a Model of the Work-Family Interface [J]. Journal of Applied Psychology, 1992, 77(1): 65 - 78.

[2] 李新建,孙美佳.高端职业群体工作-家庭冲突的双元形成机理及其社会性别差异研究——基于某直辖市的调查数据[J].未来与发展,2013(8):59 - 65.

[3] 张勉,李海,魏钧,等.交叉影响还是直接影响? 工作—家庭冲突的影响机制[J].心理学报,2011,43(5):573 - 588.

3. 双元机理的非线性内涵

众多研究证实了多元角色之间的相互影响本质上是一种非线性关系。鲁锦涛将社会网络与系统动力学的研究方法相结合,分析了干部职业获得过程中社会网络系统的价值与作用,也对角色系统研究具有重要的借鉴意义。该研究发现,个体承担的角色种类和数量(体现为社会网络规模)与干部的职业发展存在非正比线性关系,在一定区间内它可以增强干部的职业发展,但超过临界值后便会抑制职业发展,通过计算机模拟可以求得二者的最佳耦合点。[①]

同时,多元角色之间的相互影响常常具有双向性,这意味着 A 角色对 B 角色产生影响的同时,B 角色还将通过一系列机制形成对 A 角色的反作用。一方面,工作角色对家庭角色产生影响时,会导致家庭领域结果的改变;另一方面,家庭领域的因素又将引起对工作角色的冲突或促进,导致工作结果的改变。马灿等的实证也检验证实了,家庭支持对工作投入与员工创新均有正向作用。[②] 这种角色间的非线性关系是本研究构建"角色关系系统"的理论基础。

三、角色关系系统的提出

1. 多元角色间关系的系统学分析

多元角色间关系如果可以成为一个系统,就必须符合系统的内涵、属性与特征。根据 Gorden 的界定,系统是指"相互作用、相互依赖的所有事物按照某些规律结合起来的综合",也可以将其解释成"具有特定功能、又具有相互关联的许多要素所构成的有机整体"。[③] 系统通常具有以下几种特征:第一,系统具有整体有机性,是指系统往往具有各个组成部分所无法实现的整体功能性。第二,系统具有结构关联性,即系统的行为由它的结构决定,各个组成部分间以有机的方式组合在一起,并以特定的方式形成相互影响。第三,系统通常都具有一定目的性,增长型系统的目的是实现发展,而调节型系统的目的是围绕限制条件纠正偏离状态。第四,与自然系统不同,社会系统通常都具有动态适应能力(叶庆余,1989;袁利金,蒋绍忠,1988),主体会通过

[①] 鲁锦涛.基于系统动力学的社会网络效用研究——以干部职业获得为例[D].山西:太原科技大学,2012.

[②] 马灿,周文斌,赵素芳.家庭支持对员工创新的影响——工作投入的中介和生涯规划清晰的调节作用[J].软科学,2020,34(1):103-109.

[③] 转引自袁利金,蒋绍忠.系统动力学:社会系统模拟理论和方法[M].杭州:浙江大学出版社,1988:5-7.

环境适应尝试创造性地解决问题。

综观多元角色间关系：第一，多元角色间除了单向影响之外，还存在双向反馈的系统特质，孤立地分析一种角色对另一种角色的线性影响，并不能真实反应多元角色关系的全貌，只有将其视作一个系统，分析其整体有机性，才能发现多角色的联合影响最终可能形成超越任何单一角色独立影响的整体价值。第二，多角色间关系具有一定的系统结构，并据此形成相互影响，其性质也存在多种可能性，可能产生冲突，也可能产生促进，两种作用力同时存在。第三，角色冲突产生于角色资源的有限性（限制条件），属于调节型系统；角色促进的目的是实现角色发展，属于增长型系统；多元角色间的联合影响效果，取决于是增长型系统还是调节型系统占据主导地位。第四，角色主体具有对多元角色的动态适应能力，可以通过应对策略的调整、生涯规划等手段提高自身的角色掌控力，从而尝试创造性地解决生涯（多元角色）发展中遇到的各种难题。以此四个特征来审视，多元角色间关系符合系统运行的基本规律，可借鉴系统学的分析方法对角色关系进行解析与讨论。

秦启文等认为，角色之所以能够成为系统，是因为它们具有一些系统的基本属性，具体体现为"结构性与功能性、混沌性与有序性、整体性与局部性、共性与个性、渐进性与突变性、过程性与阶段性、全息性与自组织性、协同性与异动性"[1]等八个方面。

2. 角色关系系统的理论依据

一些学者的研究为多角色及其相互关系可以成为"角色关系系统"提供了理论支撑。圣吉从系统动力学视角分析了工作—家庭关系的问题。他首先关注到这样一种现象：同一家公司中，主管的子女比非主管的子女更容易产生精神异常或滥用药物等情绪或健康问题，根据密歇根大学的观察，这一问题的根源不仅在于主管需要比非主管付出更长的工作时间，导致教育子女的时间不足，更要归咎于主管们"完美主义、要求苛刻、没有耐心、讲求效率"等显著特质，这些在工作中被视为良好品质的特质因素，在家庭生活中不仅没有发挥积极作用，反而产生了消极影响。通过对工作—家庭角色系统的分析，圣吉进一步认为，当前的工作存在将主体分解成各种孤立身份与角色的趋势，这使人们忽略了各种身份与角色间的关联性，从而失掉了对"整体"的连属感。[2]因此需要复原工作角色与其他角色的整体结构，以恢复个体在整

---

[1] 秦启文，周永康.角色学导论[M].北京：中国社会科学出版社，2011：71 - 85.
[2] [美] 彼得·圣吉.第五项修炼——学习型组织的艺术与实务[M].郭进隆，译.上海：上海三联书店，1998：353 - 354.

个生命空间中的完整价值。

同时,国内学者对多元角色之间的相互影响进行过系统分析。虽然每个角色都相对独立,但由于角色边界具有渗透性和灵活性,从一种角色领域获得的资源可以促进另一个领域的角色表现。例如,家庭角色可以为工作角色提供心理溢出、认知多样性和体力精力的复原补给,[1]以及心理资源(情感、爱与尊重)、工具性资源、社会资源和建议评价等反馈性资源,[2]从而有助于工作行为和工作结果的改善,促进员工有更好的工作表现。Barnett、Hyde认为,员工在一种角色中积累的知识、技能和经验能够促进其他角色表现更加出色,且在扮演某一角色时获得积极乐观的情绪能够以正能量的方式传递到其他角色活动中。[3] 多重角色的扮演使得自身在获得家庭和组织支持的同时,有助于人际网络的拓展和知识的快速积累,提升自己的竞争力。换言之,身体能力、心理能力、情绪能力、认知能力是个体承担多元角色的共享能力和共建资源,可以作为角色边界的连接体。[4] 此时,多元角色之间虽有边界,但双方的资源无需抢夺也可以跨边界流动。[5]

3. 角色关系系统的类别划分

以系统性视角分析多角色间的互动关系,离不开对系统类别的划分。例如从角色的来源与性质角度,可将其划分为亲缘角色系统和地缘角色系统,前者代表以生物遗传为基础所形成的家庭内部角色系统结构,后者是指由于地理、物理等客观环境的原因,形成的社会角色系统结构。从角色类型角度,可将其划分为工作角色系统、家庭角色系统、宗教角色系统等。

此处重点介绍从时间跨度角度的类别划分,这种类别区分有助于对多元角色发展及其逻辑关系的探讨。从时间跨度角度,可以将角色关系系统划分为横向角色系统和纵向角色系统,前者是指在同一时间区间内,个体所承担的多种角色及其相互间的影响;后者是指个体承担的一种或多种角色在一定时间跨度下,产生纵向相互影响的过程。

---

[1] 马灿,周文斌,赵素芳.家庭支持对员工创新的影响——工作投入的中介和生涯规划清晰的调节作用[J].软科学,2020,34(1):103-109.

[2] Greenhaus J H, Powell G N. When Work and Family Are Allies: A Theory of Work-Family Enrichment [J]. Academy of Management Review, 2006, 31(1): 72-92.

[3] Barnett R C, Hyde J S. Women, Men, Work, and Family: An Expansionist Theory [J]. American Psychologist, 2001, 56(10): 781-796.

[4] Ten Brummelhuis L L, Bakker A B. A Resource Perspective on the Work-Home Interface: The Work-Home Resources Model [J]. American Psychologist, 2012, 67(7): 545-556.

[5] 王三银,刘洪,齐昕.工作——家庭边界管理的一致性对员工工作绩效的影响研究[J].软科学,2017,31(8):62-65.

(1) 纵向角色系统

从纵向的角度来看,角色系统由个体生命过程中的阶段性角色所组成,且每一阶段的角色都与生涯发展有着直接或间接的关联。婴幼儿时期(0—6岁)是个体基础能力形成的关键阶段,此时身体上的发育促进了智力发育,形成个体的各种基本技能。儿童时期(6—12岁)是个体"自我意识"形成的关键时期,这一时期个体会通过学校教育深化能力的形成与发展,建立日常生活所必需的概念体系、性别观念、群体意识、价值观念和社会道德标准。[1] 青少年时期(约12—18岁),在生理上表现为性成熟,在心理上表现为角色意识的形成,个体会对未来从事哪类职业形成幻想。成年时期(18—35岁左右)是职业生涯发展的初期,也是多角色参与的开端,责任与权利意识开始形成。中年时期(35—60岁左右)是多角色参与的高峰时期,人们可能会对自我概念与周遭世界有了新的看法,产生对自我的重新定义、对人生的新期待和对生活的调整。[2] 老年时期(60岁以后)职业角色衰退直至终止,多角色参与程度逐渐降低。职业发展趋势如图3-6所示。

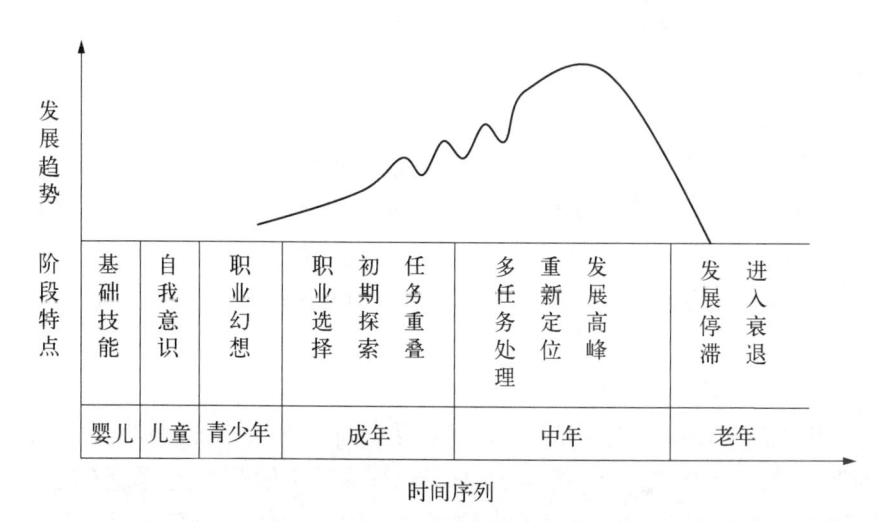

图3-6 基于时间序列的角色阶段性特点与发展趋势分析
资料来源:本研究设计。

从另一个角度看,职业角色本身也具备作为一个系统的雏形,因为以往的角色表现与角色经历能够对后续职业角色的发展产生重要影响。尤其是在无边界、易变型和知识型等职业生涯发展趋势下,先前职业角色身份被作

---

[1] Kgan J. The Nature of the Child[M]. New York: Basic Books, 1984.
[2] 秦启文,周永康.角色学导论[M].北京:中国社会科学出版社,2011:197-201.

为可雇佣性的衡量标准,在跨边界的组织流动过程中受到了重视,并能创造出以先前绩效和社会网络为基础的就业机会。[①] 个体可以利用职业角色身份的转变,在职位等级没有变化的情况下,实现职业生涯发展的目的。以往职业角色、当前职业角色和未来职业角色形成了一个纵向角色影响过程,推动着个体生涯发展的步伐与节奏。然而,由于时间的不可逆性,该影响过程通常具有单向性,纵向职业角色若想成为一个系统,还要借助其他角色作为桥梁。也即,横向角色系统中的互动对职业角色的纵向发展具有重要的促进或阻碍作用。

(2) 横向角色系统

从横向角度看,角色系统由同一时间阶段内主体承担的多元角色所组成,突出体现在特定时期多元角色之间的集聚和重叠。通常情况下,个体会同时承担多种身份或角色,例如,由所属组织、部门、职务等形成的工作角色;由子女、配偶、家长等组成的家庭角色;由所属阶层、行业或社会经历体现的社会角色等。这些不同性质的角色间存在着相互影响作用,能够促进或阻碍个体的生涯发展。例如,众多学者探讨过工作—家庭冲突对个体职业生涯发展的阻碍作用,在一个侧面上说明了家庭角色与职业角色的反向互动关系;另一些学者从社会网络的视角讨论了多角色间的关系网络对生涯发展的促进作用。管理学家彼得·德鲁克也曾讨论过,营利性组织中的雇员承担志愿者角色是为了满足营利组织框架下所无法实现的个人追求,[②]且德鲁克本人以多元角色为基础的独特经历[③]也正是促进职业角色发展的典范。从这个角度来讲,个人生涯发展的重要内容就是不断处理和调整当下多元角色之间的横向关系。

(3) 两种系统的辩证统一

综上所述,横向角色系统与纵向角色系统间类似于一种时空对应,具有时期与时点上的交互关系,或可将纵向角色系统理解为横向角色系统在时间序列上的延续。横向角色系统常常需要在一定时间维度下才能显示出全部的作用效果,即横向系统无法脱离纵向系统进行考察。本研究将从横向系统出发,关注于一段时期以内多角色间的相互影响关系,探讨这种关系对职业角色发展的作用和价值,并尽力兼顾其时间效应的讨论。

---

① Jones C, DeFillippi R J. Back to the Future in Film: Combining Industry and Self-Knowledge to Meet the Career Challenges of the 21st Century [J]. Academy of Management Executive, 1996, 10(4): 89-103.
② [美] 彼得·德鲁克.非盈利组织的管理[M].吴振阳,译.北京: 机械工业出版社,2009.
③ [美] 彼得·德鲁克.旁观者[M].廖月娟,译.北京: 机械工业出版社,2009.

第四章 系统动力视角下基于角色关系的职业生涯发展理论建构

上一章已经阐述了将多元角色关系作为系统进行分析的必要性。本章将以此为基础,阐释角色关系系统在个体职业生涯发展中的关键作用,构建以多元角色关系为基础的职业生涯发展理论。在此之前,有必要引入系统动力学作为理论铺垫,因此本章包括三个主要内容:首先,介绍系统动力学理论的主要观点和分析工具。其次,借鉴人力资源开发理论、工作—家庭关系理论、社会网络等理论,归纳影响职业生涯发展的角色类型,厘清多元角色间相互影响的系统动力学模型。最后,论证以多元角色关系为基础的职业生涯发展模式,介绍相关内容框架。

第一节 系统动力学的基本原理与研究工具

将多元角色关系作为一个系统,就可以借鉴系统学的分析方法,对角色关系结构进行科学把握。为此,本部分对系统动力学理论的主要观点和分析工具进行回顾与介绍,作为后续分析的指引。

一、系统动力学的主要观点

1. 基本观点

根据 Gorden(1978)的界定,系统是指"相互作用、相互依赖的所有事物按照某些规律结合起来的综合",也可以将其解释成"具有特定功能、又具有相互关联的许多要素所构成的有机整体"[1]。因此这一概念包含了三个方面

---

[1] 袁利金,蒋绍忠.系统动力学:社会系统模拟理论和方法[M].杭州:浙江大学出版社,1988:5-7.

含义:"(1)系统是一系列有组织的对象的集合;(2)系统是一种组织和规划对象的方法;(3)系统是不同对象之间关系的汇总"[1]。

系统动力学(System Dynamics,SD)在20世纪50年代中期由美国麻省理工学院福雷斯特教授(J. W. Forrester)首创,被广泛应用于社会经济系统的研究中,是系统科学和管理科学的一个重要分支。该理论的一个重要特征是从系统内部的微观结构入手,在把握系统内在变量、参数及总体功能的前提下,分析系统的特性与行为,认为系统的行为模式与特征主要取决于其内部的结构。[2]

本研究之所以考虑引入系统动力学,主要原因在于:既然将多元角色关系视作一个系统,只有厘清其内在结构特征,对其微观结构进行分析才更加科学和有效。而系统动力学作为一种系统性分析工具,可以为角色关系分析提供具象化的结构性框架,还可更进一步为多元角色关系的优化提供策略思路。

2. 主要特点

与计量经济学、投入—产出等传统研究方法相比,系统动力学作为一种科学方法和逻辑分析工具更加适宜处理多元要素间的复杂关系,是一种定性与定量相结合的研究方法。它以系统结构为主要关注点,尤其关注反馈的结构与作用。[3] 其优点在于:① 对原始数据精确度的要求不高,侧重于对结构要素及变量间关系的整合;② 注重一般的动态趋势,而非变量之间的静态关系;③ 可以借助因果关系图和系统流程图等工具分析系统结构,有助于打开过程的黑箱;④ 不仅考虑了大系统、非线性等因素,还关注到了人的作用,通过人为因素的干预,可以控制系统结果的产生。[4] 其与计量经济学模型的比较如表4-1所示。

表4-1 系统动力学模型与计量经济学模型的比较

模 型	类 别	着重点	建模角度	控 制 因 素
计量经济模型	参数型	高质量的统计数据	仅对易定量部分建模	以外生变量的形式表出

---

[1] 钟永光,贾晓菁,李旭,等.系统动力学[M].北京:科学出版社,2009:10-11.
[2] 钟永光,贾晓菁,李旭,等.系统动力学[M].北京:科学出版社,2009:3.
[3] 许光清,邹骥.系统动力学方法:原理、特点与最新进展[J].哈尔滨工业大学学报(社会科学版),2006,8(4):72-77.
[4] 许光清,邹骥.系统动力学方法:原理、特点与最新进展[J].哈尔滨工业大学学报(社会科学版),2006,8(4):72-77.

续表

模 型	类 别	着重点	建模角度	控 制 因 素
系统动力模型	结构型	系统要素的关联结构与反馈机制	整体定量化建模	以政策变量的形式表出 政策变量可以是外生变量,也可以是内生变量 政策变量可以在仿真运行的过程中改变

资料来源：许光清,邹骥.系统动力学方法：原理、特点与最新进展[J].哈尔滨工业大学学报(社会科学版),2006,8(4):72-77.

许光清、邹骥(2006)认为,为了更有效地研究复杂的社会经济系统,以系统动力学为基础,将其与传统的研究方向相融合,建立综合集成的模型体系是未来研究的主要趋势。

3. 在管理领域的应用

系统动力学在20世纪50年代主要被应用于企业管理中,例如,用系统性的分析视角处理生产资料配置、雇佣规模调整和市场增长的确定性等问题,因此早期被称为"工业动力学"。后来学者们将研究领域扩展到人口、资源、粮食生产、城市发展、国家经济等宏观领域,研究范围已超越工业的范畴,研究方法也日趋成熟,因此将其改名为"系统动力学"。目前系统动力学在管理学领域得到了广泛的应用,例如以系统的视角关注企业战略的问题,借用该理论进行项目管理研究,以系统动力学原理进行物流与供应链管理领域的探索。系统动力学的思想也被应用在组织发展及组织行为研究中,比较具有代表性的是圣吉对学习型组织的讨论,其著作《第五项修炼——学习型组织的艺术与实务》中,不仅强调了系统性思考是组织五项修炼的核心,而且从系统动力学的视角分析了工作—家庭关系的问题。[1]

虽然系统动力学多作为分析宏观系统和组织系统的工具,但是使用该方法分析个体行为,特别是个体的角色间关系、关系结构及内在的过程机制并不多见。作为一个分析系统内要素关系结构及其变化的理论工具,其基本原理和主要方法对本研究具有非常重要的借鉴价值。

二、系统的结构与因果回路图

构成系统的要素可能千差万别,在系统动力学的研究中常将这些要素转

---

[1] [美]彼得·圣吉.第五项修炼——学习型组织的艺术与实务[M].郭进隆,译.上海:上海三联书店,1998:353-354.

化成变量及变量之间的关系,为了清晰准确地体现系统的结构,通常需要借助因果链、极性等核心概念来绘制因果回路。所谓因果回路图(causal loop diagram,CLD),是指表示变量之间因果关系和反馈结构的图形工具。一个因果回路图中通常包括多个变量,变量之间由表示特定因果关系的箭头所连接,形成若干个反馈回路。

1. 因果链的极性

因果链代表了变量之间的因果关系,可以区分出不同的极性。极性是指当独立变量发生变化时,相关变量随之变化的方向。极性为正(+)时,代表如果原因增加,结果会高于原来的程度;如果原因减少,结果会低于原来的程度,这种反馈也称为正反馈,或增强型反馈,图形通常以顺时针方向箭头和"+"的组合代表。当极性为负(-)时,代表随着原因的增加,结果会在原来程度基础上降低;随着原因的减少,结果会在原来程度的基础上提高,这种反馈也称为负反馈,图形以逆时针方向的箭头和"-"代表。

2. 回路极性的判断

回路是由因果链所组成的闭合环路。回路也具有极性,可以通过回路中负因果链的数目加以确定。如果一条回路中负因果链的数目为偶数,则该回路为正回路,也称为增长型回路,一般用"R"来表示。如果一条回路中负因果链的数目为奇数,则该回路为负回路,由"B"来表示。所有负回路都存在特定的目标,即期望系统达到的状态,负回路通过把实际状态与目标状态进行比较,根据二者的差异进行修正来发挥作用,因此也称其为调节型回路。该规则之所以有效,是因为负回路具有根据特定目标进行自我校正的作用,如果两个负因果链在同一个回路中出现,可以将扰动抵消,因此回路的属性取决于其净极性是否为负。[1]

3. 系统的行为

需要注意的是,因果链的极性仅描述了系统的结构,并不代表变量的行为,也就是说,它们描述的是如果发生一种变化将会出现何种结果,但并不意味着该变化一定会真正发生。[2] 评估系统的实际行为时,需要判断哪条回路占据主导地位。如果增长型回路居于主导地位,尽管调节型回路也存在,但其作用不及增长型回路的力量强大,则系统状态取决于增长型环路所引起的行为结果。同理,如果调节型回路占据主导地位,即使增长型回路存在,系统

---

[1] 钟永光,贾晓菁,李旭,等.系统动力学[M].北京:科学出版社,2009:57-61.
[2] 钟永光,贾晓菁,李旭,等.系统动力学[M].北京:科学出版社,2009:57-61.

状态仍然取决于调节型回路的行为结果。

鉴于多角色间关系的性质非常复杂,可以借助一种系统动力学的工具进行梳理和分析,即将多元角色间的关系理解为一个系统,关系性质取决于系统的结构,多元角色可能依据特定的结构产生彼此间的相互影响。使用系统动力学的方法分析角色间关系及其内在的动力过程,是必要和可行的。

三、几种常见的系统基模

贾仁安、丁荣华认为事物的复杂性可以分为两类,一类为细节性复杂(detailed complexity),是指由线段式因果关系产生的复杂性;另一类为动态性复杂(dynamics complexity),代表由反馈因果互动关系所形成的系统复杂性。[①] 社会经济系统中出现的大部分现象都是由动态性复杂所造成的。Senge(1990)总结了七种常见的动态性复杂系统结构(也称系统基模),分别是成长上限基模、成长与投资不足基模、目标侵蚀基模、恶性竞争基模、富者愈富基模、共同悲剧基模和饮鸩止渴基模,基本涵盖了社会经济系统中的典型问题,并认为解决系统问题的关键在于找到结构中的杠杆解。以下对与多角色间关系较为相关的几种系统基模进行简要介绍。

1. 成长上限基模

增长总会遇到各种限制或瓶颈,大多数成长之所以停滞,是因为系统结构中除了增长型回路以外,还存在调节型回路的抑制,从而使增长减缓、停顿,甚至下滑,就形成了成长上限基模,其系统结构如图4-1所示。该模型左侧为促进成长的正回路R,右侧为抑制成长的调节型回路B,增长型回路对成长情况的促进作用受到调节型回路对成长情况反向作用的抑制。突破成长上限的关键(即杠杆解),不仅在于推动增长型回路的促进作用,也在于限制(除去或减弱)调节型回路的抑制作用。

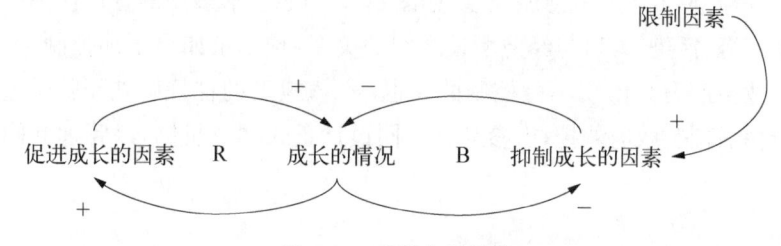

图4-1 成长上限基模

资料来源:钟永光,贾晓菁,李旭,等.系统动力学[M].北京:科学出版社,2009:177.

[①] 贾仁安,丁华荣.系统动力学——反馈动态性复杂分析[M].北京:高等教育出版社,2002.

2. 富者愈富基模

两类活动同时进行时,由于对有限资源的争夺,一开始表现得比较好的一方占据了更多的资源,使另一方获得的资源相对变少,随着系统行为的发展,表现好的一方由于资源多而表现得更好,资源少的一方由于资源少而表现得更差,如此循环,便形成富者愈富模型,如图4-2所示。该模式的杠杆解在于:在决定两者之间的资源分配时,除了成绩表现指标以外,应该重视整体均衡发展的更上层目标。[①]

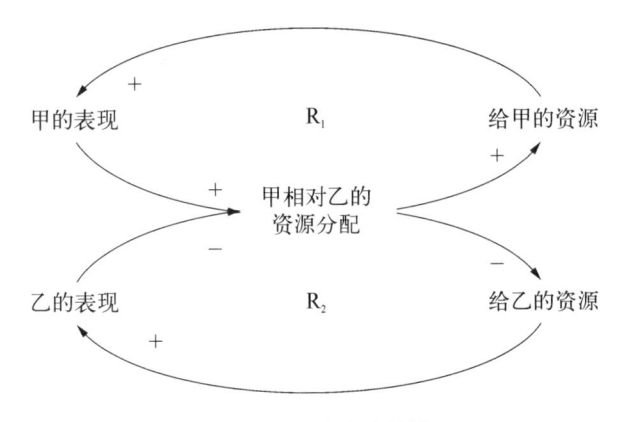

图4-2 富者愈富基模

资料来源:钟永光,贾晓菁,李旭,等.系统动力学[M].北京:科学出版社,2009:180-181.

3. 共同悲剧基模

由于对同一项有限资源的使用,在资源较为充裕的阶段,每个主体都会增加对资源的使用,导致该项资源逐渐不足,到后来,每项活动越努力,相对资源越少,成长越慢,直到资源显著减少,资源告罄,每项活动的成长都会停滞,形成了共同悲剧模型,如图4-3所示。梅多斯等曾用该模型分析了资源、污染、人口与经济增长之间的关系,预测了如果不加控制,人口和工业生产力会出现不可控制的衰退。[②] 该模型的杠杆解在于:通过教育、自我管制、政府调控,由参与者共同设计正式调节机制,以管理共同的资源。

---

① 钟永光,贾晓菁,李旭,等.系统动力学[M].北京:科学出版社,2009:180-181.
② [美]德内拉·梅多斯,乔根·兰德斯,丹尼斯·梅多斯.增长的极限(第2版)[M].李宝恒,译.成都:四川人民出版社,1984:19-20.

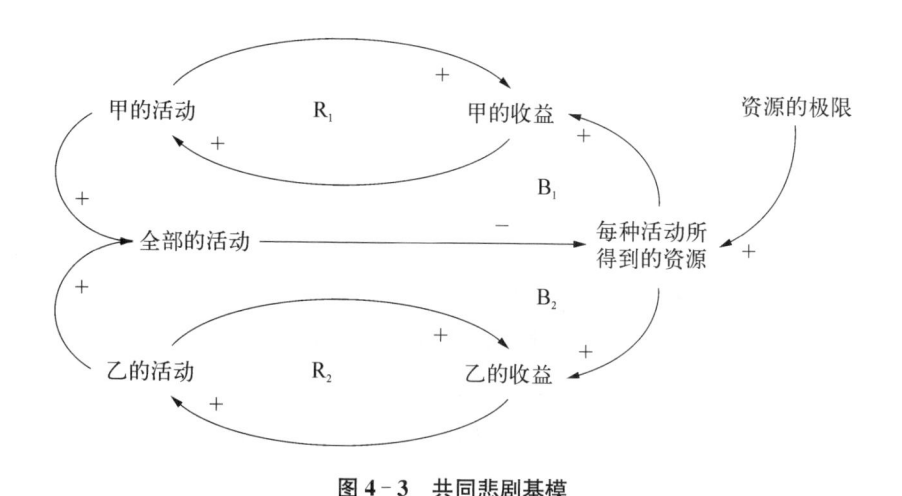

第四章　系统动力视角下基于角色关系的职业生涯发展理论建构

图 4-3　共同悲剧基模

资料来源：钟永光,贾晓菁,李旭,等.系统动力学[M].北京：科学出版社,2009：181.

第二节　多元角色影响职业生涯发展的系统动力学分析

本部分将借鉴角色理论与系统动力理论的相关研究成果,对影响职业生涯发展的角色类型进行识别,为后续的理论分析和构建奠定基础。

一、职业角色与职业生涯发展

职业角色是职业生涯发展中个体所承担的主角色,其内在特征与职业的本质属性密切相关。由于职业具有社会性、规范性、功利性、技术性和时代性等基本特征(秦启文等,2011),因此它是人们的生活方式、经济状况、文化水平、行为模式、社会地位的综合反映,是个体所承担的社会角色中极其重要的角色。

1. 职业角色的内涵

所谓的职业角色是指人们在一定的工作单位或工作活动中所扮演的角色。理论界对职业角色的内涵界定存在两类不同的观点。

一种观点认为,职业角色是"社会和职业规范对从事相应职业活动的人所形成的一种期望行为模式"[①]。职业角色的本质是一种角色行为期望,例如,每当提及医生、法官、教师等职业角色时,会使人联想到相应的角色形象

[①]　秦启文,周永康.角色学导论[M].北京：中国社会科学出版社,2011：245.

与角色要求。一方面,行业对特定岗位具有操作技能上的专业性要求,旨在确保相关成果质量与效率的实现,并保障从业人员的安全。同时,职业角色也隐含着特定的道德性规范要求,即"职业角色伦理",是对某种职业从业者的总体性价值规范,旨在将职业所包含的特定权利与义务内化为从业者的道德体认。该观点认为职业角色是特定职业的理想模型,是抽象意义上的角色典范。

另一种观点认为,职业角色是一种角色执行活动,特指与工作相关的行为活动,以区别于家庭领域的活动和其他社会活动。奚从清认为,以组织为载体的职业角色是联结个体与社会最基础、最稳定、最活跃的中介。大部分工作仅靠个人不能完成,需要集体协作才能进行,这就需要把独立的个体劳动者联结起来,成为群体、成为组织、成为社会。① 家庭是最原始的协作单元,但工业化和市场经济将劳动从"以家庭为核心"向"以个人为核心"转变,使职业劳动从家庭活动中剥离出来,②赋予了职业角色独立完整的意义。人们通过职业角色占据特定社会地位,获得相应的发展资源,成为个体社会化的主要手段,是实现人生目标的重要途径。

本研究中涉及的职业角色也是角色期望与角色执行的博弈过程。职业角色包含着角色本身的权利、义务和行为规范,个体在角色执行的过程中,不停地探索以此为基础的职业生涯发展模式与路径。

2. 职业角色形成与发展分析

职业角色是职业生涯发展的载体,个体通过承担某类职业角色获得相应的社会地位与发展资源,沿着该职业特有的通道与路径,实现阶段性的发展状态,并影响后续的发展决策。职业角色对职业生涯发展的影响主要体现在以下几个方面。

首先,职业角色类型选择,也称职业定位,是职业生涯发展的起点,决定了个体选择哪种类型的职业,以及采用何种方式进行发展。在职业选择时,个体需要综合考虑自身的职业需求、职业兴趣、价值观、能力特质等要素,以及家庭对个体的要求与期望,社会对相关职业的需求与评价等。职业类型的选择直接决定了人与职业的匹配程度,③当人格类型与职业环境协调一致

---

① 刘海善.论社会的本质特征[C]//上海市社会学学会,编.社会学文集.1985:54-56.
② 刘汶蓉.家庭价值的变迁和延续——来自四个维度的经验证据[J].社会科学,2011(10):78-89.
③ Schein E H. Career Anchors Revisited: Implications for Career Development in the 21st Century [J]. Academy of Management Executive, 1996,10(4):80-88.

时,就会产生更高的工作绩效和工作满意度。①

在职业定位以后,个体还需要具备职业所需的权利与义务、态度与情感、知识与能力等人力资本要素。人力资本是"凝结在人身上的知识、技能、经验和健康的总称"②,它包含医疗保健、学校教育、在职培训、成人学习项目和个人与家庭为适应就业需要而进行的迁徙,③尤其强调学习、教育与培训的发展性价值。职业角色学习主要从职业观念与职业技能两方面入手。职业角色观念形成与角色认知有关,是将社会规范内化为个体观念的过程:个体会对与自己所处职业相关的规范与评价进行对比,并在心理上形成相应的社会反应模式及认同水平,④就形成了职业观念。职业技能的形成与个人天赋、基础教育、职业培训、在岗培训、家庭教育、工作场所的非正式学习等多种因素相关。学习活动可以培养个体的角色执行能力,从而使其在知识、技能、能力等方面满足特定职业的需求。

角色投入是角色承担的核心过程,角色技能的完备程度不仅会影响角色执行的质量,而且将影响到个体对该角色的投入意愿和努力程度。Allport认为职业角色投入是指"个体积极参与自己的职业角色以及满足威信、自尊、自治和自利的需要程度"⑤。孙敏认为职业角色投入反映了"员工基于是否做好工作的主观意愿,选择如何对工作付出个人时间和精力的行为"⑥。郑林科等通过实证研究证实,角色投入是决定角色绩效产出的关键因素,工作角色投入对工作绩效产出的直接效应是 0.69,并能通过激活心理资本间接产出工作绩效,效应为 0.27,总体贡献率效应达到 0.94。⑦ 可见,职业角色的投入程度将影响职业生涯发展的质量与进度。

最后,角色与环境的契合与互动程度有助于角色的扩展与升级。环境不仅为个体职业角色的实现提供了情境和平台,个体与环境之间的交互关系还将影响到角色绩效的实现。例如,Barrick、Mount 的研究中发现"情境"是一个重要的调节变量,相同的个性特征在不同的情境中会产生不同的绩效水平。⑧

---

① 宋斌,闵军.国外职业生涯发展理论综述[J].求实,2009(S1):194-195.
② 康小明.人力资本、社会资本与职业发展成就[M].北京:北京大学出版社,2009:38.
③ Schultz T W. Investment in Human Capital [J]. American Economic Review, 1961, 51(1): 1-17.
④ 陈卫平.角色认知的概念与功能初探[J].社会科学研究,1994(1):106-111.
⑤ Allport G W. The Ego in Contemporary Psychology [J]. Psychological Review, 1943, 50(5): 451-476.
⑥ 孙敏.员工投入现象的本质、特征和机制研究[D].广州:华南理工大学,2012.
⑦ 郑林科,梁国林,杨玉民.青年科技人才"奉献投入—心理资本—绩效产出"预测模型研究——基于 BG 企业青年科技人才素质评价实证分析[J].心理研究,2011,4(1):55-62.
⑧ Barrick M R, Mount M K. The Big Five Personality Dimensions and Job Performance: A Meta-Analysis [J]. Personnel Psychology, 1991, 44(1): 1-26.

Beaty 等的研究也发现,在弱情境中,个体特征对绩效影响作用更为明显。[①]
角色与环境的交互主要体现为人与职业环境的匹配程度,以人与组织环境为例,表现为个体与组织价值观的一致性、与组织目标的一致性,个体需求与组织供给的匹配性,个体人格特征与组织氛围的协调契合程度。

3. 职业角色与职业生涯发展模型

综上所述,职业类型的选择、角色技能学习、角色投入程度及与环境机遇的融合是职业角色形成、发展、提升的核心环节,也就是说,职业生涯发展是个体通过四类角色活动对职业角色的性质、内容、地位与等级进行丰富与拓展的过程,它与个体职业生涯发展的关系如图 4-4 所示。四个核心环节协同演进,共同促进了个体职业角色的执行,并最终通过职业角色拓展促进职业生涯的发展。

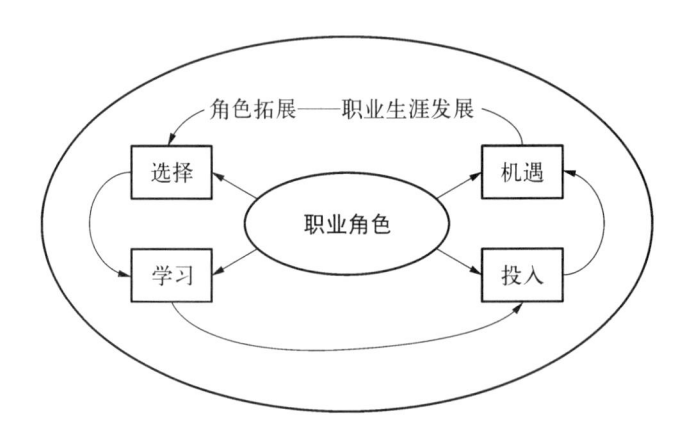

图 4-4 职业角色与职业生涯发展

资料来源:本研究设计。

具体来说,职业角色选择是职业生涯发展的起点,它影响着角色学习的内容、方式、途径和效果。职业角色学习是角色执行质量的基础与保障,将影响职业角色投入的水平。职业角色投入是角色执行的核心环节,影响着角色绩效的实现,从而能够增强个体对职业发展环境的掌控力度。最后,个体可以通过在不同环境间的转换,丰富职业角色的内涵,最终促进职业生涯的发展。四个环节还存在循环逻辑,当发现职业机遇(环境的变动)时,个体会对当前职业角色进行重新审视,调整相关理念与行为模式。随着发展进程的推进,个体

[①] Beaty J C, Cleveland J N, Murphy K R. The Relation Between Personality and Contextual Performance in "Strong" Versus "Weak" Situations [J]. Human Performance, 2001, 14 (2): 125-148.

的职业角色可能出现转变或迁移,新角色将丰富、发展,甚至替代原有角色。

二、家庭角色与职业生涯发展

家庭是个体一生中接触最早、维持关系最久,也是最错综复杂的社会生活单元。家庭角色不仅是角色体系的重要组成部分,且与职业角色发展密切相关。

1. 家庭角色的内涵

著名社会学家邓肯认为,角色本质上是表达关系的代名词。[①] 家庭关系是在婚姻和血缘基础上形成的社会关系,包括夫妻关系、亲子关系、隔代关系、婆媳关系、姑侄关系、叔侄关系、舅甥关系、妯娌关系等。家庭角色是个体在家庭生活关系中所扮演的所有角色的总称,其中夫妻关系中的配偶角色、亲子关系中的家长角色和子女角色,体现了个体在家庭关系中必须承担的大部分义务与责任,是个体对家庭的时间投入、精力投入、情感投入的重要载体,在家庭角色中居于核心地位。

2. 家庭角色执行与发展的内在逻辑

家庭是个体进行社会活动的基本单元,它以情感为纽带,以善意的付出不求回报为原则,因此更加强调个体对家庭及成员的权力、责任和义务。家庭权力与家庭分工有关。以夫妻关系为例,风笑天将家庭权力划分为"指挥权力"和"执行权力",并认为在家庭分工中,丈夫是指挥权力的拥有者,而妻子是执行权力的拥有者。[②] 同时,在自然条件与社会规范的共同作用下,不同的家庭角色承担了差异化的责任与义务,[③]例如妻子在婚姻生活中需要承担更多的家务劳动和繁衍后代的责任,而丈夫则需要更多地承担体力劳动、社会劳动和养家糊口的责任。[④] 相关研究也证实了家庭中权力义务关系的存在。例如,张艳霞对中国河南省城市少年进行的问卷调查显示,城市家庭中,夫妻双方虽然在家庭权力方面倾向于平等,但在家庭义务方面仍然保持着传统的性别角色分工,且这种分工模式会影响子女家庭观念的形成。[⑤]

---

① [英]邓肯·G·米切尔.新社会学词典[M].蔡振扬,谈谷铮,雪原,译.上海:上海译文出版社,1987:265.
② 风笑天.独生子女——他们的家庭、教育和未来[M].北京:社会科学文献出版社,1992.
③ Pleck J H. Men's Family Work: Three Perspectives and Some New Data [J]. The Family Coordinator, 1979, 28(4): 481 - 488.
④ 万明钢,沈晖.文化视野中的性别角色与性别行为研究述论[J].妇女研究论丛,2000(5):54 - 58.
⑤ 张艳霞.父母的家庭角色分工与子女的家庭观念——对城市独生子女家庭与非独生子女家庭的比较分析[J].郑州大学学报(哲学社会科学版),2009,42(1):31 - 35.

家庭角色的执行对个体的职业生涯发展具有极其重要的影响,郑洁(2004)以家庭社会经济地位来衡量大学毕业生的社会资本,发现家庭社会资本水平越高,角色主体所付出的求职努力越少,最终落实单位的概率较高。同时,家庭社会资本水平越高,大学毕业生推迟就业的可能性越大,求职信心也越强,期望的月薪越高。[①] 上一章中已对家庭与职业两种角色之间的关系性质进行了回顾,此处借鉴系统动力学理论,就家庭角色与职业角色冲突或促进的内在机理进行分析。

3. 家庭角色与职业角色的冲突性影响分析

多数研究认为,职业角色与家庭角色之间是对立、竞争的关系。Greenhaus、Beutell(1985)将两者间冲突的焦点归结为时间、压力和行为三个方面。[②]

(1) 以时间为基础的冲突

由于个体的时间和精力存在极限,两种角色都要求个体进行相应的时间精力投入,以期在每个子系统中形成增长循环,即 R_1 和 R_2。然而职业角色与家庭角色投入的增加会引起个体活动总量的增加,由于时间和精力的承载能力有限,一旦超过个体的上限,每种角色所能分配的时间精力会随之下降,形成了两个调节系统 B_1 和 B_2,抑制了两个系统的共同发展,即为系统动力学中的共同悲剧模型,如图 4-5 所示。

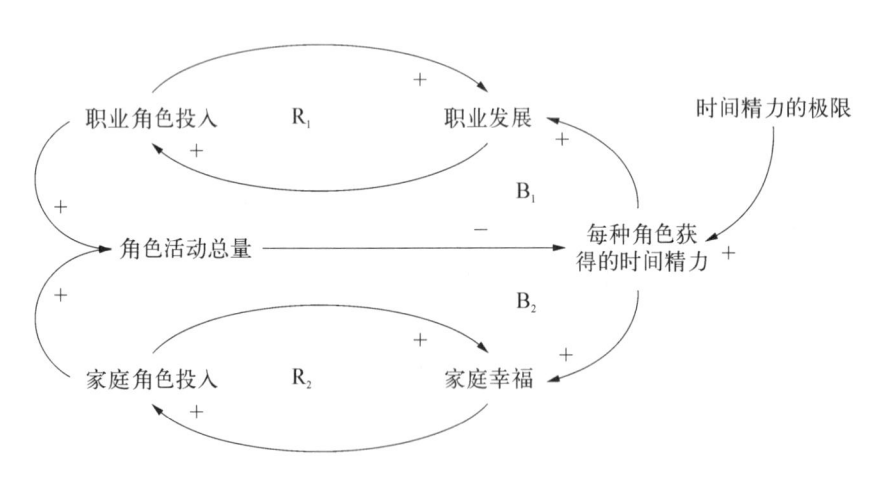

图 4-5 职业角色与家庭角色的共同悲剧模型

资料来源:本研究设计。

[①] 郑洁.家庭社会经济地位与大学生就业——一个社会资本的视角[J].北京师范大学学报(社会科学版),2004(3):111-118.

[②] Greenhaus J H, Beutell J N. Sources of Conflict Between Work and Family Roles [J]. Academy of Management Review, 1985, 10(1):76-88.

现实生活中，经常可能出现职业系统（家庭系统）对家庭系统（职业系统）的时间精力资源的挤占，体现了对稀缺资源争夺的冲突本质，并将形成自增强效应，形成系统动力学中的富者愈富模型，其机理如图 4-6 所示。

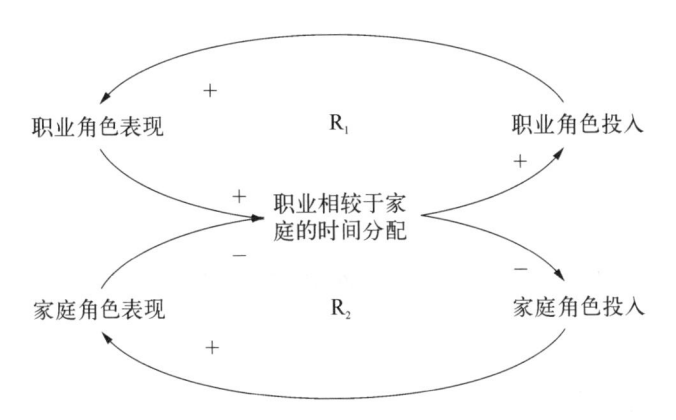

图 4-6　职业角色与家庭角色的富者愈富模型（时间）
资料来源：本研究设计。

工作领域中，工作时间、工作任务量、绩效压力均要求个体增加职业角色投入，投入的增多会促进绩效的提高，促进职业生涯发展，又引发了新的职业角色投入要求，这会降低家庭角色相对职业角色所获得的时间和精力，降低了家庭角色的相对表现，导致家庭生活的问题或危机，进一步降低了个体对家庭投入的意愿，并增加了职业相对家庭所获得的时间分配，促进了职业角色对家庭角色进一步的侵蚀，这类人就是现实生活中的"工作狂"。另一种家庭对工作的冲突原理相近，只是方向相反，极具代表性的就是全职家庭主妇（夫）群体。

(2) 以心理（压力）与行为为基础的冲突

尽管人们可能暂时处于工作和家庭之间的不同分界，但在一个系统中的感情和行为会被带到另一个系统中，从而形成某种程度的冲突，使参与家庭角色的活动因参与工作角色的活动而变得更加困难，反之亦然。当个体在某一角色中经历了焦虑、疲劳、沮丧等排他性情绪状态时，将会影响另一个角色的表现，造成多角色在心理状态上的不兼容（即形成压力）。当一种角色在行为特征上与另一角色存在不一致的期望时，个体无法及时调整行为以满足不同角色的期望，造成多角色在行为模式上的不兼容。个体对职业角色投入越多，产生的排他性情绪和行为状态越多，这种状态有利于职业绩效实现，却不利于家庭角色的投入与执行，二者进入了自增强循环，形成了基于排他性心理（压力）与行为的富者越富结构，如图 4-7 所示。

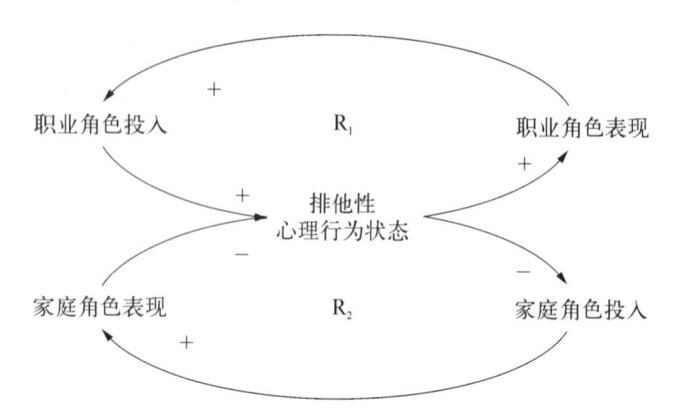

图4-7 职业角色与家庭角色的富者愈富模型(心理与行为)
资料来源：本研究设计。

4. 家庭角色与职业角色的促进性影响分析

家庭角色与职业角色也存在相互协调与促进的方面，包括投入性资源供给和高阶资源共享两种促进的方式。

(1) 基于投入性资源供给的相互促进

Sieber 的研究认为，当参与一个角色可以给个体带来特权、资源、安全或人格丰富时，将产生角色间的相互促进作用，从而引起其他领域职能的改善。[①] 职业角色的产出可以帮助个体获取必要的生活资源，如经济收入。这是维持家庭角色（职业角色）系统正常运行所必需的投入。家庭角色的产出，如体能恢复，也是维持职业角色系统正常运行所必需的投入。也就是说，一种角色为另一种角色提供了投入性资源供给的促进过程，也是对稀缺资源的生产、消耗、再生产的过程。从物质角度来说，职业角色系统本质上是一个生产型系统，个体通过职业角色的执行获取消耗性资源，不仅有助于职业角色的进一步执行，形成正反馈循环(R_1)，而且有助于家庭系统运行质量的提升，形成正反馈循环(R_2)，进一步促进了职业系统获取资源的动力，如图4-8所示。

(2) 基于高阶资源共享的促进过程

无论是家庭角色还是职业角色均可以帮助个体形成特定的价值观、技能、心理资本等高阶资源，不仅可以帮助本子系统中的角色表现，也是其他子系统中角色执行的基础性要素，可以跨领域促进其他角色的发展。[②] 同时，个体在某一角色活动中获得的资源也可在角色间发生正向迁移，使得其他角

---

① Sieber S D. Toward a Theory of Role Accumulation [J]. American Sociological Review, 1974, 39(4): 567–578.

② Greenhaus J H, Powell G N. When Work and Family Are Allies: A Theory of Work-Family Enrichment [J]. Academy of Management Review, 2006, 31(1): 72–92.

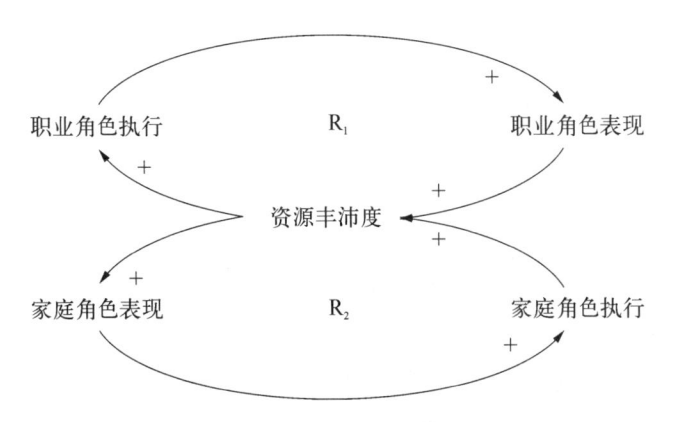

图 4-8 职业角色与家庭角色的资源促进模型

资料来源：本研究设计。

色的机能水平获得提升。① 此处将这些价值观、技能、心理资本、社会资本等统称为高阶资源，用以诠释不同角色系统产出的资源可以被共享并产生更大收益的特性。职业角色执行有助于高阶资源形成，促进职业角色表现，形成正反馈循环(R_1)，高阶资源又可以帮助家庭角色表现，促进家庭角色执行，进一步扩充高阶资源，形成正反馈循环(R_2)，如图4-9所示。

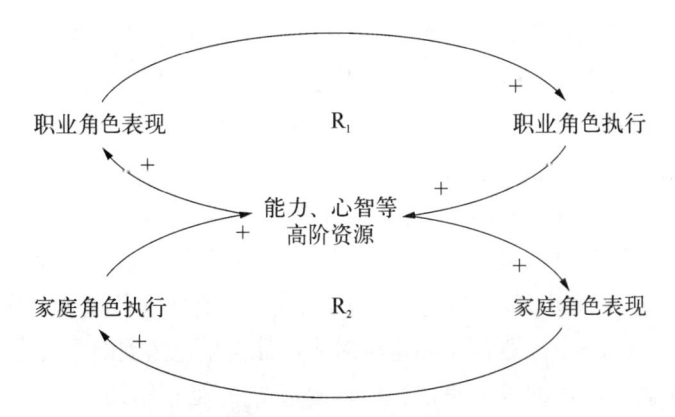

图 4-9 家庭角色与职业角色的资源共享模型

资料来源：本研究设计。

三、社会角色与职业生涯发展

社会角色是角色体系中不可或缺的一部分，不仅是个体社会化的重要途

---

① Crouter A C. Spillover from Family to Work: The Neglected Side of the Work-Family Interface [J]. Human Relations, 1984, 37(6): 425-442.

径，也是实现自身价值的重要平台。以下将对社会角色的含义及其对职业生涯发展的作用进行分析。

1. 社会角色的内涵

社会是由人的活动所组成的关系网络，是以人为细胞、以人的活动为载体形成的关系纽带，并联结成为一个有机整体。[①] 角色是具体社会关系的体现，是个体与社会进行互动的媒介，角色为个体社会化提供了具体机制。角色位置为个体规范了存在和活动的基本方式，为个体发展提供了社会阶梯。

社会角色又有广义与狭义之分。广义的社会角色是指个体在社会生活中承担的所有角色的总和。毋庸置疑，家庭角色与职业角色都包含在广义的社会角色中。狭义的社会角色区分了家庭身份、职业身份与社会身份的边界，将社会界定为除家庭和职业组织以外的人文环境。例如，俱乐部成员的身份、义工身份、学生身份、公众人物角色、人大代表角色等。秦启文等认为，社会角色隐含着深刻的价值寓意，承担一定的社会角色对于人的生存、发展和享受是必要而且重要的。[②] 为了明确研究边界，本研究区分了职业角色、家庭角色和社会角色的边界，如果未加特殊说明，本文中所提到的社会角色均指狭义的社会角色。

2. 社会角色执行与发展的内在逻辑

由社会角色联结而成的网络是个体获得社会资本的重要途径，也是社会角色形成与发展的基本脉络。根据连接的紧密程度，可将社会网络划分为强连带和弱连带。[③] 强连带是指亲密的、感情强烈的、高度重复互动的角色关系，如朋友关系、亲属关系。其优势在于角色主体间相互信任，但缺陷在于占用大量社交时间，会对其他社会交往形成排挤效果，容易造成信息冗余。弱连带是指关系不那么密切、互动频率较低、相对松散的角色关系。Granovetter 认为，与强连带相比，弱连带具有快速传递非冗余信息的优势。[④] Granovetter 强调了结构洞对主体社会角色拓展的重要作用，它是连接两个陌生群体的唯一路径和信息沟通桥梁，处于结构洞位置的角色主体能够获得更多的信息、资源与权力。[⑤] Coleman 认为社会资本既是一种资

---

① 秦启文，周永康. 角色学导论[M]. 北京：中国社会科学出版社，2011：52.
② 秦启文，周永康. 角色学导论[M]. 北京：中国社会科学出版社，2011：57.
③ Granovetter M. Economic Action and Social Structure: The Problem of Embeddedness [J]. American Journal of Sociology, 1985, 91(3): 481-510.
④ Granovetter M. The Strength of Weak Ties [J]. American Journal of Sociology, 1973, 78 (6): 1360-1380.
⑤ Granovetter M. The Strength of Weak Ties: A Network Theory Revisited [J]. Sociological Theory, 1983, 1: 201-233.

源也是一种约束,角色主体需要以网络结构为起点采取理性行动。①

相关研究认为,角色主体在社会网络中的行为逻辑存在显著的文化差异。早期研究发现,不同于西方文化背景的弱连带假说,中国农民在进城务工的社会流动中,其信息来源、求职过程、行为方式以及在城市中的交往方式,更多地依赖于以亲缘、地缘为纽带的强关系社会网络。② 翟学伟以中国农民工为对象的研究中也发现,"弱连带"并不能揭示其流动与求职过程中社会交往模式的本质,"强信任"才是解释农民工城市集群现象的关键。③ 罗家德(2005)探讨了中国组织情境下不同社会关系类型中角色主体间的信任水平和交往逻辑差异,发现在强连带关系中角色主体会采取特殊性信任的交往方式。例如,家庭关系中主体通常使用承诺原则,善意地付出而不求回报;亲密关系中遵从偏爱原则和人情交换法则,通过经常性的互惠交换建立对具体对象的特殊信任。而在弱连带为主的普通关系中,角色主体通常会遵从公平原则,产生没有具体对象的一般性信任,④如图4-10所示。罗家德进一步强调,中国人的社会网络由特殊的圈子与关系构成,圈子是角色主体依据家

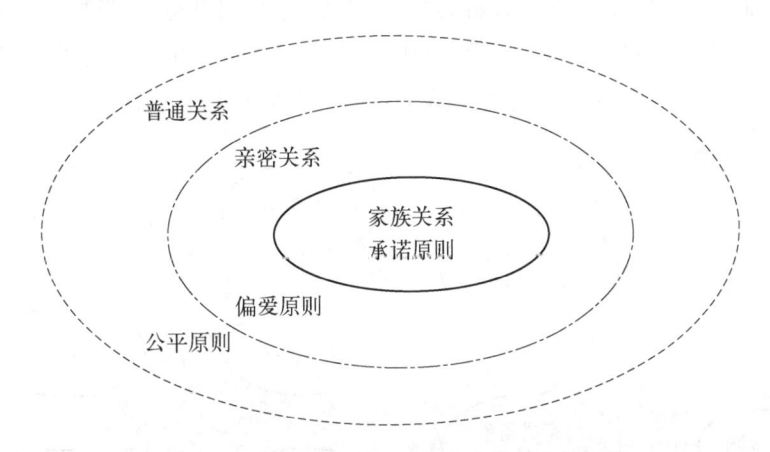

图4-10 不同社会关系下角色主体的交往逻辑

资料来源:Luo Jar-Der. Particularistic Trust and General Trust:A Network Analysis in Chinese Organizations [J]. Management and Organization Review,2005,1(3):437-458.本研究略有改动。

---

① Coleman J S. Social Capital in the Creation of Human Capital [J]. American Journal of Sociology,1998,94:95-120.
② 李培林.流动民工的社会网络和社会地位[J].社会学研究,1996(4):42-52.
③ 翟学伟.社会流动与关系信任——也论关系强度与农民工的求职策略[J].社会学研究,2003(1):1-11.
④ Luo Jar-Der. Particularistic Trust and General Trust:A Network Analysis in Chinese Organizations [J]. Management and Organization Review,2005,1(3):437-458.

人与熟人关系组成的小团体,圈子具有较大的弹性且边界不封闭,可以通过将圈外人发展为熟人的方式对其不断扩充,因此中国人的网络关系结构可伸可缩,可紧可密。① 此外,王卫东以中国城市居民为对象,研究其社会角色、社会网络和社会资本的形成过程,区分了情感性社会网络和工具性社会网络,并发现工具性网络对个体的社会资本具有正向影响,但情感性网络对社会资本的影响不显著。②

3. 社会角色对职业生涯发展的作用

社会角色不仅为个体实现自身价值提供重要平台,而且能够帮助其带来特定的信息与资源,在个体职业发展过程中起着重要的作用。在社会网络研究早期,学者们在西方文化背景下就社会连带对就业机会获取的影响进行了深入探讨,并发现了弱连带的重要作用(Granovetter,1973,1983,1985)。后来大量研究开始探究由社会角色所形成的社会网络对个体职业成长与成功的影响方式与过程机制。Seibert 等(2001)构建了弱连带与结构洞对职业成功的影响模型,参见图 4-11。通过实证研究证实了二者可以通过增加与其他职能领域角色、高层角色接触的机会,增加信息的可获得性、资源的可获得性和职业资助,进而对薪酬、晋升和职业发展满意度产生正向促进作用③。Adler 的研究发现,由社会角色形成的网络可以帮助个体获得必要的职业发

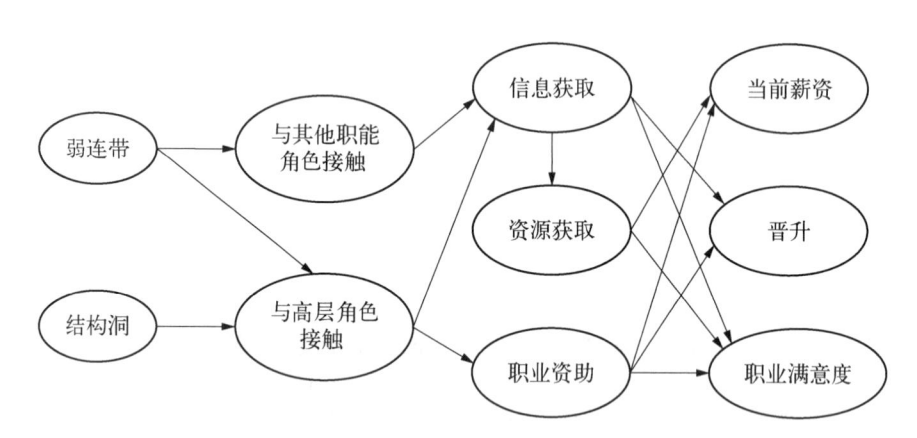

图 4-11 社会资本对职业成功影响的结果模型

资料来源:Seibert S E, Kraimer M L, Linder R C. A Social Capital Theory of Career Success [J]. Academy of Management Journal,2001,44(2):219-237.

---

① 罗家德.关系与圈子——中国人工作场域中的圈子现象[J].管理学报,2012,9(2):165-171.
② 王卫东.中国城市居民的社会网络资本与个人资本[J].社会学研究,2006(3):151-166.
③ Seibert S E, Kraimer M L, Linder R C. A Social Capital Theory of Career Success [J]. Academy of Management Journal,2001,44(2):219-237.

展信息和提升影响力的职业信誉,①这些均是职业成长与成功的必要条件。

国内学者也对社会角色产生的社会资本及其对职业生涯发展的促进作用进行了本土化研究,研究对象包括农民工、下岗再就业工人、大学毕业生、企业管理者、企业雇员等多类群体。刘宁认为社会网络对角色主体职业成功的影响是通过网络利益的中介作用实现的,他又将网络利益划分为资源与职业支持,资源对管理人员职业满意度具有显著影响,职业支持对职业成功的所有维度均具有显著的正向影响。② 王忠军、龙立荣以企业员工为研究对象,发现网络差异是决定员工社会资源最重要的因素,经由职业支持的中介作用影响员工的职业成功,同时发现来自朋友关系和相识关系的职业支持比家庭关系对员工组织内外的职业竞争力和职业满意度提升具有更大的价值。③ 傅国安、郑剑虹在以三所重点本科院校的优秀毕业生为对象的质性研究中也发现,把握社会网络所带来的各种机会是奠定职业生涯发展的基础,也是促进职业成功的途径之一。④

4. 学习者角色对职业生涯发展的影响

学习者角色是社会角色中的一种特殊形式,它既是人力资源开发的载体,又是形成社会资本的重要手段,对主体的职业生涯发展具有双重影响。尤其是在无边界、易变型、知识型职业生涯趋势下,职业发展受个体价值观驱动,由劳动者在不同的组织或行业中的工作经验所组成,⑤人力资源开发的重心也从组织专属性技能变为可迁移的通用性技能,学习与开发活动受到了越来越多的重视。⑥

学习者角色成为新形势下劳动者构建职业社会网络的重要方式。Wegner 从社会角色帮助个体获取知识技能的角度出发,将这种利用网络进行跨领域信息收集的能力称之为"交互记忆"。⑦ 众多研究证实,交互记

---

① Adler P S, Kwon S W. Socal Capital: Prospects for a New Concept [J]. Academy of Management Review, 2002, 27(1): 17-40.
② 刘宁. 社会网络对企业管理人员职业生涯成功影响的实证研究[J]. 南开管理评论, 2007, 10(8): 69-77.
③ 王忠军, 龙立荣. 员工的职业成功: 社会资本的影响机制与解释效力[J]. 管理评论, 2009, 21(8): 30-39.
④ 傅安国, 郑剑虹. 人际关系网络对事业生涯发展影响的质性研究——以三所重点本科院校的优秀毕业生为例[J]. 青年研究, 2012(3): 63-74.
⑤ Hall D T. The Protean Career: A Quarter-Century Journey [J]. Journal of Vocational Behavior, 2004, 65(1): 1-13.
⑥ 姜飞. 探析现代企业组织的员工心理契约管理[J]. 全国商情(理论研究), 2010(8): 35-36.
⑦ Wegner D M. Transactive Memory: A Contemporary Analysis of the Group Mind[C]// Mullen B, Goethals G R, eds. Theories of Group Behavior. New York: Springer-Verlag, 1986: 185-208.

忆能力是个体适应环境变化、完成开放性任务、实现卓越绩效的重要条件。[①] 同时，林南的研究证实了教育经历对社会资本的促进作用，个体当前的职业地位会受到教育的显著影响，[②]另一项研究也发现受过良好教育和培训的角色主体有更多机会进入资源丰富的社会群体或俱乐部。[③] 康小明以北京大学经济管理类毕业生为研究对象，发现高等教育阶段积累的社会资本对个体职业生涯发展初期的年薪收入和职位等级具有显著正向影响，但家庭所拥有的社会资本对个体职业发展成就的影响却不显著。[④] 由于学习者角色的典型性，下文论述中多以学习者角色作为社会角色的代表，进行职业生涯发展中的多元角色系统分析，旨在明确角色边界，以便于相关讨论。

第三节　基于角色关系的职业生涯发展理论构建

在上一节中，已经梳理了对职业生涯发展具有影响的三种角色类型。本节将从三元角色的异质共生关系入手，搭建职业生涯发展中的角色框架，构建基于角色关系的职业生涯发展理论，讨论该模式的内涵与组成，强调多元角色协同开发的价值和意义。

一、工作—家庭—社会三元角色框架及异质共生关系

职业角色是职业生涯发展的主角色，家庭角色和社会角色对个体而言也具有无法忽视的重要价值。职业、家庭、社会三种角色之间既相互区别，又相互联系，既能产生相互促进，又能形成相互抑制，体现了一种异质共生的关系。以下将对三元角色的异质性与共生性特征进行讨论，构建职业生涯发展中的角色分析框架。

[①] Brandon D P, Hollingshead A B. Transactive Memory Systems in Organizations: Matching Tasks, Expertise, and People [J]. Organization Science, 2004, 15(6): 633–644.

[②] [美] 林南.社会网络与地位获取[M].俞弘强,译//曹荣湘,编选.走出囚徒困境——社会资本与制度分析.上海：上海三联书店,2003：168.

[③] [美] 林南.社会资本——关于社会结构与行动的理论[M].张磊,译.上海：上海人民出版社,2005：95-96.

[④] 康小明.社会资本对高等教育毕业生职业发展成就的影响与作用——基于北京大学经济管理类毕业生的实证研究[J].清华大学教育研究,2006,27(6)：49-57.

1. 三元角色的异质性特征与角色冲突性质

三种角色间的差异是显而易见的。职业角色是人们在工作和职业生涯发展过程中所扮演的角色,而家庭角色是人们在家庭生活中所承担的角色,社会角色是除家庭角色和职业角色以外的其他社会身份,三者分属于不同的生命领域,有着差异化的活动内容和较为明显的活动边界。其次,三种角色具有各自不同的发展模式、发展轨迹和发展规律。林逸舒在研究教师职业生涯问题时曾探讨了职业角色、家庭角色和学习者角色(社会角色的一种)在时间序列上的发展路径和交叠关系[1],并发现在不同生命阶段,主体的发展重点有不同的侧重:处于成长时期,学习角色是个体的主导任务;探索阶段,家庭角色是主导任务;建立阶段,职业角色是主要任务,参见图4-12。

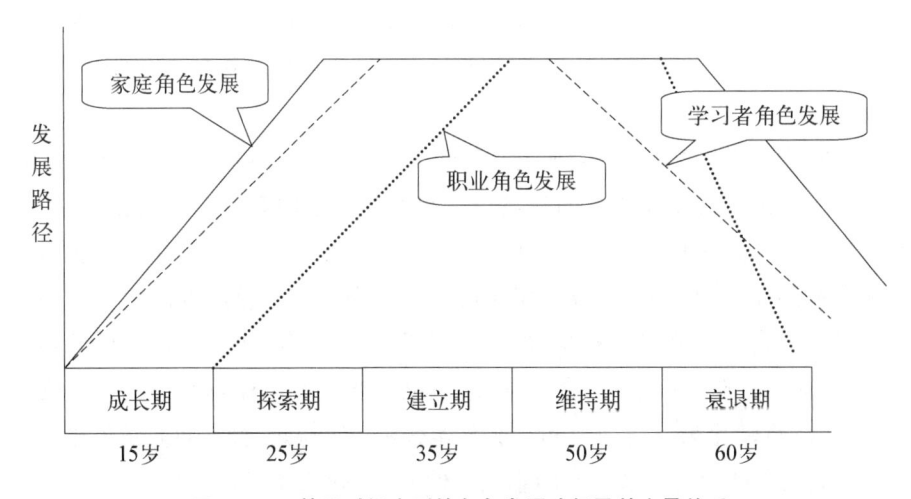

图4-12 基于时间序列的角色发展路径及其交叠关系

资料来源:林逸舒.论教师生涯、学涯与职涯之间之调和与发展策略[J].研习资讯,1993,21(6):68-77.本研究略有改动。

三元角色的异质性特征奠定了角色间关系冲突的基础,主体需要对每种角色进行时间与精力投入,以维护各子系统的正常运行,当某一阶段三种角色的任务高峰出现交叉,角色规则体系又不兼容时,就不可避免地引起对稀缺性资源(例如,时间、精力等)的争夺,形成难以协调的矛盾。

2. 三元角色的共生性特征与角色协同性质

职业、家庭和社会是生命空间中的三类重要角色,其对个体的价值与意

---

[1] 林逸舒.论教师生涯、学涯与职涯之间之调和与发展策略[J].研习资讯,1993,21(6):68-77.

义体现在以下几个方面。从总体而言,三类角色在大部分时间里不仅并行不悖,而且可以产生相互促进的作用。多元角色的承担可以带来相应的奖励(例如,更高的自尊和更多的认可),从而能够抵消角色所消耗的成本,产生可跨界的积极溢出效应。例如,有研究证实,员工在培训中学到的管理技能可以成功地帮助解决家庭问题①。从纵向角度观察,每种角色的建立与发展各有时间上的侧重,三类角色在不同时期的主次交替是一个连续发展的进程,是个体生命轨迹的集中体现,反映了生命历程的时间维度和生命品质的丰富程度。从横向角度考察,三类角色的发展均在一定程度上满足了个体需求,是生活的重要组成部分,职业角色满足了成长发展和物质保障需求,家庭角色满足了情感归属和传宗接代需求,社会角色满足了友谊和尊重需求,三类角色的发展均在一定程度上体现了个体的自我价值,相互关联,各执其位。三类角色的持续成长既有助于物质层面的丰富,也有助于精神层面的满足,其相互影响是生命完整性的最好诠释,体现了内在价值与外在价值的协同发展,符合全人发展的先进理念。

3. 职业生涯发展中的角色关系框架

相互区别又相互联系的三类角色间存在着双向互动。一方面,社会角色会为职业角色带来有价值的信息与资源,家庭角色会为职业角色带来发展的原动力。另一方面,职业角色也将为社会角色所处的阶层与地位提供平台。边燕杰曾指出,职业活动给予人们不同的机遇,在科层组织内部和外部与他人进行交往,阶级地位优势以及工作场域中的职业交往优势,将转化为社会网络和社会资本优势。② 与此类似,职业角色也会为家庭角色的执行带来重要的影响。例如,家族企业代际传承的过程中,形成了家庭角色对职业角色的影响,更有通过联姻模式加强控制权的案例,职业角色改变了家庭角色的结构与内容。个体在多元角色的互动过程中不断加强信息、物质、情感的关联性,同时各自的角色经验又有助于元能力的提升,进一步拓展和丰富了角色的内涵,最终实现了职业生涯的发展和角色执行质量的提高。由此形成了职业生涯发展中的三元角色框架,见图4-13。下文将以此为依据,对基于角色关系的职业生涯发展理论模式进行构建。

---

① Crouter A C. Spillover from Family to Work: The Neglected Side of the Work-Family Interface [J]. Human Relations, 1984, 37(6): 425-442.
② 边燕杰.城市居民社会资本的来源及作用:网络观点与调查发现[J].中国社会科学,2004(3): 136-208.

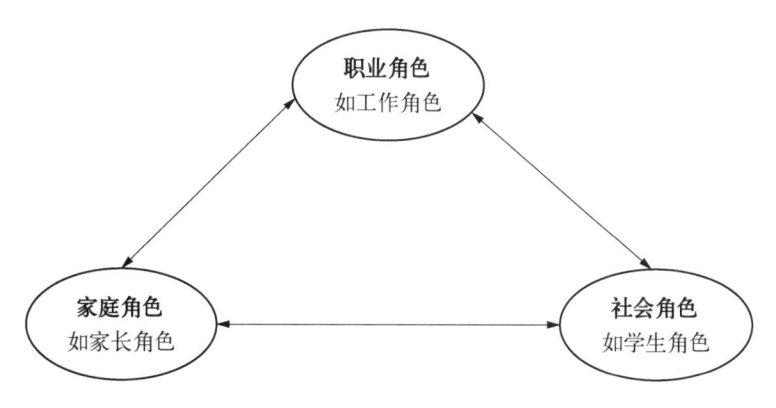

图 4-13 职业生涯发展中的三元角色框架

资料来源：本研究设计。

二、基于角色关系的职业生涯发展理论的逻辑演绎

三元角色框架为职业生涯发展的机制研究提供了必要的基础。以下将从已有研究入手，讨论职业生涯发展由"双元"向"多元"拓展的依据。

1. 基于生命空间的生涯发展观

在职业生涯发展领域的早期研究中，学者们已经开始意识到多元角色的重要价值，形成了基于生命空间的生涯发展观（life-span career development）。Super（1980）将视角扩展至工作以外的整个生命历程，关注生命中众多角色的影响作用。他识别了孩子、学生、休闲者、公民、工作者、配偶、家务劳动者、父母、退休人员等九种常规角色，以及罪犯、革命家、情人等非常规角色，并结合情境决定因素和个人决定因素，描绘了生涯发展的彩虹模型，如图2-2所示（参见第31页）。该模型将生涯定义为一个人在整个生命过程中所占有的角色组合与角色序列，认为多元角色与生涯发展息息相关，伴随着人生不同阶段，会出现不同的任务重点和优先顺序。[①] Duffy、Dik（2009）也对生命空间中影响职业生涯发展的角色因素及其对个体生涯轨迹和工作意志的直接与间接影响进行了探究，他们区分了影响的内部来源（internal source）与外部来源（external source）。前者是指缘起于个体内部的影响因素，以提升个体满意度作为主要动机；后者是指源自个体以外的某些人或某些事的影响因素，以对外部标准或要求的满足作为主要动机，这些因素包括家庭的期望与需求、生活环境、精神与宗教因素和社会服

[①] Super D E. A life-Span, Life-Space Approach to Career Development [J]. Journal of Vocational Behavior, 1980, 16(3): 282-298.

务动机等。① 这些研究在一定程度上说明了，职业生涯发展以个体的生命空间为基础，需要兼顾主要角色，为以角色关系为基础的职业生涯发展理论提供了思考方向。

2. 职业生涯发展的二元角色互动格局

已有研究从不同角度阐释了职业生涯发展与生命周期之间的关系，说明了职业角色与家庭角色之间的二元互动机制。例如，一些学者从社会性别视角出发对女性不同于男性的职业发展阶段进行了解析，突出了女性生育天职对职业生涯发展的影响，较为著名的有 Super(1975)的四阶段划分，Zytowski(1969)的九阶段划分，Morrison 等(1987)的五阶段及"转型—冲突—再平衡"的波动过程。一些学者根据职业发展路径的不同，将阶段论归纳为五大类：一阶段模式、二阶段模式、三阶段模式、多阶段模式和隐性就业模式。② 另外一些包含在工作—家庭平衡的研究当中，涉及工作—家庭冲突影响个体绩效、工作表现、工作退缩行为、离职行为的研究(如，Kossek，Ozeki，1999；张建卫，刘玉新，2011)；工作—家庭平衡对职业选择、职业发展和生活计划的影响研究(申林，2008)；工作—家庭促进对员工工作绩效、压力缓解、心智模式、职业满意度的促进作用研究(如，Greenhaus，Powell，2006；Wayne et al.，2007；Crouter，1984；张伶，2010)。这些研究的一个重要特征是将家庭角色纳入职业生涯发展模式之中，探究了家庭角色对职业角色的影响作用，将生涯(career)含义从狭义的职业生涯(work-related career)，拓展至与家庭相关的生涯内涵(family-related career)，形成了二元互动的生涯发展模式，在一定程度上为以角色关系为基础的职业生涯发展理论提供了必要的支持。

3. 三元角色互动格局的形成

传统职业生涯发展理论仅将社会活动作为生涯发展的前置因素或同质化背景加以考虑。随着外部环境的进一步发展，生涯的内涵变得更为丰富，社会资本与社会网络领域的研究也为职业生涯发展提供了新的要素。已有研究已经证实，社会角色不仅为职业生涯发展提供了社会背景与组织平台，还能为角色主体带来必要的信息、知识与资源，是职业生涯发展不可或缺的重要元素之一。基于职业与家庭二元角色互动的生涯发展已不足以诠释知识经济时代下生涯发展模式的全部内涵，还需要加入另一个新元素：社会角色。职业角色、家庭角色与社会角色通过彼此间的双向互动构成了职业生涯

---

① Duffy R D, Dik B J. Beyond the Self: External Influences in the Career Development Process [J]. The Career Development Quarterly，2009，58(1)：29-42.
② 张再生，肖雅楠.职业生涯发展：社会性别视角的分析[C]//张再生，主编.社会性别与公共管理.天津：天津大学出版社，2007.

发展的主要格局,且每种角色身份均隐含着社会网络的相应位置,既是主体获得职业发展支持的来源,又将受到角色义务规范的限制与约束。新形势下,有必要重新梳理职业、家庭和社会三类关键角色间的关系,考察多元角色框架下的职业生涯发展问题,以诠释主体通过多元角色选择、博弈与互动进行职业生涯发展的动态化过程,这形成了"基于角色关系的职业生涯发展理论"的雏形。

三、基于角色关系的职业生涯发展理论的基本框架

本研究认为,由"职业—家庭—社会"三元角色组成的系统,是推动个体职业生涯发展的重要过程机制,并认为这种模式是对传统职业生涯发展理论的补充。以下将对其内涵、主要观点与理论意义进行讨论。

1. 基于角色关系的职业生涯发展理论的内涵解析

传统的职业生涯理论认为,人力资本、家庭支持、组织支持、社会资本、心理资本等因素会影响个体的职业生涯发展,将职业生涯的影响因素归类为比较散乱的要素形式,没有关注到这些因素的相互作用及联合影响效果,所得到的研究结论仅能在一定程度上反映职业发展问题,且常因此导致职业生涯的畸形发展,如影响家庭生活、产生心理疏离感、形成严重的工作压力等,最终影响了个体的潜能发挥。

受到系统观启发,角色与角色之间并非完全孤立的静态存在,而是在相互影响、相互作用的过程中动态并存,不同角色之间的协同或者消耗将形成一种系统性力量,最终可能增大或缩小甚至抵消单一角色的影响效果。角色互动的内容与方式将产生系统属性的差异,既存在资源协调利用的可能性,带来角色的丰富与拓展,也可能抑制了个别角色的执行,造成角色萎缩或畸形,从而对角色主体的职业生涯甚至生命发展产生关联性影响。也就是说,多元角色间存在多向影响的可能性,作为一个系统,一种角色的发展,能够影响其他角色的执行。多种角色之间的相互作用将对职业生涯发展产生超越单一因素的系统性效果,角色间相互影响是整体系统的动力来源,是影响个体职业生涯发展的关键性力量。

基于此,本研究将角色关系视角下对职业生涯发展进行的分析与阐释称为"基于角色关系的职业生涯发展理论"(Role Relation-Based Career Development),并将其定义为"职业角色、家庭角色与社会角色之间以相互关联、相互影响的方式共同促进或抑制个体职业生涯发展的过程"。

2. 基于角色关系的职业生涯发展理论的分析视角

基于角色关系的职业生涯发展理论是在无边界、易变型、知识型职业生

涯发展的理论背景下提出的,它以主体的自我开发为核心,旨在描述通过角色交互、角色拓展、角色创新来实现职业生涯发展的本质过程。具体来说,基于角色关系的职业生涯发展理论又可划分出职业内角色与职业外角色两个分析视角。

(1) 职业内角色视角

职业内角色是指与职业生涯发展直接相关的工作角色,该类角色体现了个体职业生涯发展的本质过程。职业角色本身也具备系统属性,从横向的角度看,多元职业角色经历能够对职业生涯发展产生重要影响。尤其是在无边界、易变型、知识型职业生涯发展的趋势下,个体的组织成员身份、部门身份、工作责任不断变化,角色身份的拓展、丰富与转变就是职业生涯发展的核心内容。从纵向的角度看,以往职业角色、当前职业角色和未来职业角色形成了一个纵向角色影响过程,推动着个体生涯发展的步伐与节奏。职业内角色也存在多种类型,例如,基层角色与机关角色、领导角色与下属角色、正职领导角色与副职领导角色、正式雇佣角色与非正式雇佣角色等。不同角色性质存在较大差异,对个体职业生涯发展产生的影响也有所侧重。

(2) 职业外角色视角

职业外角色是指对个体职业生涯发展具有重要影响的非工作角色,例如,家庭角色、社会角色等。职业外角色对个体职业生涯发展具有深刻的影响,其影响与职业内角色相比,虽然相对间接,但意义深远,关乎个体成长发展的完整性与身心平衡。其中,家庭角色可细化出很多种类,例如父母角色、子女角色、亲属角色、夫妻角色等。社会角色也包括诸多种类,如朋友角色、乡亲角色、邻里角色、志愿者角色、社团成员角色、非正式组织角色等。也即前文中所构建的"职业—家庭—社会"三元角色框架。在复杂多变的环境中,主体突破单一角色的框架,在职业角色、家庭角色和社会角色等多元角色间进行选择与博弈,在多组织、多领域、多身份的变化中寻求职业生涯发展。多元角色间的正向交互,能够带来更多的资源、信息和必要的支持,为职业生涯发展提供动力;但多元角色间的负向交互将带来个体的紧张、焦虑和精神压力,不仅会干扰职业生涯发展决策,而且会阻碍职业生涯发展的进程与质量。这一视角反映了主体在生命历程中需要处理的主要矛盾,将社会资源与职业发展相结合,使职业发展与家庭生命周期相协调,透视了职业生涯发展中多元角色任务处理的过程机理,在很大程度上揭示了职业生涯发展的核心要素和本质特征,或可为个体特殊生命阶段的职业生涯发展与工作—家庭平衡问题提供综合解决方案。

3. 基于角色关系的职业生涯发展理论的价值阐释

基于角色关系的职业生涯发展理论是对职业生涯以工作为中心的一元

视角和以工作—家庭平衡为中心的二元视角的反思与突破。

以工作为中心的一元视角,以企业战略为出发点,过度关注企业目标与绩效的达成,使相关研究结论忽略了员工主体的现实需求,可能陷入工作异化的怪圈,需要以工作—家庭平衡的二元视角作补充。无边界、易变型、知识型职业生涯发展趋势下,员工从单一组织中解放出来,尽管增加了职业不确定性,但也为员工提供了结合自身需求进行生涯发展的机会,更突出了社会角色的重要价值。利用角色间关系促进多元角色的协同发展是顺应环境变化的客观要求,也是管理理论和企业实践的必然方向。职业生涯发展是一个由众多主客观因素相互影响、相互制约、共同决定的动态发展过程,选择动态的分析单元更容易揭示发展的本质。基于角色关系的职业生涯发展理论以三元角色间的互动为核心,尝试破解职业生涯发展动力与阻力来源的共性问题,期望对现有理论进行补充与完善。

四、小　结

目前为止,基于角色关系的职业生涯发展理论的相关内容,仍然仅限于理论上的探讨,是对现实现象的理论抽象与概括,需要寻求实践领域的证据支持,而且相关分析框架也有待实证结果的印证与补充。以此为基础,下文中将使用定性研究与定量研究相结合的方法,对基于角色关系的职业生涯发展理论的核心内容与过程机理进行识别与检验。

第五章 基于角色关系的职业生涯发展过程机理的质性探索

上文已经就基于角色关系的职业生涯发展理论进行了概念层面的探讨，本章将借鉴质性研究方法，致力于该模式核心内容的挖掘，以提炼基于角色关系的职业生涯发展模式的理论框架。[①] 主要参考质性研究规范，设计三轮式深度访谈。在充分占有案例素材的基础上，对基础素材进行开放性编码，形成核心概念，梳理核心概念之间的典范逻辑，形成分析框架，并构建基于三元角色关系的系统动力学模型。

第一节 质性研究设计

根据研究目的，本节将把上一章节中的研究想法细化成可以操作化的科学研究问题，并选择质性研究手段，将研究问题转化成具体实施过程。

一、研究框架设计

1. 研究目的

在前文中已经搭建了职业生涯发展的"职业—家庭—社会"三元角色关系模型，并就不同角色间可能存在的影响方式进行了讨论，对基于角色关系的职业生涯发展理论本质过程的理论抽象，其合理性与现实解释力度必然需要实践领域的证据予以支持。同时，作为对无边界、易变型、知识型职业生涯理论的发展与延伸，基于角色关系的职业生涯发展理论的分析框架也有待进一步补充与完善，需要通过实证研究获得更多的素材。鉴于现有理论尚未系统揭示角色关系在特定职业生涯发展中的过程与特点，因此本章重点关注基

---

① 本章部分内容已于2017年发表。参见：孙美佳，李新建.职业女性的生涯交互模式探索[J].管理案例研究与评论，2017,10(4)：364-380.

于角色关系的职业生涯发展理论的过程机制。具体为,通过质性研究对角色关系结构进行挖掘,不同角色之间如何形成相互影响的关系、相互产生怎样的影响、相互影响的结果如何。

因此,本章的研究目标具体为:① 识别基于角色关系的职业生涯发展理论的核心要素;② 分析该模式的形成条件;③ 探索该模式产生影响的过程机制及相关结果;④ 挖掘角色间关系的系统结构;⑤ 整合基于角色关系的职业生涯发展理论的内容框架。

2. 概念框架操作化

根据基于三元角色关系的框架,职业角色、家庭角色与社会角色是本研究关注的重点,将三类角色的任务交叠作为角色间关系的可观测定义,以便收集内在动态过程的研究素材。上文提到,狭义的社会角色包含多种类型,如社会工作者角色、社团成员角色、邻里关系角色等,其中一些角色属于非常规角色,即不是每个主体都有机会参与。为了清晰地区分社会角色的特征及其与职业角色、家庭角色间的界限,本研究选择了学习者角色(学生角色)作为社会角色的观测,因为它对主体的职业生涯发展具有双重价值,是个体职业生涯发展过程中最重要的角色之一。一方面,学习者角色是人力资源开发的载体,能够帮助个体培养必要的知识、技能和可雇佣能力,为职业角色执行奠定了基础。另一方面,学习者角色又是发展社会资本的重要手段,可以帮助个体联结以同学关系、师生关系为核心的社会网络,以获得职业生涯发展的必要资源。

在质性研究中,本研究将"职业角色—家庭角色—社会角色"三元框架,操作化定义为"工作角色—家庭角色—学习者角色"的分析框架,作为探索基于角色关系的职业生涯发展理论的基本过程与核心内容的基础,如图5-1所示。

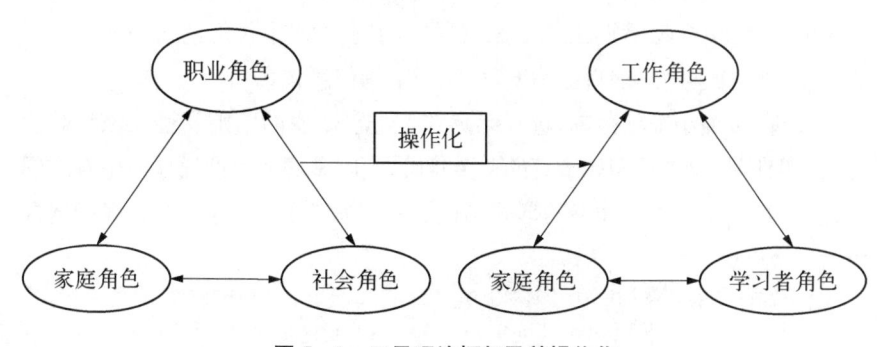

图 5-1 三元理论框架及其操作化

资料来源:本研究设计。

二、研究方法

1. 研究方法选择

根据研究主题,选择了质性研究方法,即通过案例资料的收集与比较分析,得到初步的研究结论。该方法聚焦于单一情境下的动态过程,强调以研究者为主要工具,通过对话和观察来构建理论,从现实问题中归纳理论框架,适合在特定情境下反映真实的社会现象,因此在社会学、心理学、教育学、管理学等领域的理论构建中被广泛使用,具有较好的信度和内部效度。[①]

2. 案例选择

本研究是基于现象驱动的质性研究。传统的职业生涯模式下,女性往往要以牺牲职业发展或推迟生育(家庭发展)为代价,使工作和家庭陷入零和博弈的困境之中。然而在现实中,一些新生代知识女性不仅没有被动地接受命运的安排,而是选择重返校园,进行继续学历教育(例如 MBA 教育),形成了三元角色的职业生涯发展格局。由此带来的理论和实现问题是:传统的二元角色职业生涯发展模式难以解释当前中国当代女性的职业发展理念和发展模式,这些处于职业上升期和家庭发展期的职业女性为什么要选择继续接受学历教育,其动机何在?她们又如何处理原本已经非常复杂的工作—家庭关系?加入学习角色之后,对已有的工作—家庭职业生涯发展格局是否有新的突破,或是否加重了女性的角色冲突和职业生涯发展阻碍?带着这些问题,本研究尝试在质性研究基础上,构筑基于角色关系的职业生涯发展模式,该模式的核心是在传统二元角色关系(工作—家庭)的职业生涯发展基础上提出了基于多元角色(工作—家庭—社会)交互发展的理念。通过对研究问题的界定,选择符合三种角色任务交叠条件的案例。样本选取采用理论性抽样的方法,遵循以下步骤:

步骤一,锁定已婚职业女性。已有研究表明,女性需要比男性承担更多的家庭义务,更容易遭遇工作—家庭冲突问题,[②]意味着角色间冲突的水平在已婚女性样本中体现得更为明显,便于案例信息收集。

步骤二,缩小关注范围,选择年龄在 25 至 39 岁的已婚女性。该年龄段的女性时值职业成长期和婚育的黄金年龄,面临着职业生涯发展与生育之间的选择,其工作—家庭冲突的形式与内容更易被观察和描述,符合案例选择

---

① 陈向明.质的研究方法与社会科学研究[M].北京:教育科学出版社,2009.
② Hoobler J M, Wayne S J, Lemmon G. Bosses's Perceptions of Family-Work Conflict and Women's Promotability: Glass Ceiling Effects [J]. Academy of Management Journal,2009, 52 (5): 939-957.

的典型性特征。

步骤三,圈定学习者角色,聚焦于 MBA 毕业生群体。相关研究表明,当前的职业发展环境中仍然存在基于性别的"相对剥削现象",[1]教育不仅被证明有助于提高女性的社会地位和职业成就动机,[2]而且还能在一定程度上改善性别歧视状况,为女性的职业生涯发展提供更高的平台。[3] 女性经常会借助教育这种人力资源开发手段提升自身的职业竞争力。MBA 作为继续教育的一种重要形式,既存在全日制教育模式,又存在在职教育模式,能够满足二元或三元角色任务交叉的样本选择要求。之所以选择已经毕业的样本,原因在于她们已经经历了基于角色关系的职业生涯发展模式的全过程,采用回顾式访谈不仅有利于对发展过程的描述,而且有助于观测基于角色关系的职业生涯发展模式的实施效果。

考虑到基于角色关系的职业生涯发展模式可能涵盖的具体情况,可以区分出四种类型,见图 5-2 所示。其中以三元角色任务重叠最为复杂,也是本研究关注的重点。为提升研究结论的普适性,也选择了二元角色任务重叠的案例,作为补充和参照。其中在工作—学习的二元任务重叠中,也隐含着家庭角色的内容,只是家庭任务与其他角色之间的冲突不那么尖锐。同理,在

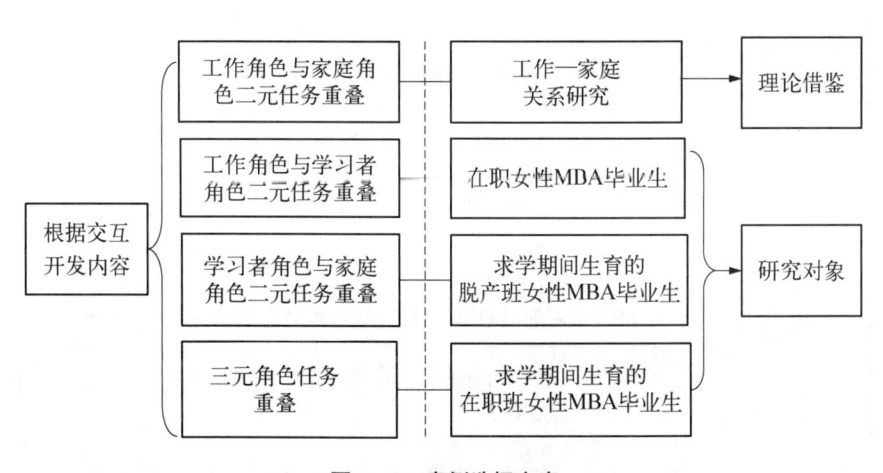

图 5-2 案例选择方案

资料来源:本研究设计。

---

[1] Willis T A. Downward Comparison Principles in Social Psychology [J]. Psychological Bulletin, 1981, 90(2): 245-271.
[2] 国云丹.高知女性、生育与职业发展——以上海市 21 位女性为例[M].妇女研究论丛,2009,2: 26-31.
[3] Naila K. Women's Economic Empowerment and Inclusive Growth: Labour Markets and Enterprise Development[R]. Canada: IDRC-DFID report, 2012.

家庭—学习的二元任务重叠中,虽未包含工作角色,但因学习以促进职业发展为主要意图,亦能反映出对职业角色的潜在影响。在工作—家庭的二元任务重叠中,学术界已有充分讨论,可作为研究过程的理论借鉴,故不在案例选择之列。

3. 访谈提纲设计

借鉴三轮式访谈的研究思路,[①]设计了半结构化的访谈提纲,如表5-1所示。围绕着三个核心环节展开:首先,回顾生活史,集中了解受访者选择MBA教育之前的生活历程,致力于解答受访者选择角色任务交叉模式的原因。其次,回顾过程经历,收集受访者处于多角色任务重叠阶段的生活过程,例如,如何学习、如何工作、如何为生育做准备、如何处理不同任务之间的冲突等。最后,意义反思与价值评价,收集受访者多角色任务交叉处理的结果、心得,以及对未来职业生涯发展的预期。

表5-1 核心研究议题与半结构化访谈提纲

议题	访谈问题
核心议题一: 驱动因素	1. 职业发展因素对您选择MBA教育有何种影响? 2. 家庭生活因素对您选择MBA教育有何种影响? 3. 您当时对MBA教育抱有哪些憧憬?
核心议题二: 内容与过程	4. MBA求学期间您遇到了哪些困难? 5. MBA学习期间您获得了哪些支持与帮助? 6. MBA学习期间职业、家庭与学习如何相互影响的? 7. 在接受MBA教育期间,面临多种任务的挑战,您当时的心态、压力、满意度如何?
核心议题三: 结果与展望	8. 经历MBA教育后,您在职业、家庭方面获得了怎样的收获? 9. 经历MBA教育后,您在知识、能力与资源上获得了怎样的收获? 10. 您对未来的职业发展预期如何?

资料来源:本研究设计。

---

① [美]埃文·塞德曼.质性研究中的访谈:教育与社会科学研究者指南[M].周海涛,主译.重庆:重庆大学出版社,2009.

三、数据收集与处理手段

1. 访谈设计与过程

通过观察法和深度访谈获取相关案例的第一手素材。访谈于 2012 年 2 月至 4 月期间进行。为保证交流的畅通与即时互动,采取半结构化面谈的方式,选择在比较安静的咖啡店或办公室进行。谈话内容围绕表 5-2 所示的 10 个具体问题展开,根据受访者的具体情况,提问方式稍有区别。每次访谈均由 2 人研究小组承担,其中一人主要负责提问,另一人负责观察受访者表现出的非言语信息,并记录访谈资料。当主要访问阶段结束,两位研究者角色互换,由后者就主访问过程中未尽事项和相关疑问进行发展性补充提问,前者主要负责观察与记录。这一设计基于两点考虑:一是降低表述偏差,防范受访者可能出现的粉饰心理与行为,提高信息收集的准确程度;二是为了在不偏离研究核心议题的基础上,更广泛、真实、全面地收集案例信息,寻求不同来源信息之间的相互印证。

2. 案例信息收集

在征得受访者同意的情况下,对谈话内容进行了录音和文字记录。每次访问时间 60—120 分钟,累计访问时间 900 分钟以上。访谈结束后,研究者在有效时间内对录音进行整理,形成文字资料,并通过电话、邮件、网络聊天软件等途径,让受访者就收集信息所形成的文字资料进行确认和补充。为了能够充分了解受访者的基本情况和接受访谈的意愿,在正式访谈之前,研究者以调查问卷为载体,就受访者职业发展经历的客观信息进行了初步收集,作为质性研究的辅助、参照与补充,并征询目标群体接受访谈的意愿,问卷参见附录 A。10 名受访者的平均年龄 31 岁,其中包括三元角色交互的案例 4 人,工作—学习二元角色交互的案例 3 人,学习—家庭二元角色交互的案例 3 人。受访对象中,有 4 人就职于国有企业或公立机构,3 人就职于外资企业,3 人就职于民营企业或合资企业,单位背景多元。受访对象的岗位性质涉及行政管理、业务、销售、教师等类型,以知识型工作为主。出于对受访者信息的保密,隐去姓名,以英文缩写代替,参见表 5-2。

表 5-2 案例的基本特征

姓名	年龄	就职单位	单位性质	岗 位	类 型
LHY	31	汽车制造企业	合资企业	人力资源专员	三元
WL	31	电信公司	国有企业	市场部业务经理	三元

续表

姓名	年龄	就职单位	单位性质	岗位	类型
SXY	31	无纺布制造企业	外商独资企业	人力资源专员	三元
YCL	32	电器生产企业	民营企业	销售助理	三元
SL	29	三甲医院	公立医院	行政管理	工作—学习
AYL	37	制药企业	外商独资企业	人事专员	工作—学习
YH	30	储蓄银行	国有银行	办公室文秘	工作—学习
QRR	30	培训学校	民营企业	生物老师	学习—家庭
LF	29	普通中学	公立学校	英语老师	学习—家庭
WM	30	医药研发外包公司	外资企业	医药研究员	学习—家庭

说明：受访者的职业和岗位情况为进入 MBA 学习前的状况。
资料来源：本研究整理。

3. 访谈资料处理

对访谈素材整理后，采用开放性编码、主轴编码、选择性编码（逻辑故事线）等数据处理手段，经对相关研究议题的分析与讨论，最终形成研究框架。

第一轮，进行开放式编码（open coding）。该过程旨在将案例资料进行分解，以挖掘案例中所包含的概念、类型、属性和维度，对新见解的产生非常关键。开放性编码的步骤主要包括：① 概念化（conceptualize），将案例资料中的现象、事件、行动抽象为概念，以便于对研究者进行归类。② 类别化（categorizing），把看似与同一现象有关的概念聚拢成一类，形成概念群，并命名为一个更加抽象的概念（即为范畴）。③ 根据性质（properties）与尺度（dimensions）发展类别，性质代表了概念的一般性特质或特征，面向则是指概念的某个性质在一个连续系统上的不同位置，或称产生变异的范围，研究者需要通过性质与尺度来界定概念。① 在此阶段，选择至少 3 名人力资源管理专业的博士研究生独立对每一份访谈记录进行开放式编码，然后进行公开讨论，达成一致意见，形成初步的概念集。然后，采取相同的方式，分别对概念进行归类，通过讨论的方式形成概念的性质与尺度。

---

① ［美］Strauss Anselm，Corbin Juleit. 质性研究概论[M].徐宗国，译.台北：巨流图书公司，2007：69-83.

第二轮,进行主轴编码(axial coding)。主轴编码是指借所分析现象(phenomenon)的条件(causal conditions)、情境(context)、行动/互动(action/interaction)的策略(strategy)和结果(consequences)把概念联系起来。该阶段的目的是将开放性编码阶段获得的割裂数据关系重新聚集起来,因此该过程需要围绕着特定轴线来进行。在主轴编码中,需要将主概念与二级概念相互关联,以对现象形成更加精确、更为复杂的解释。该过程的主要步骤包括:① 识别与现象有关的条件、行动和结果的变异;② 指明主概念与二级概念间如何产生关联;③ 寻找资料中可指明概念之间如何相互关联的线索。范式模型(paradigm model)可以帮助研究者更系统地思考资料,梳理概念间的复杂关系,确保主轴编码的有效进行,其主要内容与形式可以简化为:"因果条件→情境→中介条件(intervening conditions)→行动/互动的策略→结果"[①]。通过对现象与理论构建的反思,形成研究脉络。

第三轮,进行选择性编码(selected coding)。该阶段是对主轴编码的整合与精炼过程,以得到核心概念。该过程遵循以下四个步骤:① 阐明故事线,根据概念与概念间关系,扼要说明全部现象的核心。② 借资料中所呈现的范式模型,把核心概念联系在一起。③ 根据概念在维度上的定位,将概念间关系清晰地描述。④ 利用案例数据,检视已经形成的研究框架是否具有内部一致性,是否存在逻辑缺口,补足发展较差的概念,修剪涵盖过多的类别,将主轴编码的结果加以提炼,构建分析的整体性框架。

第二节 基于角色关系的职业生涯发展的概念化

在对10个案例资料分析与整理的过程中,本研究就基于角色关系的职业生涯发展理论的核心过程与发展脉络进行了开发性编码,获得了初步的编码结果,并将相似的概念归类,形成更高阶的概念。

一、多角色参与概念的理论抽象

1. 多角色参与范畴的形成

案例资料中,可以明显区分出工作角色、家庭角色和学习者角色。除此

---

① [美] Strauss Anselm, Corbin Juleit. 质性研究概论[M]. 徐宗国, 译. 台北: 巨流图书公司, 2007: 109-130.

之外,访谈资料中还出现了其他角色类型。例如,某类活动的业余爱好者、某些社团或健身俱乐部的成员、兼职工作者、志愿者等。据此可归纳出"多角色参与"(multiple role involvement)概念,用以描述个体在同一时期内承担多种角色的种类、数量与综合投入程度。

多角色参与又可细化出两个子范畴:根据角色种类得到个体承担角色的数量,形成"角色多样性"的子范畴。同时,资料分析中也能发现,个体对每种角色均有投入,但投入程度从低到高存在一定差异。有些个体很努力,在不同角色上的总体投入相对较高;有些个体选择有所取舍,会重点保证少数主要角色的执行质量。个体对多元角色的总体投入程度不同,又可以形成"多角色投入"子范畴。两个子范畴共同组成了"多角色参与"这一高阶概念。

表5-3 多角色参与的开放性编码

来源	现象	角色
AYL	由于岗位的特殊性,平时工作量很大,需要全身心投入	工作角色
LHY	怀孕期间,没比别人付出得少,很努力工作	
SXY	自己属于敬业型,晚上回家后经常加班	
WL	接手新部门,工作任务量时大时小	
YCL	工作没有休息日,咬牙坚持,没想过辞职	
YH	半年左右时间全封闭的开会、讨论、策划,工作强度极大	
AYL	父亲住院,开长途车回老家看望、照顾,特别劳累	家庭角色
LHY	负责晚上和周末带孩子	
LF	带孩子很辛苦,想把孩子带大再考虑上班	
AYL	后来面临毕业,尽量推掉其他事务,专心准备,学习第一	社会角色(学习者)
LF	上学的时间比较宽松、有弹性	
QRR	除了生病,基本没缺过课,上学期间考取了很多证书	
YCL	怀孕阶段,已经收集了相当多的材料,为毕业论文做准备	

资料来源:根据数据编码整理。

2. 多角色参与的性质与尺度

多角色参与的两个子范畴又可以细化出具体的性质和尺度,如表 5-4 所示。

表 5-4 多角色参与的性质与尺度范围

范畴	性	质	尺 度
多角色参与	角色多样性	各种职业角色种类	1(有) or 0(无)
		各种家庭角色种类	1(有) or 0(无)
		各种社会角色种类	1(有) or 0(无)
	多角色投入	各种职业角色种类	低(1) →中(3) →高(5)
		各种家庭角色种类	低(1) →中(3) →高(5)
		各种社会角色种类	低(1) →中(3) →高(5)

资料来源:根据数据编码整理。

角色多样性取决于角色种类(性质),主要包括工作角色、家庭角色、其他社会角色等主要角色。其中,工作角色又可以细分为经营者角色、正式工作角色、兼职工作角色、自由职业者角色等不同类型,家庭角色也可细分为配偶角色(妻子)、子女角色(女儿)、父母角色(母亲)等,社会角色也包括学生角色、志愿者角色、社团成员角色、宗教信奉角色、朋友角色等类别。不同主体具体承担的角色种类有所差异,又可区分为"有"承担该角色和"无"承担该角色。将承担了该角色记为"1",未承担该角色记为"0",就可以将角色种类进行加总,计算出个体承担角色的具体数量,即"角色多样性"。计算方法为,$R_i=0$ or $1, R_{多}=\sum R_i$。

个体对多元角色的总体投入程度不同。即便承担了相同的角色,不同个体对该角色的投入程度也存在差异。有的人更加重视工作,例如案例 LHY 仅在晚上和周末负责带孩子;而有的人更重视家庭,例如案例 LF 选择把孩子带大再考虑工作的问题;而有的人在很多角色上都进行高强度的投入,例如案例 AYL 工作、家庭、学业均很努力。每种角色的投入程度的面向范围,从低到高可以用 5 点量表来衡量,1 表示低水平投入,3 代表中等水平投入,5 代表高水平投入,如表 5-4 所示。将个体在每种角色上的投入程度进行加总,就可以得到多元角色的总体投入程度,即多角色投入。计算方法为 $I_{总}=\sum I_i$。

由角色多样性和多角色投入两个子范畴,还可以求得一个新指标,即"平均角色投入",平均角色投入=多角色投入/角色多样性,代表个体对各种角色的平均投入程度。

二、角色交互、交互载体概念的理论抽象

1. 角色交互概念的形成

进一步分析发现,个体所承担的多元角色间并非相互独立,而是存在相互影响的效果,如表5-5所示。

表5-5　角色交互的开放性编码

来源	现　　象	角　　色
WL	在职MBA,课程修完做论文时怀孕,论文答辩后生育	工作、家庭、学习角色交互
SL	在职MBA,其间结婚,论文做完后怀孕,然后答辩	工作、家庭、学习角色交互
YH	选择在天津读在职MBA,暂缓结婚计划	工作、学习角色交互
QRR	备考时怀孕,孩子出生45天后入学,脱产MBA	学习、家庭角色交互
YCL	脱产MBA,但在考研辅导机构做兼职。必修课修完后怀孕,生育前收集论文资料,生育一月后开始写论文	工作、学习、家庭角色交互
WM	辞职备考,考试后怀孕。脱产MBA,开学后挺着大肚子上课,生孩子时正值期末考试	学习、家庭角色交互
LF	怀孕时备考,MBA入学之前生育,辞职选择脱产学制	工作、学习、家庭角色交互
SXY	在职MBA,考完试和年底工作高峰后怀孕。第三个学期生育,出月子后第一天立即参加考试	工作、学习、家庭角色交互
LHY	备考时怀孕,工作依然很努力。孩子出生在入学之前,在职形式的MBA,利用产假、哺乳假来学习	工作、家庭、学习角色交互
AYL	在职MBA,其间结婚,换工作,毕业前曾怀孕,后因工作任务繁重、父亲住院,特别辛苦而流产	工作、学习、家庭角色交互

资料来源:根据数据编码整理。

某些案例主体的工作角色投入过多,导致其家庭角色投入不足(案例SXY等);另一些案例中,主体借助家庭角色和工作角色的便利,帮助学习者角色的实现(案例LHY、WL等);还有一些案例中,个体愿意为了家庭角色的实现选择暂时放弃工作角色,并利用学习者角色为未来工作角色的发展进行储备(案例WM、LF、QRR等);更有一些案例,个体为了工作角色的更好实现,不得不延迟或暂缓家庭使命的完成(案例AYL、YH等);由这些现象可以看出,多元角色之间既有相互促进,也有相互冲突。为此,本研究提出"角色交互"的概念,用以说明多元角色之间相互影响的性质与程度。

2. 角色交互的性质与尺度

多元角色间的相互影响存在多种情况:一些情况下,多元角色之间表现出消极影响,例如,因为工作角色投入过度而影响家庭角色投入;一些情况下,多元角色之间表现出积极促进,例如,因学习者角色所获得的知识技能,而提升了工作角色的绩效表现;还有一些情况在短期内表现为角色间冲突,但长期角度是一种角色间促进,例如,一些案例中主体因为家庭角色暂时放弃了工作角色,并用学习者角色加以弥补。总体来说,可将角色交互的性质归纳成两类:积极与消极,也即"角色促进"与"角色冲突"。其尺度范是从低到高的连续区间,可以借助5点量表加以衡量,1代表程度很低,3代表程度适中,5代表程度很高。参见表5-6所示。

表5-6 角色交互的性质与尺度范围

范　畴	性　　质	尺　　度
多角色参与	角色促进	积极	低(1)→中(3)→高(5)
	角色冲突	消极	低(1)→中(3)→高(5)

资料来源:根据数据编码整理。

3. 交互载体概念的形成

研究中进一步发现,现实条件和突发状况也会影响角色交互的性质和程度,从而影响最终的客观结果。因此,本研究提炼出"交互载体"的概念,通过交互载体探讨多角色间的相互影响及影响程度。表5-7中显示了各案例在角色交互过程中所遇到的困难、所获得的帮助,以及结果实现,以进一步挖掘角色交互的性质。

表 5-7 案例的多角色参与过程及结果

案例	过程中的难点	中介条件	结果
WL	入学不久,接手新部门,任务量和压力都很大 做论文时稍感吃力	购买劳务服务 获得妈妈和婆婆的帮助	成为新部门领导 因上司对生育女性的工作投入持有偏见,而失去一些发展机会
SL	结婚时与学业稍有冲突	获得妈妈和婆婆的帮助	受不可控因素影响,工作岗位没有转换成功
YH	工作压力大 担心岗位被替代,抑制生育	企业担心女性生育影响工作进展,而不重用已生育女性	毕业后,以企业内部调动的方式调到北京事业部工作,与男友团聚,在北京结婚
WM	挺着肚子上学不方便 无法及时喂奶,孩子不喝奶粉	获得同学帮助 暂时更换住处,方案失败 更换交通工具,增加往返 公公婆婆帮忙照看孩子	签约一家医药风险投资公司,MBA 为职业转换增加了筹码
LF	选择暂时辞职专心家庭 没有遇到明显的困难	爸爸妈妈帮着带孩子,婆婆公公也帮忙	毕业后孩子也上幼儿园了,获得一份国企的楼层经理职务,且一年内连升三级 职位高了,收入也增高了 所学知识在工作中找到用处
QRR	精力不足,感觉特别累,体力吃不消 经济的压力 期间总生病,产假没休好,身体虚弱,免疫力差	婆婆和妈妈提供帮助 同学提供育儿经验	利用 MBA 学习期间自学考取了很多资格证书 毕业后获银行业务经理职位 收入大幅提升 所学知识对工作有帮助 获得了人脉资源,从中受益
YCL	工作单位和家庭所在地比较远,无法及时哺乳	混着奶粉喂养 妈妈和婆婆帮忙照顾	成功得到喜欢的工作岗位
SXY	生育与课程冲突,耽误上课 压力与任务量大,哺乳期间觉得上班是一种放松 工作忙到甚至无暇给家打电话	有同事的求学经验借鉴 父母帮着照看孩子	升职 对业务和财务理念的扩充,学习到的一些观点和理念对工作有很大的帮助

续表

案例	过程中的难点	中介条件	结果
LHY	由于生活上没有经验，所以手足无措、力不从心 生育与课程冲突，耽误上课	同学提供学习材料，在家复习 妈妈和婆婆帮助带孩子 老公还能负责一定的家务	没有换单位和岗位 带来了自信 学习到知识，拓宽了视野
AYL	时间上冲突，下班后时间不足，赶着上课	购买劳务服务	知识，能力扩展 硕士毕业后转换工作岗位 变得更自信

资料来源：根据访谈资料整理。

交互载体是指多种角色相互影响时所依托的内容。对这一概念的厘清有助于角色交互性质与过程的分析。通过案例资料开发出四类交互载体：时间、情绪、能力和资源，参见表5-8。

表5-8 交互载体的开发性编码

案例	现象	载体
WL、YH、AYL	接手新部门、新岗位、接受公司海外培训耽误学习	时间
SL	结婚事宜与学业课程稍有冲突	
QRR	精力不足，感觉特别累，体力吃不消	
SXY、LHY、WM	生育与课程冲突，耽误上课	
SXY	工作很忙，连给家里打电话的时间都没有	
AYL	时间上冲突，下班后赶着去上课，时间不足	
LHY、WL	利用法定的产假来完成学业	
WM	利用生育调养准备时间，复习并进修MBA学位	
WL、YH、QRR	任务量和压力都很大	情绪
LHY	各方面均感到手足无措、力不从心	
LHY、AYL	因为学习到更多知识而更自信	

续表

案　例	现　　象	载体
YH	获MBA学位后，企业内部调动到北京事业部工作	能力
QRR、LF、SXY	所学知识对工作有帮助	能力
AYL、SXY、LF	MBA学习为工作转换与晋升增加了筹码	能力
LF、WM、YCL、QRR	通过MBA的平台，成功转换了工作性质	资源
QRR	通过MBA学习获得了人脉资源，在工作中受益	资源
SXY	有同事的求学经验借鉴	资源
QRR	有同学间的育儿经验可以交流借鉴	资源

资料来源：根据数据编码整理。

其中"时间交互"是指多角色以时间为载体所产生的相互影响的情况；"情绪交互"是指一个角色所产生的情绪体验外溢，影响其他角色表现的情况；"能力交互"是指每种角色任务的完成都有助于主体形成特定的能力，并帮助其他角色任务执行的情况；"资源交互"是指一种角色所带来的资源可以帮助其他领域角色的现象。

分析发现，以资源和能力为载体的角色交互，通常表现为多角色间的正向影响。例如，案例QRR因为学习角色所带来的信息资源（育儿经验）帮助家庭角色表现；案例SXY因为工作角色带来的信息资源（接受MBA教育的心得与经验）帮助学习者角色的实现；案例QRR、LF和SXY因为学习角色中获得的管理学知识转化成工作能力进一步促进了工作角色的发展。但以时间和情绪为载体的角色交互则更多表现出角色间的消极影响，例如案例WL、HY、AYL因为工作角色任务占用了大量时间而影响了学习者角色的表现；案例QRR因为需要同时履行家庭角色和学习者角色的责任而感到体力不支、精力不足；案例LHY因为缺乏生育经验（家庭角色）而出现负面情绪溢出。

三、角色状态改变概念的理论抽象

1. 角色状态改变的范畴形成

多元角色间可能存在积极或消极的相互影响，从而产生相应的主观或客观的结果。本研究将结果进行编码分类，得到了社会网络拓展、人力资本累积、心理资本改变、工作转换、职务晋升、收入提升、消极情绪等能够代表结果的初级范畴。经过抽象与归类,本研究认为这些初级范畴都可以归入"角色状态改变"这一高阶概念,用以说明某角色的内在基础(例如能力、心态、期望等)或外在地位出现的变化,变化可以是渐进式的,也可是突变式的,如表5-9所示。

表5-9 角色状态改变的开放性编码

案例	现象	概念	范畴
QRR	通过MBA学习获得了人脉资源	社会网络拓展	角色状态改变
LHY	学习到知识,拓宽了视野,提高了能力	人力资本累积	
LF	学习的知识在工作中找到了用处		
SXY	对业务和财务理念的扩充,学习到的一些观点和理念对工作有很大的帮助		
LHY	带来了自信	心理资本改变	
SXY	生育与课程冲突,压力与任务量都很大		
QRR	脱产学习、学费、生育孩子的费用造成经济压力很大		
LHY	起初由于生活上没有经验,所以手足无措、力不从心		
YH	企业内部调动到北京事业部工作	工作转换	
QRR	毕业后获得了一份银行业务经理的职位		
YCL	成功转换到了喜欢的工作岗位上		
WM	签约一家医药风险投资公司		
SXY	休产假后领导去家中拜访,得知升职的消息	职务晋升	
LF	一年内连升三级,职位高了		
WL	成为新部门领导		
QRR	收入大幅提升	收入提升	
LF	收入增高了		

资料来源:根据数据编码整理。

2. 角色状态改变的性质与尺度

根据形式的不同,角色状态改变的性质可以包括内在改变和外在改变两类。前者是指与角色相关的思想与心理变化。例如,主体对某角色的期望发生变化、满意度改变、心智模式改变等。外在改变是指与角色相关的身份、地位、待遇等客观指标的变化。以工作角色为例,角色状态的客观改变可以表现为工作内容的变化、职务的变化、收入的变化等,参见表5-10。

表5-10 交互开发结果的性质与尺度

主范畴	性质	尺 度	具体表现形式
角色状态改变	形式	内在改变	例如,满意度、心理压力
		外在改变	例如,工作范围变化、职务变化、收入变化
	方向	积极改变	例如,工作职权的扩大等
		消极改变	例如,收入的减少等
	程度	小幅改变(1)→中幅改变(3)→大幅改变(5)	

资料来源:本研究设计。

根据变化方向的不同,角色状态改变又可以分为积极改变和消极改变。以内在改变的满意度为例,心理资本可能表现为积极改变,例如案例LHY、AYL在经历多角色相互影响之后变得更加自信,提升了职业满意度;也可能表现为消极改变,例如案例QRR、SXY在同时承担多种角色任务的过程中感知到更大的压力,满意度降低。同理,角色状态的外在改变中,工作内容的积极改变可以体现为职权范围的扩大,消极改变则体现为职权范围的缩小;职位变化的积极改变可以体现为职务的晋升,消极改变可以体现为职务的降级;收入变化的积极改变意味着收入的增加,消极改变意味着收入的减少。

根据改变程度的不同,角色状态改变的尺度范围又可以包括从改变很少到改变很大。可借助5点量表进行衡量,1代表小幅改变,3代表中幅改变,5代表大幅改变。当然,本研究最关注的角色状态是职业角色形成的内在和外在改变。

第三节 基于角色关系的职业生涯发展的核心过程梳理

在开放编码的基础上,本节将对已经发展出的概念做进一步的主轴编码和选择性编码,对基于角色关系的职业生涯发展的内容要素与过程机理进行阐释,以构建基于角色关系的职业生涯发展的研究脉络,尝试搭建多角色参与的系统动力学模型。

一、角色交互的内涵与范式模型构建

针对角色交互核心范畴的内涵与外延进行更深入的挖掘,作为基于角色关系的职业生涯发展理论的核心。

1. 核心现象与核心概念

在开放性编码阶段,已经抽象出一系列概念与范畴,梳理出四个核心概念:多角色参与、角色交互、交互载体、角色状态改变,见表5-11。这些概念之间存在一定的内在关联,即多角色参与可能影响角色间相互影响的方向或程度(角色交互),角色间的相互影响(角色交互)又会引发角色状态改变。由此可见,角色交互是基于角色关系的职业生涯发展模式的核心,基于角色关系的职业生涯发展是一种以角色交互为基础的职业生涯发展过程。为此,以角色交互概念为核心,结合"条件、现象、情境、中介条件、行动/互动的策略和结果"的范式模型,揭示基于角色交互的职业生涯发展模式的核心过程。

表5-11 主要概念的含义、性质与尺度

范畴	内涵	性质	面向范围
多角色参与	衡量主体所承担的角色数量以及各类角色参与程度的重要指标	角色参与种类	大于0的正整数
		角色投入程度	低→高
角色交互	是指多角色间的相互影响	相互影响性质	冲突/促进
		相互影响程度	低→高
交互载体	是指多种角色相互影响时所依托的内容	载体种类	能力、资源、心理资本等
角色状态改变	用以说明某种角色的内在基础或外在形式的变化	改变的形式	内在改变/外在改变
		改变的方向	积极改变/消极改变
		改变的程度	低→高

资料来源:根据研究结论整理。

在开放式编码中,将角色交互理解为"多角色之间的相互影响"。它是一个以角色间"互动"或角色间"相互影响"为基础的概念,体现了"一对"或"多对"角色以特定方式单向或多向影响的过程。案例资料显示,受访者在多角色参与过程中均出现了角色间相互影响的情况,且这种影响可能是积极促进的,也可能是相互冲突的;两个角色间的相互影响可能是直接的,也可能是通过第三个角色间接传递的;多角色间的相互影响可能出现在同一时期,也可能出现在不同时期。本研究以时间序列为主线,对受访者在不同时期所承担的角色、与角色有关的关键事件及对后续角色的影响进行了梳理,见表5-12。不难发现,受访者们有意识或无意识地利用角色间的促进来实现角色发展,并且采取适当措施来控制角色间冲突的产生。

表 5-12 案例的关键事件列表

案例	时间序列上的关键事件
LF	2007年6月怀孕,原单位准予休假,利用这一时间备考。2008年4月生育,2008年9月入学,为专心上学并照顾孩子,选择全日学制。2010年10月毕业,孩子也到了上幼儿园的时间,重新开始工作。工作一年多的时间里,连升三级
WM	工作中经常接触化学试剂,不适合生孩子。2010年7月,生育之前为调养身体而辞职,同时利用这段时间备考。2010年1月参加考试,不久后怀孕。2010年9月入学,2010年11月生孩子,毕业后重新开始工作,并成功转换了职业
QRR	2008年9月复习期间怀孕。2009年8月孩子出生,45天后开始上课。为了照顾孩子,辞职选择脱产学习模式。毕业后重新寻找工作,并成功转换了职业
SXY	2009年9月MBA入学,在考试和年底工作高峰结束之后考虑生育。2010年1月怀孕,10月生育,耽误了少量课程,月子后第一天立即参加考试,产假结束后升职
LHY	2009年在复习时怀孕,怀孕期间,工作依然很努力。2010年3月孩子出生,2010年9月入学,利用产假、哺乳假来学习
YCL	辞职备考,同时在一个教育培训机构做兼职。2007年3月公布成绩,2007年5月结婚,2007年9月入学。在必修课修完之后,2008年10月怀孕。生育前准备论文材料。2009年6月孩子出生,一个月后开始写论文,10月论文答辩
WL	2007年9月入学,10月接手新部门。2009年1月在主要课程完成后怀孕,公司照顾孕妇,工作要求降低,因此有时间写论文。2009年10月毕业答辩,不久后生育

续表

案例	时间序列上的关键事件
YH	2007年9月开始攻读在职MBA,攻读MBA期间正值银行体制改革,参与人员、机构、资产的划分等重大决策的筹划工作,半年时间从事全封闭策划讨论,工作强度极大。2009年12月毕业后以组织内部调动形式转换到了理想的工作城市,得以与男友团聚,组建家庭
SL	2009年9月MBA入学,工作几乎没有压力,有充裕的时间上学。2010年5月结婚,结婚时与学业稍有冲突。2011年9月论文基本写完后怀孕,然后答辩
AYL	2007年读MBA,2009年换工作、结婚,2010年底计划生育,后怀孕,但由于工作任务繁重、父亲住院,特别劳累,意外流产。由于参加公司国外培训,延迟毕业答辩至2011年。毕业后被调到公司中的核心价值岗位

资料来源:根据案例资料整理。

2. 研究脉络梳理

为厘清基于角色关系的职业生涯发展理论的内在逻辑,本研究将角色交互作为核心过程,根据开放性编码中得到的初步线索,沿着"条件、现象、中介条件、行动或互动、结果"的范式模型,[①]将相关概念进一步梳理与细化,形成研究脉络,构建分析框架。

(1) 角色交互的基础或前提

角色间发生交互作用的基本条件是多角色参与。个体仅参与单一角色,将无法实现角色间的互动。只有将多种角色的资源、信息和能力整合起来,产生角色之间的联动效应,才有利于各种角色间相互影响的实现。因此,角色种类越多,角色多样性越强,角色间产生相互影响的可能性越大,而且角色投入水平越高,角色间产生相互影响的可能性也越大。

(2) 角色交互的载体或中介

本研究中,交互载体是角色交互的中介,即作为角色交互得以实现的不可或缺条件。多元角色间必须以特定的内容或资源(载体)为依托产生相互影响,交互载体的性质决定了角色交互的性质。例如,当多元角色对稀缺性资源进行争夺时便形成了角色冲突过程,对特定资源进行重复利用时便形成了角色促进过程。前者表现为角色间消极地相互阻碍,后者体现了角色间积极地相互促进。

---

① [美] Strauss Anselm,Corbin Juleit.质性研究概论[M].徐宗国,译.台北:巨流图书公司,2007:109-130.

(3) 角色交互的结果

从结果的角度讲,角色交互可能引起角色状态改变。由于存在角色冲突和角色促进两类过程,角色状态的改变也存在有利和有害两类结果。角色交互的过程中,个体在多元角色的任务处理模式中,既可能引起一种或多种角色状态的积极改变,例如,社会地位的提高、职位得以晋升、满意度提高等,亦可能导致一种或多种角色状态的负向变异,例如,角色资源的枯竭、角色行为的抵触、角色心理问题的产生等。

(4) 角色交互的系统结构

多角色参与能够同时引起双向的结果,既可能是促进角色间积极影响的前提条件,又可能是强化角色间消极冲突的前提条件,具有"双刃剑效应"。其最终结果取决于角色交互的系统结构。多角色参与时,角色间并非松散、偶然、随机地相互作用,而是以交互载体为依托,以结构性的方式产生互动。角色促进过程将产生积极的角色状态改变,角色冲突过程将产生消极的角色状态改变。最终结果的性向(积极或消极),取决于角色交互的系统结构中是角色促进子系统还是角色冲突子系统占据更主导的地位。

3. 核心概念的深化

范式模型的梳理,为角色交互(role interaction)的界定提供了更为丰富的素材与基础。根据以上思路,特对"角色交互"这一核心概念的内涵做如下深化:"主体在多角色执行与投入的过程中,角色间以特定载体为依托,根据角色系统结构产生促进或抑制的相互影响,并最终改变现有角色状态的过程"。通过研究范式的构建可以厘清以下概念及其关系:① 角色存在某种形式的相互影响;② 多角色参与增强了角色之间产生相互影响的可能性;③ 多元角色间的相互影响需要依托特定的"交互载体"而进行,据此可产生两种交互性质——积极促进和消极冲突;④ 角色间的相互影响性质取决于角色关系的系统结构;⑤ 角色间的相互影响能够引发角色状态的改变。由该定义可以看出,"角色交互"包含了多元角色间深层次的影响过程和影响方式,以下将进行更加系统的分析。

4. 相关概念辨析

以上对角色交互的概念深化,可以帮助区分几个彼此相关、相互区别、又极易混淆的概念,多角色参与、角色关系和角色交互三个概念间的区别与联系如图5-3所示。

首先,角色关系需要与多角色参与的概念相区别。根据界定,多角色参与(multiple role involvement)是指个体承担多种角色的种类、数量(角色多样性)与综合投入程度(多角色投入),只涉及个体承担多种角色的客观情况,却

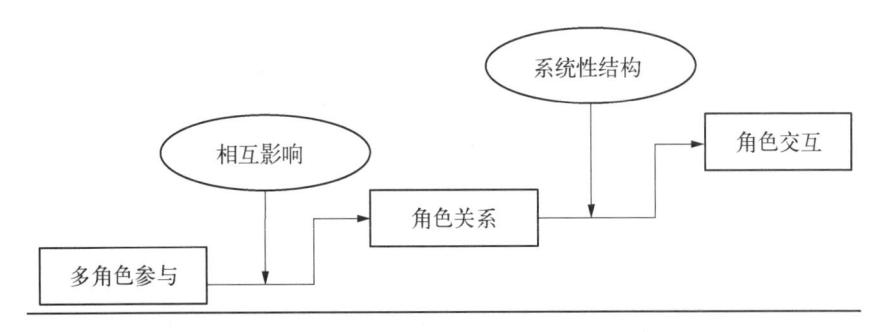

图 5-3 多角色参与、角色间关系和角色交互的区别与联系

资料来源：本研究设计。

未涉及角色间是否存在相互影响。角色关系（multiple roles' relationship）特指相应角色间相互作用、相互影响的情况，强调因另一种角色的存在导致目标角色状态改变。多角色参与是角色关系产生的前提和必要条件，多角色之间存在相互影响时便形成了角色关系。

角色交互与角色关系仍然是两个不同的概念。尽管二者均体现了角色间相互影响的内涵。相比之下，角色交互更加强调角色间形成相互影响的依托方式（交互载体），以及因此而形成的角色系统结构；而角色关系仅强调角色间影响的结果，不强调形成影响的结构性过程，而且角色关系中的相互影响可能是单向的，也可能是双向的；角色交互中的相互影响通常是存在双向反馈的。从另一个角度讲，角色关系是角色交互产生的先决条件，或可将角色交互理解为系统性视角下的角色关系。换言之，角色关系是对多角色参与的深化与拓展，角色交互又是对角色关系的结构性升级。

二、角色交互的前提条件——多角色参与

多角色参与是角色关系的形成基础，是角色交互形成的前提条件。多角色参与包含角色多样性与多角色投入两个重要方面，它们分别产生对角色交互的不同影响。

1. 角色多样性

角色多样性（主体所承担的角色种类与数量）是多角色参与的一个重要表现形式，对角色交互具有重要影响。具体来说，角色交互是一个以多元角色互动为基础的概念，体现了"一对"（dyadic）或"多对"角色间根据特定的系统结构产生单向或多向影响的过程。单一角色由于无法找到影响的施加对象或影响的来源对象，而无法形成角色交互。角色理论中的观点也说明了角色数量的必要性，个体由于其承担的各种角色而嵌入特定的社会结构之中，

每种角色都代表了社会网络结构中的特定位置,蕴含着资源获取与资源协调的可能性。单一角色的网络规模有限,无法实现资源之间的协调与联动。将多种角色的网络资源联结起来,可以获得一个更大且更为复杂的角色关系网,从而有利于各种角色间相互影响的实现。因此,角色多样性是角色交互得以实现的必要前提,且所承担的角色越多,角色间形成相互影响的可能性越大。

2. 多角色投入

在承担多种角色的同时,对每种角色的投入水平,以及多种角色总体的投入水平将影响角色交互质量。多角色投入,一方面体现在执行每种角色时所耗费的时间成本,时间投入程度越高,该角色占个体有效时间的比例越大,角色参与程度就越高。另一方面,个体对每种角色的情感付出是衡量角色投入的重要方面,情感投入水平越高,代表个体对该角色的重视程度和期望程度越高,角色参与程度越高。同时,对每种角色的努力程度也是衡量角色投入水平的重要指标,为了实现良好的绩效,个体会提高执行该角色时的努力水平,既体现在个体对特定角色付出的体力和精力上,也体现在个体为该角色付出的智力、能力上,两个方面的方向可能一致,也可能相反。例如,为了自己喜欢的事业,主体不仅在体力上亲力亲为,而且在方法上刻苦钻研,寻找更好的解决方案。但也存在由于巧妙的智力付出而解放了体力和精力付出的可能性。例如,因为找到了更好的方法,而节省了主体的时间、精力和体力支出。

3. 两类指标的整合

角色多样性或多角色投入的单独一个方面均无法全面体现多角色参与的程度。一些情况下,个体尽管占有多元角色,但对每种角色的投入程度都很低,角色间产生交互影响的可能性便随之下降。Marks、MacDermid 在研究角色平衡时也认为,个体对角色的投入水平是角色平衡的前提,只有个体将资源与精力积极投入到所有角色要履行的义务中时,所实现的平衡才能被理解为积极平衡,如果个体对各种角色均不积极投入,使角色处于一种消极状态,虽然不会产生资源利用上的冲突,但也不意味着平衡的实现。[①] 另一些时候,尽管个体对少数几个特定角色的投入水平很高,却忽略甚至屏蔽了其他更多的角色,从而不利于获取或利用其他角色的资源,角色间产生积极相互影响的可能性也会降低。可见,角色多样性与多角色投入是反映多角色

---

① Marks S R, MacDermid S M. Multiple Roles and the Self: A Theory of Role Balance [J]. Journal of Marriage and the Family, 1996, 58(2): 417-432.

参与水平的两个不可或缺方面。亦可以将两个指标整合起来,以平均角色投入加以体现,平均角色投入=多角色投入/角色多样性。

三、角色交互的中间介质——交互载体

角色交互的性质与过程分析离不开对交互载体的判断,交互载体决定了交互过程的性质,从而决定了交互结果。因此,以下将从交互载体入手,对角色交互的性质和过程进行解读。

1. 交互载体的内涵

角色交互需要依托特定载体产生角色间相互影响。由开放性编码可知,交互载体是指多元角色在相互影响时所依托的内容。从案例资料中共挖掘出四种载体类型:时间、情绪、能力和资源。"载体"的概念不仅在案例资料中得到了体现,也能获得以往学者们研究的支持。以工作—家庭关系为例,Greenhaus、Beutell 曾将工作—家庭冲突区分为基于时间的冲突、基于压力的冲突和基于行为的冲突,[1]分别体现了时间、情绪和行为三种交互载体。Carlson 等在对工作—家庭促进的研究中,也区分出了心理资本性促进、情感性促进和发展性促进。心理资本性促进是指当个体参与到工作或家庭角色中时,会提升诸如安全感、自信、成就和自我实现等心理资源的水平,从而有助于其他角色的执行;情感性促进是指参与某种角色时会导致积极的情绪状态或态度,从而帮助其他角色的执行;发展性促进是指角色参与开发个体的技能、知识、行为或思考方式,从而有助于其他角色的执行。[2]该研究中分别体现了心理资本、情绪和能力三种载体。可见,交互载体是角色交互得以实现的重要组成部分。结合质性研究结果和以往研究中的结论,本研究将交互载体进一步抽象成"为角色间相互影响提供具体或抽象平台的形式",包括时间、情绪、能力、资源、行为和心理资本等要素。

2. 交互载体的分类

一些情况下,多角色参与可能对原有角色的时间、资源和情绪等造成稀缺性争夺,因此产生角色间冲突。但另一些情况下,多角色参与又可以带来载体的拓展与丰富,例如,赢得了额外的时间、获得了更多资源、培养了更好的能力、形成了更积极的情绪等,从而帮助其他角色任务的完成,将形成角色

---

[1] Greenhaus J H, Beutell N J. Sources of Conflict Between Work and Family Roles [J]. Academy of Management Review, 1985, 10(1): 76–88.

[2] Carlson D S, Kacmar K M, Wayne J H, et al. Measuring the Positive Side of the Work-Family Interface: Development and Validation of a Work-Family Enrichment Scale [J]. Journal of Vocational Behavior, 2006, 68(1): 131–164.

间的促进。为了厘清不同载体对角色交互的作用与价值,可将时间、情绪、能力、资源、行为和心理资本等具体的载体形式归纳为两个类别:"消耗型载体"与"增值型载体"。

(1) 消耗型载体的特点与属性

由于资源具有稀缺的属性,因此消耗型载体特指多角色以稀缺性资源为平台进行的相互争夺,体现了一旦一种角色占有了该资源,其他角色将无法对其进行使用的专属性质、排他性质和零和博弈特征。这类载体主要包括时间、精力、行为、消极情绪、物质资源等。基于消耗型载体的角色交互过程反映了多元角色对稀缺性资源的争夺,是导致角色间冲突的基础。

(2) 增值型载体的特点与属性

当资源被作为资本时,便具有了价值增值的属性,便形成了增值型载体,特指多元角色以增值性资源为平台进行的相互影响,体现了资源的外部性特征,一种角色能形成或利用的资源不仅对本角色有利,而且对其他角色同样有利。这类载体主要包括积极情绪、能力、心理资本、信息与知识资源、社会资本等。基于增值型载体的角色交互是对特定资源的多重利用过程,体现了网络扩展的性质和资源价值增值的本质,是形成角色间促进的必要条件。

(3) 交互载体性质的判断

质性研究中发现,同一载体在某些情况下表现为消耗型载体,而在另一情况下又体现了增值型载体的特征。以"时间"为例,一些案例中时间被作为多角色争夺的稀缺性资源,例如案例 QRR、SXY、AYL 体验了多角色间的时间冲突,但在另外一些案例中时间又成为一种增值型载体为多角色带来便利,案例 WL、WM 利用产假和哺乳假的时间进修学位就是典型的例子。也就是说,载体的性质并非由其客观形式决定,而是由它的内在特征(专属性/兼容性)决定:消耗型载体体现了资源的专属性和排他性特征,而增值型载体则更多地体现了资源的兼容性、通用性和增值性特征。

四、角色交互的过程机制——两类交互过程

对交互载体的分析,有助于厘清多元角色间产生相互影响的性质与结构。可根据载体的不同将角色交互过程划分为两种形式:一类为消耗型角色交互过程(角色冲突),一类为增值型角色交互过程(角色促进)。以下将分别讨论两种交互过程的内在逻辑并作梳理,然后结合案例中体现出来的交互载体与角色交互过程,对最终的角色状态改变结果展开讨论,参见表 5-13。

表 5-13　案例中的交互载体与角色交互过程梳理

案例	交互载体	交互过程	职业角色状态改变
LF	消耗型：时间、精力	为专心上学并照顾孩子，选择辞职	成功转换工作性质
	增长型：时间、知识	利用原单位休怀孕假时间备考 所学知识在工作中找到了用处	一年多的时间里，连升三级
WM	消耗型：资源、精力	工作对身体有伤害，生育前辞职 学校与家庭距离远，孩子喂奶问题	成功转换职业
	增长型：时间、知识	利用辞职时间备考、上学 获得了管理领域的知识与视野	
SXY	消耗型：时间、精力	在考试结束和年底工作高峰之后考虑生育，耽误了一些课程，出月子后立即参加考试	升职为部门经理
	增长型：资源、信息、能力、知识	业务和财务理念扩充，对工作很有帮助 有同事的 MBA 教育经验可以借鉴	
LHY	消耗型：时间、压力	生育后由于缺乏经验，感到手足无措	休假期间，晋升、考核、工资会受影响，耽误一个晋升级别
	增长型：时间、资源、知识、心理资本	利用产假、哺乳假来学习 学习到知识，拓宽了视野，带来了自信	
YCL	消耗型：时间、精力	白天做兼职工作，晚上上课，没有休息	在毕业后获得了喜欢的工作
	增长型：时间、资源	辞职备考，同时在教育培训机构做兼职	
WL	消耗型：时间、压力	入学不久后，接手新部门，感觉压力大	MBA 入学后不久升职
	增长型：时间、资源	公司照顾孕妇降低要求，有时间做论文 工作单位在学费上略微支持	
YH	消耗型：时间、压力	异地恋想去大城市发展，但竞争力不足 半年时间参加全封闭策划讨论，高强度工作，耽误了课程，压力很大	以公司内部调动转换了工作地点
	增长型：知识、能力	增长了知识，积累了工作经验 参与重大项目的经历为工作转换提供了基础	

续表

案例	交互载体	交互过程	职业角色状态改变
SL	消耗型：时间、精力	结婚时与学业稍有冲突	由于客观因素改变，岗位未转换成功
	增长型：时间、经历、资源	工作很轻松，有时间和精力上的优势 获得父母的帮助	
AYL	消耗型：时间、精力	由于工作和家庭事务而影响生育计划 由于参加公司国外培训，延迟毕业答辩	获得了公司中最核心的工作岗位
	增长型：知识、能力、心理资本	变得更自信了，涉猎了 HRM 各个模块的知识，能力扩展	
QRR	消耗型：时间、精力、资源、压力	为顺利生产并照顾孩子，选择辞职 精力不足，感觉特别累，吃不消 精神压力与经济的压力	成功转换职业
	增长型：时间、知识、信息、资源、能力	学习期间考了很多资格证书 从同学处获得育儿经验和工作信息 老师推荐帮助找到合适工作，校友资源和所学的知识在工作中用到了很多	

资料来源：根据案例资料整理。

1. 消耗型角色交互过程（角色冲突）

该过程反映了多元角色对稀缺性资源的争夺消耗和消极情绪外溢的过程。根据载体的性质，可区分为三类逻辑。

第一类逻辑是资源稀缺性逻辑，在现有资源不变的情况下，个体参与的角色种类越多，每种角色所分配到的相对资源就越少，每种角色的执行质量将受到应对资源有限的影响而下降，从而导致角色状态改变。这种冲突主要源自资源的有限性、专属性和排他性，例如案例 AYL、QRR、LHY 等在多角色参与过程中出现的时间不足、体力透支就属于这类情况。

> LHY 说："生完宝宝的前三个月，每天都手忙脚乱，感觉精力明显不足、力不从心。也正是因为精力跟不上，我耽误了一个月的课，还好遇到了寒假，不然可能耽误更多的课程，一直到第二学期开学才恢复了正常的学习。"

第二类逻辑是行为差异性逻辑，不同角色的行为理念与方式存在一定差异,当一种角色逻辑成为个体的行为习惯时,必然会对其他理念不同的角色形成冲突。圣吉在其研究中发现了管理者因为"完美主义、要求苛刻、讲求效率"的工作性质,造成了在子女教育上的失败,体现了工作角色与家庭角色的逻辑差异引起的行为冲突,[1]就属于这类情况。案例 YH 和 AYL 受工作的限制,不能有效完成其他角色任务也属于这类情况。

>AYL 说:"在读 MBA 期间,正好公司要把我外派到上海去,别说工作与家庭之间,就连工作与学习之间也产生了冲突,因为那一年刚好面临着 MBA 毕业。经过一番激烈的思想斗争,我还是选择了工作,推迟了一年的学业。外企的工作节奏特别快,再加上学业负担,根本顾不上要小孩。"

第三类逻辑是情绪消耗性逻辑,稀缺性资源的消耗和不同角色的行为差异将引起主体的情绪消耗,从而导致消极情绪的产生。而消极情绪会对积极情绪造成挤占,案例 QRR 在多角色参与时,因为学习角色压力而导致积极情绪水平下滑,从而影响其他角色表现,就属于这类情况。案例 YH 因为工作所带来的压力一直不敢要小孩。

>YH 说:"曾经单位内部因为负责同一个项目的两个人同时生孩子,一个重要项目被迫停止。这件事之后,单位特发了一个通知,女同事想怀孕生孩子,必须提前三个月写申请。领导会天然地认为,妈妈员工工作不投入,核心工作都不交给她们做。一来,看到别人因为生育影响了职业发展,便产生了畏惧心理。二来,家里是一居室,如果生育后父母来帮忙照顾的话根本没有地方住,生孩子之前一定要换大房子。我们单位的收入结构是基本工资少,奖金占大头,经济上的考虑也形成了巨大的压力。所以,目前一直不敢要孩子。"

2. 增值型的角色交互过程(角色促进)

该过程体现了多元角色对资源的多重利用过程和通过角色网络对资源的拓展丰富过程。根据载体的性质,也可以区分出三类逻辑。

第一类是资源的拓展性逻辑,每种角色都嵌套于特定的社会结构之中,从而能帮助个体获得或拓展必要的权力资源、物质资源和信息资源。当个体

---

[1] [美]彼得·圣吉.第五项修炼——学习型组织的艺术与实务[M].郭进隆,译.上海:上海三联书店,1998:353-354.

所承担的角色种类越来越丰富时,以角色为节点所形成的社会网络也会更加庞大,嵌入在社会网络中的资源与能力更有可能被拓展、调动、激发出来,从而扩大了个体可利用资源的规模与水平。一些情况下,一种角色所形成的便利与获得的支持,可以帮助女性更出色地完成其他角色任务(例如 SXY、QRR)。

QRR 说:"班级同学们年龄相仿,比较谈得来,经常交流带孩子的经验、工作的心得和对未来工作的想法。去银行工作的想法就是我在与同学交流的过程中形成的。已经有孩子的同学们还经常'传授'给我生活经验,帮助我更好地平衡学习和生活,这为我制订职业生涯计划提供了很好的基础。找工作时,导师也给了我极大的帮助,推荐了很多工作机会,包括后来工作时,同学之间、校友之间,帮我拓展了很多人脉。"

SXY 说:"同事们对我帮助很大,他们已经获得了 MBA 学历,对 MBA 教育方式、教育体系已经非常了解,他们的建议很具有指导性,对我是一种很好的示范。在我报考和攻读 MBA 期间,我经常跟他们沟通,向他们请教每一阶段的学习重点和学习经验,因此我不仅对 MBA 期间的工作和学习模式没有任何的恐惧感,反而是行动上有准备,心中有底气,能够非常从容淡定。"

第二类是能力发展逻辑,在一种角色中的经验与锻炼,有助于改善个体的内在技能与元能力,实现了个人素质的提高,从而对其他角色责任的履行和绩效的实现大有裨益。很多女性利用 MBA 学习充电,其目的是提升能力,为后续职业生涯发展做准备。访谈中,受访对象 WM、QRR、YCL、YH、AYL 都表达了这种想法。

WM 说:"我之前的工作是做医药研发,经常接触化学药品,要小孩之前必须与工作隔离、休养一段时间,因此选择了辞职。但单纯只为生孩子在家休息的话,职业中断时间太长,再找工作的困难就更大了。不如借生孩子的时间给自己充充电,所以考虑读个 MBA,为后期换工作奠定基础。尤其是 MBA 注重对学员管理能力的培养,对于以后转行到管理岗位非常有帮助。"

第三类属于心理增值逻辑,一种角色的效果实现,有助于提升个体的满意度、自我效能感和自我实现等心理感受,积极心理资本具有外溢的效果,可以同时提升多种角色的表现,将有利于个体在其他角色中的绩效表现。

LF 说:"MBA 的学习经历帮助我开拓了视野,使我变得更加充实、更加自信。我原来是一名中学老师,我的天只有那么大,能够想象到的理想工作就是做一名大学老师。但经过 MBA 的学习,我发现能够有所作为的工作还有很多,教师只是其中的一种。于是我开始勇于尝试,开始探索更加适合自己的职业。经过努力,我在 XX 集团谋到了 HR 的工作。坦白地说,在那之前对 HR 我毫无经验,但因为在 MBA 期间学习的就是这个专业,他们给了我这个机会。后来因为表现出色,又被调任晋升为业务经理,在一年的时间里连升三级。对比原来的想法,这是一种更好的自我实现,让我变得更加自信,对生活充满了更多的期待。因为有了自己独立的事业,与老公之间彼此敬重,家庭关系也更加和谐了。"

此外,案例中的其他信息也充分体现了增值型角色交互过程。例如,案例 SL、YCL、LHY、LF、AYL 因工作角色所形成的资源与能力,有利于家庭任务和学习任务的完成;案例 SXY、YCL、QRR、WM、LF、YH 由学习者角色所获得的知识、能力与资源,不仅有助于工作角色的执行,而且可以帮助家庭问题的解决;还有一些情况下,由家庭角色所形成的便利与获得的支持,可以帮助主体更出色地完成工作角色和学习角色的任务(例如,WL、LF、LHY、QRR、SL)。

五、角色交互的系统结构——三个子循环

角色交互既可以产生角色间的积极促进,又可能导致角色间的消极冲突。角色交互过程机制的厘清,取决于对角色冲突与角色促进二者间关系的明确:如果它们体现了同一个变量的两种程度,则必然会遵循相同的过程机制;如果它们是两个不同的变量,则分别存在不同的过程机制。梳理角色冲突与角色促进之间的关系是展开后续研究的关键。

1. 角色冲突与角色促进的关系

关于角色冲突与角色促进之间关系的问题,理论界曾进行过很多探讨。一些学者认为促进与冲突构成一个连续体的两端,一些主体会体验到较高的角色促进,另一些主体则表现出较高的角色冲突。还有学者认为,冲突与促进感知作为相互独立的两个维度是同时存在的(Tiedje et al.,1990),也就是说角色冲突与角色促进并不是非此即彼的关系,较高的角色冲突和较高的角色促进可能同时发生,如图 5-4 所示。Tiedje 等(1990)的实证研究结论支持了角色冲突与角色促进之间遵从分类模型而非连续模型,并发现高角色促

进/低角色冲突的被调查者表现出了最高的精神健康水平和角色满意度,而那些低角色促进/高角色冲突的被调查者则刚好相反。

```
高
│
角  ┌─────────────┐  ┌─────────────┐
色  │   低角色促进  │  │   高角色促进  │
冲  │   高角色冲突  │  │   高角色冲突  │
突  └─────────────┘  └─────────────┘
    ┌─────────────┐  ┌─────────────┐
    │   低角色促进  │  │   高角色促进  │
    │   低角色冲突  │  │   低角色冲突  │
低  └─────────────┘  └─────────────┘
    └──────────────────────────────→
    低         角色促进          高
```

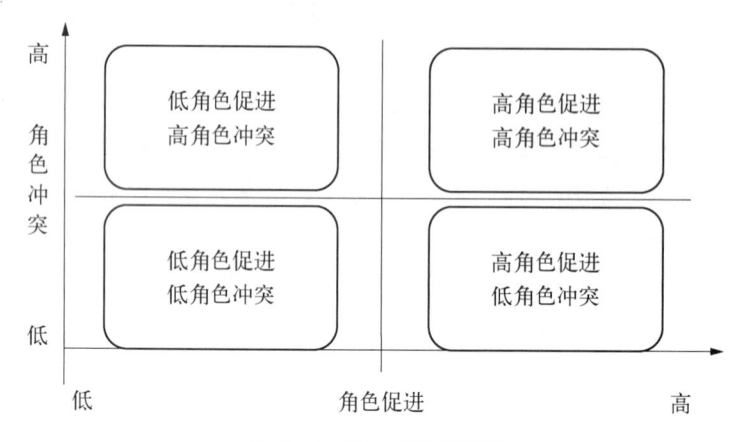

图 5-4 角色间关系类型

资料来源:Tiedje L B, Camille B, Downey W G, et al. Women with Multiple Roles: Role-Compatibility Perceptions, Satisfaction, and Mental Health [J]. Journal of Marriage and the Family, 1990, 52(1): 63-72.

经过对案例的分析与梳理,本研究也支持"角色冲突与角色促进是两类同时存在的过程,而并非是一个连续体的两端"的观点。也就是说,角色冲突的反面是没有冲突,角色促进的反面也是没有促进。根据这两个维度,可以区分出四类情况:第一种情况,低角色冲突+低角色促进,意味着角色间没有产生相互影响;第二种情况,高角色冲突+低角色促进,意味着角色间存在相互影响,且影响方向为消极;第三种情况为,高角色促进+低角色冲突,意味着角色间的相互影响方向为积极,第四种情况为,高角色促进+高角色冲突,意味着角色间相互影响程度较高,且影响方向不明确。这一观点说明,角色冲突与角色促进分别对应了不同的过程机制,为角色交互的系统结构讨论指明了方向。

2. 角色交互的两类循环

既然角色促进与角色冲突是角色交互两个相对独立的维度,意味着二者可能遵循了不同的过程机制。且上述讨论中也得知,交互载体是使角色交互性质分化的重要原因。受系统动力学理论的启发,之所以多角色参与能够同时引起两种性质相反的结果(角色状态的积极改变或消极改变),就在于以交互载体为基础所形成的角色间相互影响的系统在结构上存在差异。根据角色系统理论,主体所承担的各种角色并非孤立存在,而是在彼此相互影响中动态发展。因为交互载体的不同,角色间的相互影响分化成两类性质,角色冲突和角色促进,前者在系统结构中表现为调节型循环,后者则表现为增长型循环。

根据系统动力学理论,调节型循环,也称负反馈回路,由奇数个变量间的负相关或若干正相关所组成,每个调节型循环都有其目标,[①]或称为限制增长的屏障,受该因素影响,系统的发展将受到限制。角色交互的系统结构中,系统的调节目标为消耗型载体的承载能力,例如,个体的时间、体力、精力、情绪等。随着多角色参与程度的增加,由于这些因素的限制,角色系统的发展将受到抑制。增长型循环,也称正反馈回路,由偶数个变量间的负相关或若干正相关所组成,增长型循环是系统发展的原因。由于该循环的存在,随着自变量数量的增加,系统结果将高于它原来的程度,随着自变量数量的减少,系统结果将低于它原来的程度。[②] 角色交互的系统结构中,随着多角色参与程度的增加,个体增值型载体会得到丰富、拓展与提升,体现在资源总量、能力水平和心理资本等方面,从而有利于角色系统的积极发展。

3. 角色交互的系统结构分析

由此,角色交互的系统结构一共可以形成三个子循环,其中 1 个为调节型循环(B_1),另外 2 个为增长型循环(R_1 和 R_2),参见图 5-5。

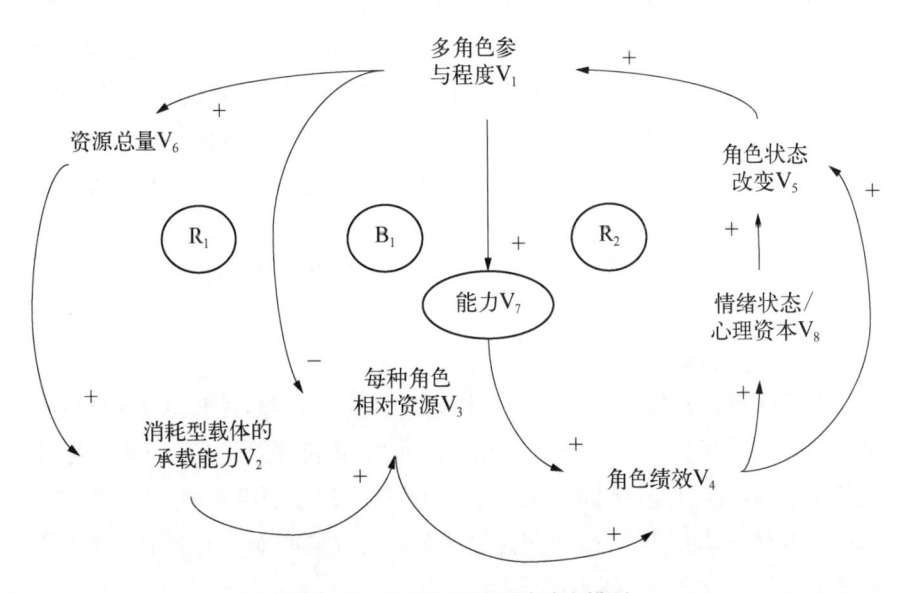

图 5-5 角色交互的系统动力模型

说明:R 代表增长型系统,B 代表调节型系统。+为正因果链,意味着两个变量正相关;-为负因果链,意味着两个变量负相关。

资料来源:本研究设计。

---

① 钟永光,贾晓菁,李旭.系统动力学[M].4 版.北京:科学出版社,2012:66-67.
② 钟永光,贾晓菁,李旭.系统动力学[M].4 版.北京:科学出版社,2012:66-67.

(1) 调节型循环 B_1

该回路中的增长屏障为消耗型载体的承载能力,由于消耗性载体具有极限,个体多角色参与程度越高,每种角色所获得的相对资源将会变少,在应对资源不足的情况下,角色绩效将受到负面影响,角色状态也将随之下降。同时,角色绩效不仅可以直接影响角色状态的改变,还可能通过情绪状态间接地影响角色状态。具体表现为,随着角色绩效的下滑,个体会产生排他性的消极情绪,例如,压力、焦虑、倦怠等,将降低个体的心理资本。消极情绪导致角色状态的负向改变,最终将阻碍个体角色系统(或某一角色)状态的正向发展。因此该反馈环路具体为:

"V_1 多角色参与程度 $\propto 1/V_3$ 每种角色相对资源 $\propto V_4$ 角色绩效($\propto V_8$ 情绪状态)$\propto V_5$ 角色状态改变"

(注:$\propto$ 为正相关符号,$V_i \propto V_j$ 代表 V_i 与 V_j 呈正相关,$V_i \propto 1/V_j$ 代表 V_i 与 V_j 呈负相关)

(2) 增长型循环 R_1

个体多角色参与程度越高,通过多种角色可获得或利用的资源总量越大,这有利于突破消耗型载体的承载极限,为个体提供更多解决问题的资源与途径,提高了每种角色能够获得的相对资源,从而提高了个体实现积极角色绩效的可能性,有利于角色状态的优化。同时,角色绩效的提高不仅可以直接改变角色状态,而且有利于个体积极心理资本的形成(例如,更加自信、更高的成就感和自我实现动机等),可以通过积极情绪和心理资本间接改善角色状态,最终有利于角色系统改进。该环路具体为:

"V_1 多角色参与程度 $\propto V_6$ 资源总量 $\propto V_2$ 消耗型载体的承载能力 $\propto V_3$ 每种角色相对资源 $\propto V_4$ 角色绩效($\propto V_8$ 心理资本)$\propto V_5$ 角色状态改变"

(3) 增长型循环 R_2

随着多角色参与水平的提高,个体通过角色实践可以提升与发展自身的能力,角色能力的升级有利于角色绩效的实现,角色绩效的改进又可以促进角色状态的积极改变。同时,角色绩效的改进有助于积极心理资本的形成,积极心理资本又可以进一步促进角色状态的正向发展,最终有利于整体角色系统的改进。该循环具体为:

"V_1 多角色参与程度 $\propto V_7$ 能力 $\propto V_4$ 角色绩效 $\propto (V_8$ 心理资本$) \propto V_5$ 角色状态改变"

4. 主导循环与系统结果分析

因果链的极性仅描述了系统的结构,并不代表系统的行为。当多角色参与出现变化时,会与其他相关变量发生相互作用,通过调节型循环和增长型循环产生系统性结果，最终影响职业角色的状态改变（即职业生涯发展）。调节型循环是角色交互的阻力系统，会阻碍职业角色的发展；增长型循环是角色交互的动力系统，可以促进职业角色状态的积极改进。但最终系统性的结果还要取决于哪类循环占据主导地位，如果增长型循环（动力系统）居于主导地位，则职业角色状态将获得发展；如果调节型循环（阻力系统）占据主导地位，则职业角色状态将受到抑制。

六、角色交互的行动策略——三种开发策略

质性研究发现，调整交互载体可改变角色之间相互影响的性质和程度。这也是案例中的 MBA 女性改善工作—家庭冲突、促进职业生涯发展的主要策略，并形成了不同的职业生涯交互开发轨迹，如图 5-6 所示。总结来看，存在三种开发策略。

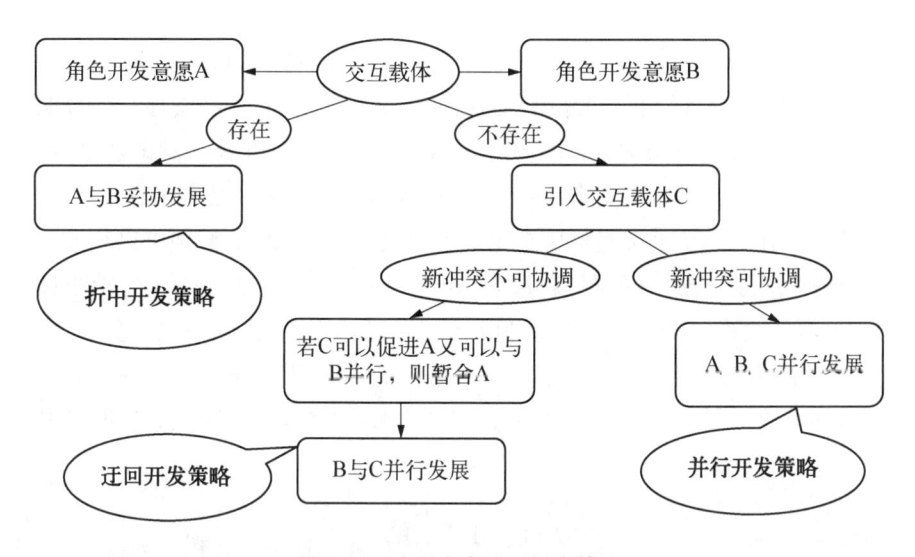

图 5-6 多元角色交互开发策略

资料来源：本研究设计。

1. 折中开发策略

在考虑冲突的发展目标时，首先应当寻求目标间可能的协调方案。例如，当家庭责任与职业发展意愿相冲突时，案例中的 MBA 女性产生了家庭驱动型工作转换动机，在家庭与职业间寻求一种折中或妥协的解决方案，促成折中交互开发策略。案例中，YH 为了与异地恋男友团聚，选择在同一单位跨区域调动工作，虽然在工资待遇和级别上都受到了影响，但也不失为一种妥协的办法。

2. 并行开发策略

并非所有交互动机都能直接找到载体,也不是所有冲突目标均存在折中解决方案。很多时候,职业发展和生育之间的矛盾会由于时间成本和机会成本而变得不可协调。当折中方案不可行时,案例中的 MBA 女性便转而寻求一种间接的交互开发策略,通过引入新的角色(学习者角色)作为媒介,以此来缓解或替代生育使命对职业发展造成的阻力,使之成为解决工作—家庭冲突的新交互载体。通过 MBA 的学习对职业生涯发展的积极影响,来改善家庭生育使命对职业生涯发展的阻碍作用,形成多角色并行开发的策略。例如,LHY、SXY、YCL 等选择 MBA 教育的最主要原因就是为自己的职业生涯发展增加筹码,以此来抵消因为生孩子、休产假造成工作暂缓对职业晋升产生的不利影响。她们既完成了 MBA 学业,又完成了生育使命,同时也没耽误工作,借助产假完成学业,借助学业促进职业发展。

3. 迂回开发策略

多角色参与具有双刃剑效应,引入新的交互载体后会使问题变得更为复杂,并可能引发新的角色间冲突。当新冲突不可协调时,一些女性在生育期间,形式上停止了工作,实际上利用 MBA 教育蓄积职业生涯发展的能量,形成暂时舍弃的迂回开发策略。此时,交互载体需具备两个必要条件:其一,必须可以作为两个冲突目标中至少一个的发展基础;其二,必须可以与另一个目标"并行开发"。案例 QRR 和 LF 想要换工作,选择辞职,选择通过 MBA 学习改善自己的职业状况,为了不浪费时间,同时把生育任务完成。案例 WM 因为工作环境存在化学污染不适合生孩子,因此不得不选择辞职调养身体。为了利用这段空闲时间,选择了 MBA 教育,为后续职业生涯发展奠定基础。

七、小 结

以质性研究为基础,本部分对基于角色关系的职业生涯发展的过程机制进行了探索。该模式以角色交互为核心,依据交互载体形成了特定的系统动力结构,该结构的动力机制和阻力机制构成了职业生涯发展的角色过程分析框架,或可为职业生涯的分析与讨论扩充新的视角。然而,由于所选案例均为女性 MBA 毕业生,该群体具有职业主动性强、自我实现动机较高等一些独特性,该分析框架的普遍适用性仍有待大样本实证研究的证实。下一章将借鉴定量研究方法,将基于角色交互的职业生涯发展的过程分析转化成实证研究框架,并对相关假设进行检验。

第六章 基于角色关系的职业生涯发展过程的实证设计

在质性研究的基础上,本章将运用定量研究的方法,验证理论框架的有效性。本章包括三个主要部分,框架梳理、量表开发和假设提出。首先,梳理基于角色关系的职业生涯发展的理论框架。其次,由于理论界对角色交互尚未形成较成熟的测量方法,本研究将尝试开发测量该概念的量表。最后,将抽象的理论构架转化为可以测量的变量间关系,形成研究假设。

第一节 基于角色关系的职业生涯发展的理论框架

基于前文研究,本部分梳理出基于角色关系的职业生涯发展的理论框架。

一、角色交互的两类过程决定职业生涯发展走向

根据交互载体性质的不同,基于角色关系的职业生涯发展形成两类基本过程机制,如图 6-1 所示。

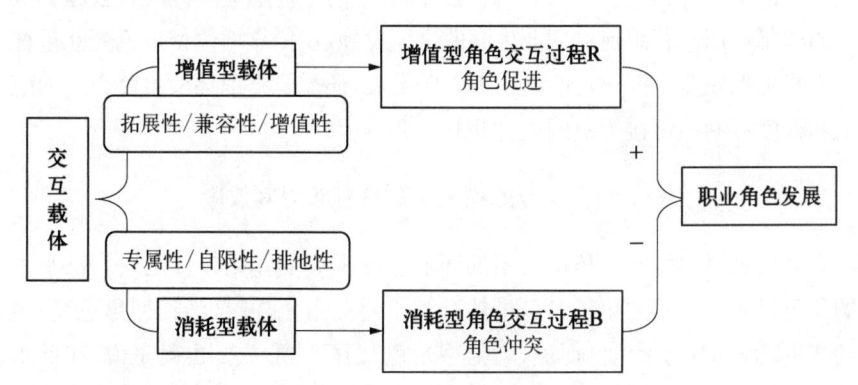

图 6-1 基于角色关系的职业生涯发展的两类过程机制

资料来源:本研究设计。

1. 角色交互的动力机制

一些情况下,角色间以增值型交互载体为基础产生相互影响,形成增值型角色交互效应,即角色促进过程。由于增值型交互载体具有拓展性、兼容性、增值性等特征,可以帮助角色主体获得更多的资源、提高元能力、获得积极心理资本,一种角色的参与同时有利于多种角色的发展,使主体从角色交互中受益,从而可以实现职业角色状态的正向发展。这就是职业生涯发展的角色关系动力机制,对应系统动力结构中的 R_1 和 R_2 循环(参见第五章第三节图 5-5)。

2. 角色交互的阻力机制

还有一些情况下,角色间以消耗型交互载体为基础产生相互影响,形成消耗型角色交互效应,即角色冲突过程。由于消耗型交互载体具有专属性、自限性、排他性等特征,角色间对个体所持有的稀缺性资源进行争夺,引起角色主体在时间分配上的冲突、在体力和心理上的消耗和在行为逻辑上的冲突,从而导致主体在角色交互中出现消极反应,从而可能抑制职业角色状态的正向发展,甚至引起职业角色的负向退化,称之为职业生涯发展的角色关系阻力机制,对应系统动力结构中的 B_1 循环(参见第五章第三节图 5-5)。

3. 系统的主导地位

角色促进与角色冲突并非是一个连续体上的两端,而是两种相对独立的过程,较低水平的角色促进并不等同于角色冲突,同理较低水平的角色冲突也不等同于角色促进。职业生涯发展的最终结果,取决多元角色关系的系统结构中哪个过程机制发挥主导作用。如果增值型角色交互过程发挥主导作用,则角色间关系对个体职业生涯发展会起到更加正向的促进作用。如果消耗型角色交互过程是主导机制,则角色间关系对个体职业生涯发展会起到负向的抑制作用。若想促进职业生涯的全面发展,仅依靠增值型角色交互过程并不能确保职业生涯一定能向积极方向发展,还需要将消耗型角色交互的范围和程度控制在可接受范围内,如图 6-2 所示。

二、角色交互的投入机制具有双刃剑效应

多角色参与是基于角色关系的职业生涯发展的作用条件之一。低水平的角色投入或有限的角色参与虽然有利于避免角色冲突(消耗型角色交互)的产生,但也不利于角色促进(增值型角色交互)的形成。也就是说,在低水平的角色参与状态下,多角色间并没有形成实质性的相互影响,只有多角色参与达到一定程度时,角色间的相互影响方可实现。但同时,多角色参与可

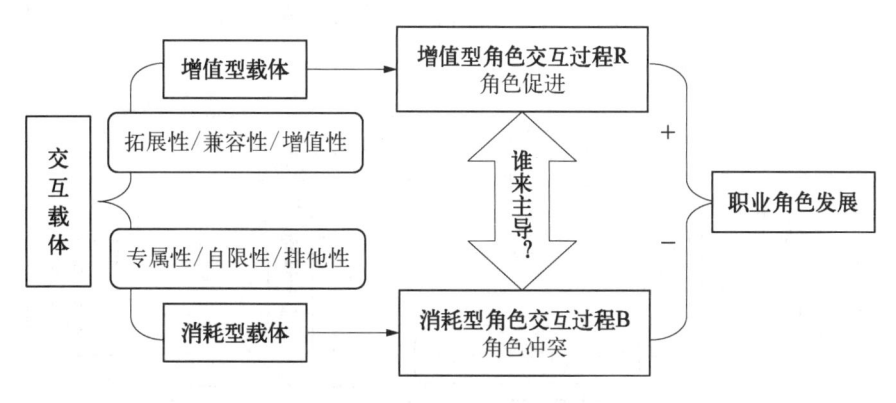

图 6-2　角色关系系统的主导地位

资料来源：本研究设计。

能具有"双刃剑效应",对基于角色关系的职业生涯发展的动力机制和阻力机制同时存在影响作用,一方面可能促进了角色间的积极互动,有利于职业角色的正向发展;另一方面又可能导致角色间相互消耗的产生,形成主体更大的心理压力等不良后果,抑制或阻碍职业角色的发展,参见图 6-3。

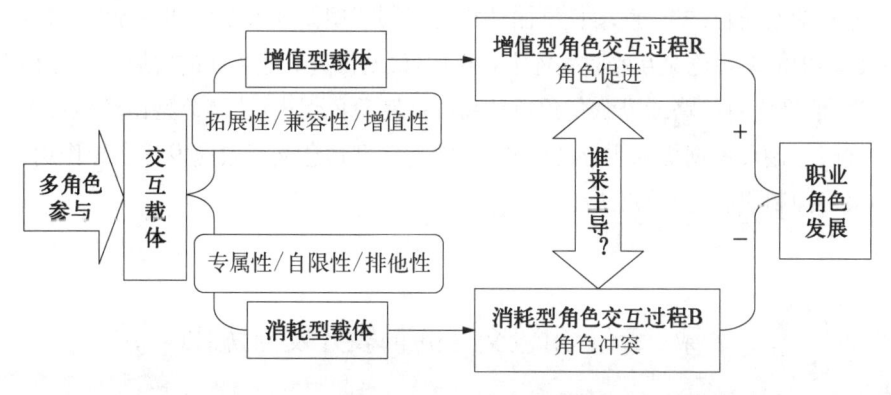

图 6-3　基于角色关系的职业生涯发展的投入机制

资料来源：本研究设计。

三、应对策略调节角色关系系统的主导效应

角色交互从角色关系角度对职业生涯发展过程进行解读,是对个体职业生涯发展客观规律的阐释与揭示。但该客观过程并非不能干预,个体主动性的规划与应对策略的选择仍然可以发挥关键作用。具体来说,如果个体采取积极应对策略,则有助于找到更多的增值型交互载体,能够帮助角色促进机制的形成和发展,同时抑制角色冲突机制的不良影响。如果个体更多地采取

消极应对策略,则可能放大角色冲突机制的不良影响,甚至抑制角色促进机制的积极效应,参见图6-4。

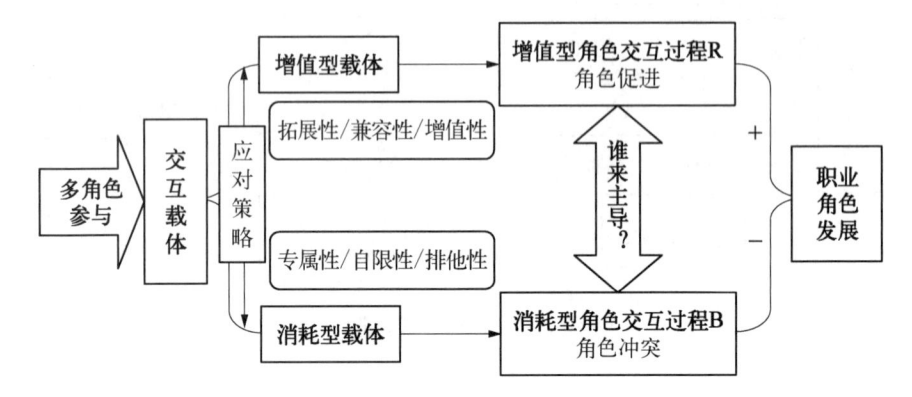

图6-4 基于角色关系的职业生涯发展过程及应对策略的调节机制

资料来源:本研究设计。

换言之,应对策略可以在一定程度上影响角色冲突与角色促进两个子系统在角色关系整体结构中的主导地位。积极应对策略或可帮助激活角色促进并抑制角色冲突,使增长型循环相对于调节型循环占据更加主导的位置,也即增值型角色交互效应发挥主导作用,最终促进职业生涯的发展。与之相反,消极应对策略或可激化角色冲突并抑制角色促进,使调节型循环相对于增长型循环占据更加主导的位置,也即消耗型角色交互效应发挥主导作用,最终抑制职业生涯的发展。

第二节 角色交互的量表开发与优化

角色交互是本研究中影响职业生涯发展过程的核心因素之一,但学术界对该构念尚无成熟的测量方法。借鉴已有成果,结合质性研究结论,本部分将对角色交互的测量题项进行设计。

一、量表开发思路

角色冲突与角色促进并非一个连续体的两端,而是两个相对独立的变量。鉴于此,需要对角色促进(增值型角色交互)和角色冲突(消耗型角色交互)分别进行量表设计。这样分量表测量也方便后续对两类过程的交互作用进行检验。同时,多元角色关系中的相互影响仍然存在双向反馈的性质,且通常"一对"角色间的影响并不对称,甚至可能 A 角色对 B 角色产生正向影响时,B 角色对 A 角色存在负向反馈。如果对多元角色中的"成对"关系进行分别测量,虽然有助于区分角色间影响的方向性,但测量难度极大。鉴于此,在对角色促进(增值型角色交互)与角色冲突(消耗型角色交互)进行测量时,并没有区分角色间的具体关系,仅对角色间的总体关系进行了评价。

二、量表开发过程

参考学者们对工作—家庭平衡、工作—家庭冲突、工作—家庭促进等领域的相关研究,以及质性研究中的众多素材,识别并挖掘研究中已经提及的交互载体,例如,时间、行为、资源、心理等。邀请人力资源管理、心理学等专业的教授、副教授、博士生、硕士生共 10 人,采用头脑风暴的形式,共同讨论交互载体的具体形式和内容,尤其是已有研究尚未提及、但可能存在的交互载体,一一进行列举、甄别、筛选、讨论。经过三轮研讨,得到增值型交互载体的具体形式共 20 个,消耗型交互载体的具体形式共 14 个。

根据这些交互载体,将多角色参与时这些交互载体发挥作用的程度编写成问卷题项,并请 2 名硕士生、2 名博士生对题项的表述进行优化与校对,确保语义表达准确无误。再邀请 10 人对量表题项进行试答,收集反馈意见和建议,优化改进后形成可供使用的量表。

三、量表题项设计

1. 角色促进

角色促进是指个体在多角色参与时各种资源的拓展与增值,参考以往工作—家庭促进的研究,在质性研究基础上,对该构念的测量进行了设计。设计的核心围绕着可能成为增值型交互载体的诸多因素展开,分别从资源、地位、能力、心理资本等多角度考察角色间相互促进的程度。

具体包括20 个题项:多角色参与拓展了我的人际网络、多角色参与提升了我的社会地位、多角色参与为我带来了更多额外资源、多角色参与使我获得了更多的帮助、多角色参与使我获得了更多情感支持、多角色参与使我获得了更多有价值的信息、多角色参与使我获得了更先进的知识与理念、多角色参与提升了我的学习能力、多角色参与提升了我的分析与理解能力、多角色参与提升了我解决问题的能力、多角色参与拓展了我的视野、多角色参与提升了我思考问题的高度与深度、多角色参与提升了我的心智成熟度、多角色参与改进了我处理问题的方式、多角色参与丰富了我的人生阅历、多角色参与提高了我的心理安全感、多角色参与满足了我的情感需求、多角色参与提高了我的自信心、多角色参与提高了我的成就感、多角色参与帮助我在多方面实现了自身价值等。

采用李克特5点量表,对角色促进的程度进行评价,1代表帮助极小,2代表帮助较小,3代表帮助程度一般,4代表帮助很大,5代表帮助非常大。

2. 角色冲突

角色冲突是指个体在多角色参与时对各种有限资源的竞争与争夺。参考以往工作—家庭冲突的测量方法,在质性研究的基础上对测量该构念的量表进行设计,同样围绕消耗型交互载体的具体形式展开。

具体包括14个题项:多角色参与让我感觉到了时间不足、多角色参与让我感到了时间上的冲突、多角色参与使我感觉到了体力透支、多角色参与让我感觉到了精神疲惫、多角色参与让我感受到了力不从心、多角色参与让我感觉到了情绪低落、多角色参与让我感觉到了心力交瘁、多角色参与让我感觉到了压力山大、多角色参与让我感觉到了顾此失彼、多角色参与让我感受到了价值观冲突、多角色参与使我不得不委曲求全、多角色参与使我感到悲观无助、多角色参与使我感到手忙脚乱、多角色参与使我感到自顾不暇等。从时间、体力、精力、理念、行动等多角度反映角色间相互冲突的程度。

采用李克特5点量表对程度进行评价,1代表很少遇见,2代表偶尔遇见,3代表有时遇见,4代表经常遇见,5代表总是遇见。

四、预调研

为了保证量表的信度和效度,首先对角色交互的量表进行了预调研,借助检验结果,进一步优化量表题项。

预调研于2013年7月至2013年8月期间开展,以在职学历人群作为研究对象。调查共获得调查问卷424份,经过筛选有效问卷共413份,问卷有效率为97%。样本来源地遍布江苏、辽宁、天津、北京、广东、福建、吉林、甘肃、河南、山东、河北、湖北、浙江等24个省级行政区,还包括来自海外的问卷2份,样本的地理分布较为均衡。

回收的413份有效问卷中,男性略多于女性(分别为58.6%和41.4%),平均年龄32.8岁,以已婚为主(76.3%),一半以上的被调查者育有子女(56.3%),第一学历以普通本科及以上为主(93.2%)。样本平均工作年限为9.48年,平均累计转换工作次数1.35次,平均累计晋升次数2.24次,其中开始攻读在职学位以来的平均工作转换次数为0.27次,开始攻读在职学位以来的平均晋升次数为0.66次。样本中人口统计学特征的比例基本均衡,参见表6-1,较为适合进行进深入的分析。

表 6-1 预调研样本的人口统计学特征

变　量		频数	百分比(%)	变　量		频数	百分比(%)
性别	男	242	58.6	婚姻	未婚	98	23.7
	女	171	41.4		已婚	315	76.3
子女	尚无	180	43.6	毕业	尚未毕业	238	56.3
	至少1个	233	56.4		已经毕业	175	42.4
第一学历	大专及以下	28	6.8	平均年龄		32.8 岁	
	普通本科	140	33.9	工作年限		9.48 年	
	一般重点本科	95	23.0	平均转换工作次数		1.35 次	
	"985"重点本科	150	36.3	平均累计晋升次数		2.24 次	

资料来源：根据调查数据整理。

五、角色促进量表的检验与修正

为检验新开发量表的质量，借助 SPSS25.0 进行信度分析和探索性因子分析，并根据结果对角色促进量表的题项进行修订。

1. 信度分析

角色促进量表共包括 20 个题项，回答者需要根据自身情况，就每个题项描述的符合程度进行评价。符合程度越高，说明角色促进的程度越高。经过统计分析，量表总体的克隆巴赫系数（Cronbach's Alpha）为 0.965，且如表 6-2 所示，删除任何一个题项都不会比 20 题项的克隆巴赫系数更高，说明量表的可信性非常高，非常适宜进行下一步研究分析。

表 6-2 角色促进量表题项的信度分析

题　项	删除题项后的量表均值	删除题项后的量表变异	校正后的题项总体相关系数	删除题项后的信度水平
人际网络	65.96	219.003	0.705	0.964
社会地位	66.51	214.755	0.683	0.965

续表

题　　项	删除题项后的量表均值	删除题项后的量表变异	校正后的题项总体相关系数	删除题项后的信度水平
额外资源	66.11	216.025	0.738	0.964
更多帮助	66.11	216.278	0.758	0.963
情感支持	66.16	217.364	0.690	0.964
有价信息	65.90	218.873	0.735	0.964
知识与理念	65.72	219.122	0.760	0.963
学习能力	65.78	219.313	0.763	0.963
分析与理解能力	65.71	218.286	0.795	0.963
解决问题能力	65.82	217.773	0.815	0.963
拓宽视野	65.61	219.562	0.768	0.963
思考问题的高度与深度	65.69	218.154	0.800	0.963
心智成熟度	65.77	217.811	0.791	0.963
处理问题的方式	65.78	217.770	0.798	0.963
人生阅历	65.62	220.408	0.742	0.964
心理安全感	66.20	215.658	0.751	0.963
情感需求	66.33	215.389	0.706	0.964
自信心	65.99	217.833	0.739	0.963
成就感	65.98	218.431	0.758	0.963
实现了自身价值	66.05	215.654	0.776	0.963

资料来源：根据统计分析整理。

2. 探索性因子分析

采用正交旋转的方法对角色促进量表的 20 个题项进行了探索性因子分析，得到 KMO 值为 0.948，显著性 $p<0.001$，说明该量表非常适合进行因子分析。此时，可以提取出 3 个因子，参见表 6-3。

表6-3 角色促进量表的因子分析

题 项	因子 1.能力促进	因子 2.资源促进	因子 3.心理促进	共同度
9 分析与理解能力	0.823	0.312	0.219	0.822
12 思考问题的高度与深度	0.822	0.269	0.273	0.823
11 拓宽视野	0.796	0.275	0.246	0.769
8 学习能力	0.792	0.254	0.258	0.759
7 知识与理念	0.787	0.344	0.168	0.766
10 解决问题能力	0.784	0.275	0.339	0.806
15 人生阅历	0.731	0.219	0.334	0.694
13 心智成熟度	0.709	0.247	0.417	0.737
14 处理问题的方式	0.685	0.288	0.415	0.725
3 额外资源	0.293	0.829	0.234	0.828
4 更多帮助	0.315	0.827	0.241	0.842
1 人际网络	0.313	0.764	0.218	0.729
5 情感支持	0.275	0.731	0.272	0.683
2 社会地位	0.175	0.714	0.401	0.701
6 有价信息	0.477	0.637	0.201	0.674
18 自信心	0.348	0.208	0.808	0.816
16 心理安全感	0.313	0.275	0.801	0.814
19 成就感	0.344	0.261	0.790	0.811
17 情感需求	0.244	0.299	0.782	0.761
20 实现了自身价值	0.324	0.356	0.749	0.793
克隆巴赫系数	0.960	0.923	0.936	

续表

题 项	因 子			共同度
	1. 能力促进	2. 资源促进	3. 心理促进	
旋转后的特征根	6.473	4.502	4.378	
贡献率	32.367%	22.509%	21.889%	
累计贡献率	76.766%			

资料来源：根据统计分析结果整理。

题目 7—15 等 9 个题项组成了第一个因子，其内容包括能力提升、事业拓展、心智成熟、阅历丰富等方面，体现了多角色参与时，各种角色的经验可以帮助个体能力提升的程度，因此将该因子命名为"能力促进"，得到该因子的克隆巴赫系数为 0.960，旋转后的特征根为 6.473，贡献率为 32.367%。

题目 1—6 等 6 个题项组成了第二个因子，其内容包括获得资源、信息、帮助、人际网络、社会地位等方面，体现了多角色参与能够帮助个体拓展资源，因此将该因子命名为"资源促进"。得到该因子的克隆巴赫系数为 0.923，旋转后的特征根为 4.502，贡献率为 22.509%。

题目 16—20 等 5 个题项组成了第三个因子，其内容包括情感需求的满足、自信心的提高、安全感的获得、成就感的提升、自我价值的实现等方面，体现了多角色参与帮助个体心理资本的获取，因此将该因子命名为"心理促进"。得到该因子的克隆巴赫系数为 0.936，旋转后的特征根为 4.378，贡献率为 21.889%。三个因子的累计贡献率为 76.766%。

3. 修正与讨论

通过进一步观察发现，一些题项在不同因子上的因子负荷都很大。例如，题项 2 社会地位、题项 6 有价信息、题项 13 心智成熟度和题项 14 处理问题的方式，除了在主因子上的负荷高，在另外一个因子上的负荷也超过了 0.4，区分度不足，因此将这四个题项进行删除处理，得到 16 个题项的修正量表。对修订后的量表进行重新检验，得到以下结果。

修正后的量表总体信度为 0.956，删除任何一个题项都不会比 16 题项的克隆巴赫系数更高，说明量表的可信性非常高，如表 6-4 所示。

探索性因子分析中，KMO 球形检验的显著性 $p<0.001$，KMO 值为 0.937，说明 16 题项仍然适合进行因子分析。结果仍然得到三个因子，能

力促进、心理促进和资源促进,特征根为 5.163、4.068 和 3.339,贡献率分别为 32.268%、25.426%、20.866%,累计贡献率达到 78.561%。具体的因子结果并未发生根本改变,且每个题项在主因子上的负荷足够高,在其他因子上的负荷均为超过 0.4。修订后的量表信度和结构效度较为理想,参见表 6-5。

表 6-4 角色促进量表修正后的信度

题项	删除题项后的量表均值	删除题项后的量表变异	校正后的题项总体相关系数	删除题项后的信度水平
人际网络	51.73	136.534	0.675	0.955
额外资源	51.89	134.096	0.706	0.954
情感支持	51.93	135.110	0.658	0.955
知识与理念	51.46	135.374	0.755	0.953
学习能力	51.52	135.250	0.766	0.953
分析与理解能力	51.43	134.561	0.802	0.952
解决问题能力	51.56	134.204	0.817	0.952
拓宽视野	51.34	135.725	0.769	0.953
思考问题的高度与深度	51.43	134.708	0.795	0.952
人生阅历	51.34	136.660	0.732	0.954
心理安全感	51.94	132.869	0.750	0.953
情感需求	52.09	132.549	0.707	0.954
自信心	51.73	134.475	0.743	0.953
成就感	51.73	134.911	0.765	0.953
实现了自身价值	51.80	132.884	0.773	0.953
更多帮助	51.87	134.516	0.721	0.954

资料来源:本研究根据统计结果整理。

表6-5 角色促进修正量表的探索性因子分析

题 项	1. 能力促进	2. 心理促进	3. 资源促进	共同度
分析与理解能力	0.832	0.258	0.293	0.844
思考问题的高度与深度	0.815	0.294	0.261	0.819
学习能力	0.815	0.281	0.224	0.794
拓宽视野	0.799	0.263	0.272	0.782
知识与理念	0.798	0.208	0.307	0.775
解决问题能力	0.775	0.384	0.250	0.811
人生阅历	0.683	0.385	0.213	0.660
自信心	0.341	0.816	0.177	0.814
心理安全感	0.289	0.815	0.253	0.812
成就感	0.353	0.799	0.221	0.812
情感需求	0.222	0.784	0.299	0.754
实现了自身价值	0.323	0.761	0.319	0.784
更多帮助	0.302	0.242	0.838	0.852
额外资源	0.286	0.249	0.830	0.832
人际网络	0.300	0.227	0.775	0.743
情感支持	0.242	0.305	0.729	0.683
克隆巴赫系数	0.960	0.923	0.936	
旋转后的特征根	5.163	4.068	3.339	
贡献率	32.268%	25.426%	20.866%	
累计贡献率	78.561%			

资料来源：本研究根据统计结果整理。

质性研究中,已经挖掘出增值型角色交互的三类基本逻辑,分别为资源拓展逻辑、能力开发逻辑和心理资本逻辑。资源促进、能力促进和心理促进这三个因子刚好与三类基本逻辑一一对应，在一定程度上说明了角色促进（增值型角色交互）三类基本逻辑的存在，也为角色交互的系统结构提供了理论支撑。

六、角色冲突量表的检验与修正

1. 信度分析

角色冲突量表共包括14个题项，回答者需要根据自身情况回答与每个题项的符合程度，评价的符合程度越高，说明角色冲突程度越高。经过统计分析，该量表的克隆巴赫系数为0.962，且对每个题项的分析发现，删除任何一个题项都不会使量表的总体信度水平变得更高，参见表6-6，说明该量表非常适合进一步的统计分析。

表6-6 角色冲突量表题项的信度分析

题 项	删除题项后的量表均值	删除题项后的量表变异	校正后的题项总体相关系数	删除题项后的信度水平
时间不足	23.88	179.604	0.659	0.962
时间冲突	23.86	179.758	0.685	0.961
体力透支	24.42	174.745	0.776	0.959
精神疲惫	24.44	173.712	0.817	0.958
力不从心	24.63	173.450	0.850	0.958
情绪低落	24.92	174.741	0.848	0.958
心力交瘁	25.08	173.038	0.853	0.958
很大压力	24.63	172.895	0.836	0.958
顾此失彼	24.81	175.145	0.821	0.958
理念冲突	25.05	176.650	0.726	0.961
委曲求全	24.94	174.595	0.773	0.959
悲观无助	25.42	178.701	0.740	0.960
手忙脚乱	25.07	176.802	0.787	0.959
自顾不暇	25.09	174.680	0.837	0.958

资料来源：根据统计分析结果整理。

2. 探索性因子分析

采用正交旋转法对角色冲突的14个题项进行因子分析,得到KMO值为0.943,显著性$p<0.001$,说明该量表非常适合进行因子分析。分析提取出2个因子,两个因子的累计贡献率为77.803%,结果参见表6-7。

表6-7 角色冲突量表的因子分析

题 项	因子 1. 主观冲突	因子 2. 客观冲突	共同度
12 悲观无助	0.886	0.165	0.813
14 自顾不暇	0.832	0.360	0.821
11 委曲求全	0.817	0.289	0.752
10 理念冲突	0.817	0.224	0.717
13 手忙脚乱	0.816	0.311	0.762
7 心力交瘁	0.732	0.499	0.784
9 顾此失彼	0.708	0.480	0.731
6 情绪低落	0.676	0.556	0.766
8 很大压力	0.655	0.562	0.745
2 时间冲突	0.200	0.871	0.799
1 时间不足	0.184	0.855	0.766
3 体力透支	0.368	0.812	0.795
4 精神疲惫	0.428	0.799	0.821
5 力不从心	0.511	0.748	0.820
克隆巴赫系数	0.956	0.934	
旋转后的特征根	6.053	4.839	
贡献率	43.238%	34.565%	
累计贡献率	77.803%		

资料来源:根据统计分析结果整理。

题项6—14等9个题项构成了第一个因子,其内容包括心力交瘁、悲观无助、理念冲突、压力很大等,将该因子命名为"主观冲突",用以表达多角色参与时,各种角色对个体主观心理资源的消耗。其旋转后的特征根为6.053,贡献率为43.238%,该因子的克隆巴赫系数为0.956。

题项1—5构成了第二个因子,其内容包括时间不足、时间冲突、体力透支、精神疲惫、力不从心,将该因子命名为"客观冲突",用以表达多角色参与时,各种角色对主体的时间、体力、精力等客观资源的争夺情况。其旋转后的特征根为4.839,贡献率为34.565%,该维度的克隆巴赫系数为0.934。

3. 修正与讨论

经过进一步观察发现,角色冲突量表中一些题项在两个因子上的负荷都很高。例如,题项5力不从心、题项6情绪低落、题项7心力交瘁、题项8很大压大、题项9顾此失彼等,在主因子上负荷很高的同时,在其他因子上的负荷也超过了0.4,存在因子区分度不足的情况,因此将这些题项进行删除处理。对修正后的量表进行重新检验。结果显示,修正后的量表总体信度为0.933,且删除任何题项都不会比现在的信度更高,参见表6-8所示。

表6-8 角色冲突修正量表的信度检验

题 项	删除题项后的量表均值	删除题项后的量表变异	校正后的题项总体相关系数	删除题项后的信度水平
时间不足	14.88	68.950	0.676	0.930
时间冲突	14.88	69.022	0.709	0.928
体力透支	15.36	66.638	0.766	0.924
精神疲惫	15.39	66.373	0.783	0.923
理念冲突	16.03	67.656	0.711	0.928
委曲求全	15.89	66.332	0.768	0.924
悲观无助	16.41	69.112	0.729	0.927
手忙脚乱	16.04	67.755	0.791	0.923
自顾不暇	16.06	66.602	0.830	0.921

资料来源:本研究根据统计结果整理。

对角色冲突修正后的量表再次进行了探索性因子分析。结果显示：KMO 值为 0.881，巴特利特球形度检验的显著性 $p<0.001$，说明适合进行探索性因子分析。

修正后的量表依然呈现出两个因子的结构，分别是主观冲突和客观冲突，特征根分别为 3.954 和 3.331，贡献率分别为 43.936% 和 37.01%，累计贡献率达到 80.946%。说明修正后的量表得到了较好的信度和效度。修正后的量表，每个题项在主因子上的负荷均很高，且在其他因子上的负荷很低，因子区分度有所优化，如表 6-9 所示。

表 6-9 角色冲突修正量表的探索性因子分析

题　项	1. 主观冲突	2. 客观冲突	共 同 度
悲观无助	0.895	0.182	0.834
自顾不暇	0.838	0.375	0.842
手忙脚乱	0.835	0.330	0.806
理念冲突	0.821	0.242	0.732
委曲求全	0.820	0.316	0.772
时间冲突	0.225	0.904	0.867
时间不足	0.198	0.896	0.842
体力透支	0.378	0.811	0.800
身心疲惫	0.399	0.783	0.790
旋转后的特征根	3.954	3.331	
贡献率	43.936%	37.010%	
累计贡献率		80.946%	

资料来源：本研究根据统计结果整理。

质性研究中挖掘出角色冲突的三类基本逻辑，分别为资源稀缺性逻辑、行为差异性逻辑和情绪消耗性逻辑。虽然探索性因子分析得到的两个维度没能与上述三种逻辑一一对应，但"客观冲突"能够在一定程度上反映出资源稀缺性逻辑的内涵，"主观冲突"则代表了情绪消耗性逻辑的内涵。行为差异性逻辑则由客观冲突和主观冲突共同体现。行为本身就是主观支配于客观而形成的,因此行为差异性逻辑既能体现在客观冲突上(例如,工作角色需要个体做事有效率,家庭角色却更需要个体有耐心),也可体现为主观冲突(例如,需要情绪劳动的工作,个体因为家庭琐事心情不佳,在工作中仍然需要表现出职业微笑),隐含在客观冲突与主观冲突两个维度中。由此说明该量表仍然具有较好的理论效度。

第三节 研究假设与量表选择

对于研究框架中的职业生涯发展、多角色参与、应对策略,理论界已有一定研究,故可以借鉴成熟量表对这些变量进行测量。据此,将基于角色关系的职业生涯发展的理论框架转化为可具体测量和验证的研究假设。

一、主效应:关于两类基本过程的假设

1. 变量测量

角色交互的两个子范畴角色促进(增值型角色交互)和角色冲突(消耗型角色交互),本章第二节中已经进行了量表开发。

角色状态改变具体聚焦在职业生涯发展上。本研究选择了职业生涯成功(career success)作为可观测变量。对职业生涯成功的测量通常包括两种方式,一是对收入、管理等级、晋升次数等客观标准的评价,二是为对职业发展满意度等主观指标的评价。[1] 龙书芹认为,由于组织环境的变化,客观指标的信度遭到了较大的挑战,而且很难找到一个获得普遍认可的衡量标准,[2]因为这类数据涉及个人隐私,通常比较敏感,不易获取较为真实的数据。但另一方面,主观指标的影响因素较为复杂,不同主体可能对同样的情况做出差异化的满意度评价,无法反映个体职业生涯发展的客观程度。将客观标准与主观标准相结合是理论界普遍赞同的方式。Eby 等的研究在整合职业生涯成功的主观标准与客观标准方面进行了推动,为了克服以薪酬、福利、管理等级等作为客观评价标准的局限,他们提出以员工在组织内部劳动力市场的竞争力和组织外部劳动力市场的竞争力作为客观标准,[3]并借鉴

---

[1] 刘宁,刘晓阳.企业管理人员职业生涯成功的评价标准研究[J].经济经纬,2008(5):75-78.
[2] 龙书芹.职业成功测量:主客观指标的整合及实证研究[J].华中师范大学学报,2010,49(4):52-57.
[3] Eby L T, Butts M, Lockwood A. Predictors of Success in the Era of Boundaryless Careers [J]. Journal of Organizational Behavior, 2003,24(5):689-708.

Greenhaus 等开发的职业满意度量表①作为主观指标进行补充,更好地反映了动态环境下无边界或易变型职业生涯发展模式的特点。严圣阳等以企业员工为样本对量表的信度和效度进行了检验,证实了该量表在中国情境下具有良好的信度和效度,②比较适用于中国企业员工的职业竞争力评价。本研究借鉴了该量表,职业生涯成功包括职业竞争力和职业满意度两个方面,能够很好地反映出职业角色状态的外在改变与内在改变两个子范畴。采用李克特五点量表,结合自身情况与问项之间的符合程度,1 代表非常不符合,2 代表比较不符合,3 代表不清楚,4 代表比较符合,5 代表非常符合。

2. 研究假设

以角色关系为核心的职业生涯发展存在两类过程机制:① 角色交互的动力机制,以增值型载体为依托的角色促进过程,体现为角色间的积极互动,引起角色状态的正向发展;② 角色交互的阻力机制,以消耗型载体为依托的角色冲突过程,体现为角色间的消极互动,引起角色状态的发展停滞或负向衰退。为了验证两类基本过程的存在,本研究尝试将之转化成可测量变量之间的关系。因此,可将角色交互的动力机制与阻力机制分别转化为研究假设,如图 6-5 所示。

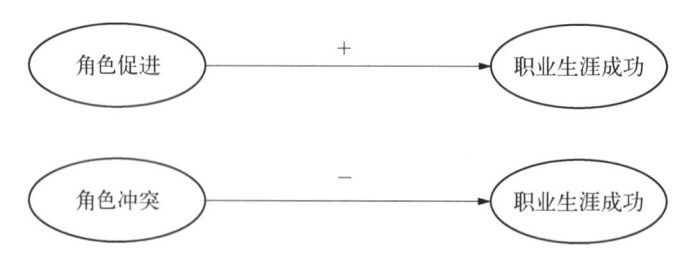

图 6-5 角色交互对职业生涯成功的影响

资料来源:本研究设计。

假设 1:角色促进对个体的职业生涯成功具有显著正向影响。

假设 2:角色冲突对个体的职业生涯成功具有显著负向影响。

角色促进包括能力促进、资源促进和心理促进三个维度,角色冲突包括

---

① Greenhaus J H, Parasuraman S, Wormley W M. Effects of Race on Organizational Experiences, Job-Performance Evaluations, and Career Outcomes [J]. Academy of Management Journal, 1990, 33(1): 64-86.
② 严圣阳,王忠军,杜坤,等.员工职业生涯成功的测量工具实证研究[J].武汉商业服务学院学报,2008,22(3): 73-75.

主观冲突和客观冲突两个维度,因而假设1和假设2又包含以下子假设。

假设1.1:能力促进对个体的职业生涯成功具有显著正向影响。
假设1.2:资源促进对个体的职业生涯成功具有显著正向影响。
假设1.3:心理促进对个体的职业生涯成功具有显著正向影响。

假设2.1:主观冲突对个体的职业生涯成功具有显著负向影响。
假设2.2:客观冲突对个体的职业生涯成功具有显著负向影响。

二、双刃剑效应:多角色参与的双向影响假设

1. 变量测量

对多角色参与变量的测量,借鉴 Super(1980)的研究,并结合对日常生活的观察,识别出常见的 16 种角色,包括配偶角色、恋人角色、父母角色、子女角色、家务劳动承担者、家庭事务决策者、经营者(自己当老板)、正式工作角色、兼职工作角色、自由职业者、学生角色、社团或非营利组织成员、志愿者或社会工作者、朋友角色、宗教角色、业余活动的爱好者,以明确个体所承担角色的种类。然后,借鉴 Meleis 等(1989)在研究女性工作—家庭平衡时,对多角色参与水平的测量方法:先对每种角色的投入程度分别加以衡量,然后采用加总的方式求出总体角色参与程度。采用李克特六点量表的方式,0 代表未承担该角色,1 代表投入极少,2 代表投入很少,3 代表投入中等,4 代表投入很多,5 代表投入极多,参见表 6-10。最后将每种角色的测量结果加总起来,就可以得到多角色参与的两个子范畴——多角色投入和角色多样性。

表 6-10 多角色参与的测量

变量	0 未承担	1 投入极少	2 投入很少	3 投入中等	4 投入很多	5 投入极多
R_1						
R_2						
……						
R_i						

资料来源:本研究设计。

多角色投入的计算方式是：$I_总 = \sum I_i (1 \leqslant i \leqslant 16)$。

角色多样性的计算方式是：当 $I_i = 0$ 时，$R_i = 0$；当 $I_i \neq 0$ 时，$R_i = 1$；$R_多 = \sum R_i (1 \leqslant i \leqslant 16)$。

2. 研究假设

多角色参与是角色交互产生作用的基础条件之一。多角色参与既能够影响角色促进，又能够影响角色冲突，具有显著的双刃剑效应。具体来说，由于个体的时间与精力有限，多角色参与程度越高，形成角色冲突的可能性越大；但另一方面，多角色参与程度越高，投入水平越高，形成角色促进的可能性也越大。一些学者的研究支持了该观点。王传毅等的研究发现，博士生每周学习投入时间越多，其学业角色表现越优异。[1] 说明增加对特定角色的投入程度，会增加该角色的绩效表现。为了验证多角色参与对角色交互过程的作用价值，特形成以下研究假设。

> 假设 3：多角色参与对角色促进具有显著的正向影响。
> 假设 4：多角色参与对角色冲突具有显著的正向影响。

多角色参与可由多角色投入、角色多样性、平均角色投入三个指标来体现，因而假设 3 和假设 4 又包含以下子假设。

> 假设 3.1：多角色投入对角色促进具有显著的正向影响。
> 假设 3.2：角色多样性对角色促进具有显著的正向影响。
> 假设 3.3：平均角色投入对角色促进具有显著的正向影响。
>
> 假设 4.1：多角色投入对角色冲突具有显著的正向影响。
> 假设 4.2：角色多样性对角色冲突具有显著的正向影响。
> 假设 4.3：平均角色投入对角色冲突具有显著的正向影响。

由于多角色参与可能具有双刃剑效应。一方面，多角色参与能够提升个体的角色促进程度，而角色促进又可以提升个体的职业生涯成功水平，此时角色促进可能在多角色参与和职业生涯成功之间具有中介作用。另一方面，多角色参与能够增加个体的角色冲突程度，而角色冲突可能抑制个体的职业

---

[1] 王传毅，杨佳乐，辜刘建.博士生培养质量及其影响因素研究——基于 Nature 全球博士生调查的实证分析[J].宏观质量研究，2020,8(1)：69-80.

生涯成功。多角色参与将形成两个作用相反的过程机制，其角色促进的提升作用与角色冲突的抑制作用符号相反，两种机制之间可能存在遮掩效应。这与对角色关系的系统动力分析结果一致。最终职业生涯成功的变化结果，将取决于是角色促进子系统还是角色冲突子系统起主导作用。由此形成以下研究假设，如图6-6所示。

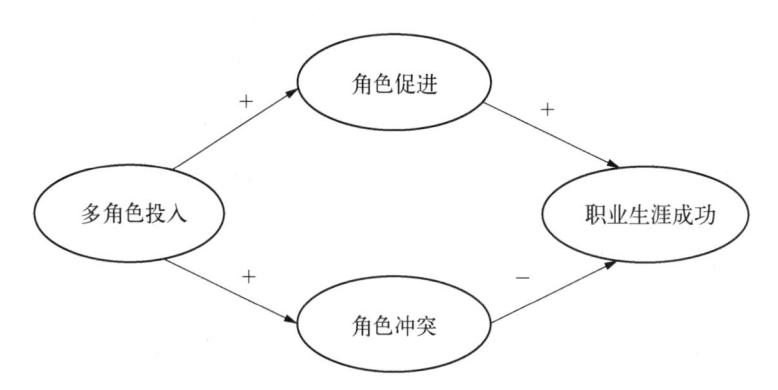

图6-6 基于角色关系的职业生涯发展的两类基本过程
资料来源：本研究设计。

假设5：角色促进在多角色参与和职业生涯成功之间具有显著的中介作用。

假设6：角色冲突在多角色参与和职业生涯成功之间具有显著的中介作用，且表现为遮掩效应。

假设5和假设6又包含以下子假设。

假设5.1：角色促进在多角色投入和职业生涯成功间具有显著的中介作用。

假设5.2：角色促进在角色多样性和职业生涯成功间具有显著的中介作用。

假设5.3：角色促进在平均角色投入和职业生涯成功间具有显著的中介作用。

假设6.1：角色冲突在多角色投入和职业生涯成功间具有显著负向中介作用。

假设6.2：角色冲突在角色多样性和职业生涯成功间具有显著负向

中介作用。

假设6.3：角色冲突在平均角色投入和职业生涯成功间具有显著负向中介作用。

三、调节中介效应：带调节的中介模型假设

1. 变量测量

应对策略通常是指个体对于感知压力的反应机制与应对模式，Lazarus、Folkman将其定义为"持续地转变认知和行为以实现外部或者内部要求，这些要求往往剥削甚至超过个人所具有的资源"[1]。应对策略作为一种重要的心理机制，是情绪管理、解读压力源和反应策略的综合体现。Gori等探讨了新冠病毒肺炎流行期间对主观悲痛有保护作用的各种变量，结果证实了应对策略、积极心态和成熟的防御机制在生活满意度与感知压力之间存在部分中介作用。[2] 应对策略可通过多种方式进行分类，其中积极应对策略和逃避应对策略的划分方式受到了学术界的普遍认可。

从积极应对与逃避应对的维度划分，理论界较为认可Long开发的应对策略量表，[3]该量表包括28个条目，其中积极应对策略11个条目，逃避应对策略17个条目。众多国内学者在研究中使用过该量表，例如，谢俊、严鸣借助该量表探讨并检验了主动性人格带中介的调节作用，且得到积极应对和逃避应对的内部一致性系数分别为0.92、0.96。[4]

本研究也选择了该量表，对英文量表进行中文互译，并邀请2名相关专业的硕士生和博士生参与语义校对，量表内容及中文翻译参见表6-11。采用李克特五点量表，结合自身情况与问项之间的符合程度作答，1代表非常不符合，2代表比较不符合，3代表不清楚，4代表比较符合，5代表非常符合。

---

[1] Lazarus R S, Folkman S. Stress, Appraisal and Coping [M]. New York：Springer, 1984：141.

[2] Gori A, Topino E, Fabio A D. The Protective Role of Life Satisfaction, Coping Strategies and Defense Mechanisms on Perceived Stress due to COVID-19 Emergency：A Chained Mediation Model [J]. PLoS ONE, 2020, 15(11)：1-11.

[3] Long B C. Relation Between Coping Strategies, Sex-Typed Traits, and Environmental Characteristics：A Comparison of Male and Female Managers [J]. Journal of Counseling Psychology, 1990, 37(2)：185-194.

[4] 谢俊,严鸣.积极应对还是逃避？主动性人格对职场排斥与组织公民行为的影响机制[J].心理学报,2016,48(10)：1314-1325.

表 6-11 应对策略量表的中英文对照

序号	中文	英文
1	把问题与同事一起交流	Talked the problem over with colleagues
2	试图转变当事人的想法	Tried to get the person responsible to change his or her mind
3	通过与他人交流收集更多关于情况的信息	Talked to someone to find out more about the situation
4	在一些问题上我会与领导据理力争	Confronted my supervisor with problems
5	与他人交流以寻找能够解决问题的人	Talked to someone who could do something concrete about the problem
6	冒很大风险或做一些非常危险的事	Took a big chance or did something very risky
7	向其他人表达我的情绪	Talked to someone about how I was feeling
8	站在我的立场上争取我想要的东西	Stood my ground and fought for what I wanted
9	提出几个不同的问题解决方案	Came up with a couple of different solutions to the problem
10	在脑海中反复思量我该说什么、该做什么	I went over in my mind what I would say or do
11	我会想想我崇拜的人在相同的处境下会如何处置,将他作为榜样	I thought about how a person I admired would handle this situation and used that as a model
12	下班时尽快下班	Left work as soon as possible
13	自我批评、自我告诫	Criticized or lectured myself
14	希望能够发生奇迹	Hoped a miracle would happen
15	与命运和解,有时我只是运气不好	Went along with fate; sometimes I just have bad luck
16	比正常睡得更多	Slept more than usual
17	我试图忘掉所有的事情	I tried to forget the whole thing
18	尝试通过吃东西、饮酒、吸烟、服用药物等方式使自己感觉好一点	Tried to make myself feel better by eating, drinking, smoking, using drugs or medication, etc.
19	把愤怒发泄在别人身上	Took it out on other people
20	期望能够改变已经发生的事情或者改变我的感受	Wished that I could change what happened or how I felt

续表

序号	中　　文	英　　文
21	我会做白日梦,构想一个比自己当前更好的处境	I daydreamed or imagined a better time or place than the one I was in
22	期望现在的处境赶快过去或以某种方式结束	Wished that the situation would go away or somehow be over with
23	会对事情发生的方式抱有幻想或怀有希望	Had fantasies or wishes about how things might turn out
24	痛哭一场	Had a good cry
25	对自己表达恼怒或挫败的情绪	Expressed my irritation and frustration to myself
26	通常会避免跟人打交道	Avoided being with people in general
27	逃避与其他管理人员打交道	Avoided other staff members
28	通过骂人、摔东西、撕纸等方式表达恼怒和挫败	Expressed my irritation and frustration by swearing, slamming things down and crumpling paper, and so forth

资料来源：Long B C. Relation Between Coping Strategies, Sex-Typed Traits, and Environmental Characteristics: A Comparison of Male and Female Managers [J]. Journal of Counseling Psychology, 1990, 37(2): 185-194.

2. 研究假设

质性研究发现,一些知识型女性会通过调整角色分布来调节自身的多元角色分布,从而实现多元角色的协调发展。这种策略的核心是挖掘或更换交互载体。通过找到或替换更多的增值型载体,以实现更高水平的角色促进；通过替换或减少消耗型载体,以实现降低或抑制角色冲突的目的。

已有研究表明,应对策略对压力的产生和缓解具有不同的作用。例如, Taylor 等以娱乐圈为样本的研究发现,与以任务为基础的应对策略相比,那些采用情绪应对策略的娱乐圈员工可能会经历更高水平的职业倦怠。[1] Carver、Connor-Smith 的研究也表明,积极应对策略可有效缓解压力源对个体的负面影响,逃避应对策略则可能强化压力源的负面影响。[2]

应对策略的作用在于它是一种交互载体的识别机制与应用转化机制,将

---

[1] Taylor E, Huml M, Cohen A, et al. The Impacts of Work-Family Interface and Coping Strategy on the Relationship Between Workaholism and Burnout in Campus Recreation and Leisure Employees [J]. Leisure Studies, 2021, 40(5): 1-16.

[2] Carver C S, Connor-Smith J. Personality and Coping [J]. Annual Review of Psychology, 2010, 61(1): 679-704.

在多角色参与和角色交互之间起到关键的调节作用。积极应对策略通常包含有效识别压力源,并采取有效方式应对、消除环境的不利影响,具体方式包括问题导向的应对、寻求支持、情绪调节及认知重构等。[①] 采用积极应对策略的个体可以发现更多增值型交互载体,增加角色促进的可能性,或有效调节自身行为与情绪反应,化解角色冲突的可能性,消除由角色冲突带来的不利影响,在多角色参与和角色促进之间起到正向调节作用。采取逃避应对策略的个体,更多地选择心理或情感上逃避的方式来应对压力,例如,避免思考工作、寄希望于命运、痛哭或嗜睡、假想情况得到解决、避免与人打交道等,甚至直接回避压力源,这种心理机制会忽视可能存在的增值型交互载体,甚至可能会放大消耗型交互载体带来的不利影响,在多角色参与和角色冲突之间起到正向调节作用。因此形成以下研究假设。

假设7:多角色参与通过角色促进影响个体职业生涯成功的中介过程受到积极应对策略的调节作用。

假设7.1:多角色投入通过角色促进影响个体职业生涯成功的中介过程受到积极应对策略的调节。

假设7.2:角色多样性通过角色促进影响个体职业生涯成功的中介过程受到积极应对策略的调节。

假设7.3:平均角色投入通过角色促进影响个体职业生涯成功的中介过程受到积极应对策略的调节

假设8:多角色参与通过角色冲突影响个体职业生涯成功的中介过程受到积极应对策略的调节作用。

假设8.1:多角色投入通过角色冲突影响个体职业生涯成功的中介过程受到积极应对策略的调节。

假设8.2:角色多样性通过角色冲突影响个体职业生涯成功的中介过程受到积极应对策略的调节。

假设8.3:平均角色投入通过角色冲突影响个体职业生涯成功的中介过程受到积极应对策略的调节。

假设9:多角色参与通过角色促进影响个体职业生涯成功的中介

---

① Lazarus R S, Folkman S. Transactional Theory and Research on Emotions and Coping [J]. European Journal of Personality, 1987, 1(3): 141-169.

过程受到消极应对策略的调节作用。

假设9.1：多角色投入通过角色促进影响个体职业生涯成功的中介过程受到消极应对策略的调节。

假设9.2：角色多样性通过角色促进影响个体职业生涯成功的中介过程受到消极应对策略的调节。

假设9.3：平均角色投入通过角色促进影响个体职业生涯成功的中介过程受到消极应对策略的调节。

假设10：多角色参与通过角色冲突影响个体职业生涯成功的中介过程受到消极应对策略的调节作用。

假设10.1：多角色投入通过角色冲突影响个体职业生涯成功的中介过程受到消极应对策略的调节作用。

假设10.2：角色多样性通过角色冲突影响个体职业生涯成功的中介过程受到消极应对策略的调节。

假设10.3：平均角色投入通过角色冲突影响个体职业生涯成功的中介过程受到消极应对策略的调节。

由此形成了有调节的中介效应模型。多角色参与对个体职业生涯成功的影响是通过角色冲突与角色促进产生作用的，而应对策略的性质和程度将对这一中介过程产生调节作用。积极应对程度越高，对增值型交互载体的挖掘和利用程度越高，形成更高水平的角色促进，从而对个体职业生涯成功产生积极的正向影响；积极应对程度越高，或可降低消耗型交互载体产生的不利影响，从而降低角色冲突对个体职业生涯成功的不利影响，参见图6-7。

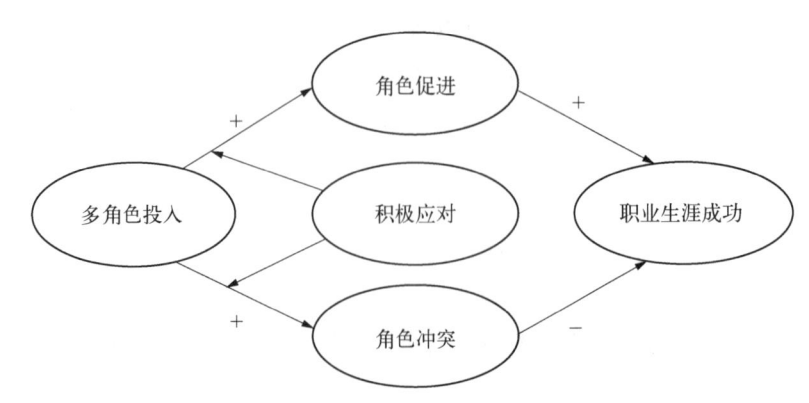

图 6-7 积极应对策略的调节中介作用模型

资料来源：本研究设计。

消极应对程度越高,消耗型交互载体所产生的作用可能越大,形成角色冲突的程度更强,从而对个体职业生涯成功产生消极的负面影响;消极应对程度越高,可能会影响对增值型交互载体的挖掘和利用程度,从而降低角色促进的可能性及其对个体职业生涯成功的有利影响,参见图6-8。

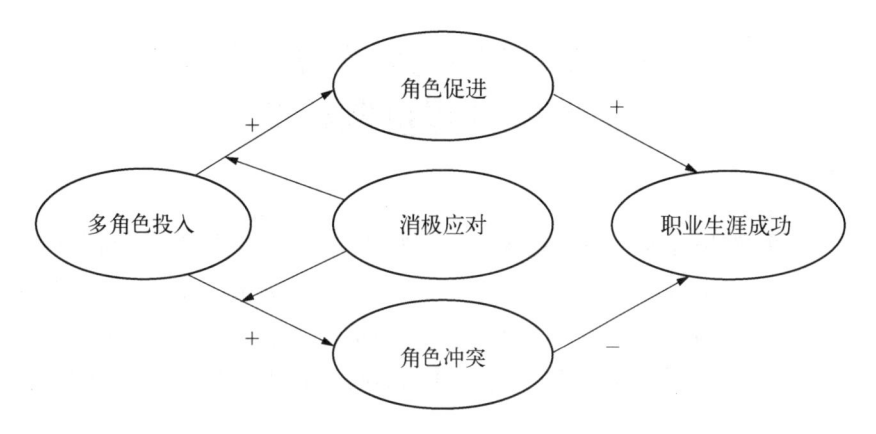

图 6-8 消极应对策略的调节中介作用模型

资料来源:本研究设计。

第七章　基于角色关系的职业生涯发展过程机制检验

本章将就核心假设进行检验。共分为三节：第一节主要包括问卷调查过程、样本特征、量表的信度效度检验和变量的相关分析。第二节就基于角色关系的职业生涯发展模式的中介过程进行检验，以探索基于角色关系的职业生涯发展的系统结构。第三节从干预策略角度出发，加入应对策略变量，对有调节中介模型进行假设检验。

第一节　问卷调查与初步检验

一、问卷调查与数据采集

为了验证各个变量之间的关系，本研究以问卷调查的形式进行了数据收集。

1. 问卷设计

结合研究目的，本研究选择问卷调查的方式进行数据采集。问卷由六部分组成。第一部分为人口统计学变量，包括性别、年龄、学历、婚姻状况、子女数量、工龄、工作转换次数和晋升次数。第二部分为职业生涯成功，由职业竞争力的6个题项量表和职业满意度的5个题项量表共同组成。第三部分为是多角色参与量表，共包括16种角色及其投入程度。第四部分为角色冲突量表，包括修正后的9个题项。第五部分为角色促进量表，包括修正后的16个题项。第六部分为应对策略的量表，包括积极应对11个题项和消极应对的17个题项。多角色参与量表采用6点量表，0代表没有承担该角色，1代表对该角色投入非常低，3代表对该角色投入适中，5代表对该角色投入非常高。其余量表均采用李克特5点量表，1表示程度非常低，3表示适中，5代表程度非常高。详见附录B。

2. 样本选择

本研究以普通职业人群作为研究对象。问卷调查的主要目的有两个：

一是对2013年所开发的量表进行验证性因子分析,以更科学地评价测量工具的精确性、稳定性和一致性,以及量表反复测量的接近程度。二是为了检验基于角色关系的职业生涯发展理论在普通职业群体中的适用性。在职学历教育群体具有一些与普通职业群体不同的特征。例如,职业内驱力较强、事业心强、自我效能感高、职业主动性强,这些特征均是可能影响职业生涯发展的关键因素。为此,问卷调查的样本选择上取消了在职学历的限制,而是面向更广泛的普通职业群体,通过扩大样本范围,检验相关研究结论的普遍适用性。

3. 调查过程

问卷调查于2021年4月至5月展开,通过问卷星进行网络问卷发放,并以小额报酬的形式对回答者表示感谢。共回收问卷388份,经过甄别剔除无效问卷24份,得到有效问卷364份,问卷有效率为93.81%。样本分布在上海、北京、江苏、浙江、辽宁、河北、天津、四川、安徽、吉林、陕西、广东、山东、湖南、甘肃、青海、山西、江西、重庆、内蒙古、宁夏、新疆、福建、湖北、西藏等25个省、自治区和直辖市,同时收到IP地址为中国澳门、中国台湾的问卷各1份,IP地址为美国、加拿大的问卷各1份,样本的地域分布较为多元。

4. 样本的总体特征

样本的总体特征如表7-1所示。样本中,男性171人(占比47%),女性193人(占比53%),女性略多于男性。样本以已婚为主,共305人,占样本总量的83.8%,同时也包括48个未婚样本(占比13.2%)和11个离婚样本(占比3%)。样本年龄集中在31—50岁,占样本群体的77.2%。样本中,1个子女的被调查者居多,共224个,占样本总量的61.5%;2个子女的被调查者72人,占样本总量的19.8%;暂时没有子女的65人,占比17.9%;三个及以上子女的3人,占比0.8%。样本学历偏高,以本、硕、博为主,分别占比26.4%、48.4%和22.8%,大专及以下的样本仅有9人,仅占比2.4%。样本工龄,以6年以上的为主,6—10年、11—15年、15年以上的分别占比19.5%、27.2%、42%,工作5年以内的占比11.3%。

表7-1 样本的人口统计学特征

变　　量		频数	百分比(%)	变　　量		频数	百分比(%)
性别	男	171	47	婚姻	未婚	48	13.2
	女	193	53		已婚	305	83.8

续表

变量		频数	百分比(%)	变量		频数	百分比(%)
学历	高中及以下	2	0.5	婚姻	离婚	11	3
	大专	7	1.9	子女数量	0个	65	17.9
	本科	96	26.4		1个	224	61.5
	硕士	176	48.4		2个	72	19.8
	博士	83	22.8				
年龄	25周岁以下	4	1.1		3个及以上	3	0.8
	26—30周岁	27	7.4	工龄	3年以下	17	4.7
	31—35周岁	85	23.4		4—5年	24	6.6
	36—40周岁	97	26.6		6—10年	71	19.5
	41—50周岁	99	27.2		11—15年	99	27.2
	51—60周岁	47	12.9		15年以上	153	42
	61周岁以上	5	1.4				

资料来源：根据调查数据整理。

二、量表的信效度检验

1. 信度分析

借助 SPSS 25.0 进行信度检验，得到职业生涯成功（职业竞争力＋职业满意度）的信度为 0.891，多角色参与的信度为 0.77。角色促进的信度为 0.965，角色冲突的信度为 0.939，积极应对的信度为 0.823，消极应对的信度为 0.832，量表中各变量的信度较好，适合进行进一步检验。

2. 验证性因子分析

采用 Amos 24.0 进行验证性因子分析，参见表 7-2 所示。结果显示，绝对拟合指数 χ^2/df 为 3.935，RMSEA 为 0.070，GFI 为 0.911，NFI 为 0.923，NNFI 为 0.929，IFI 为 0.942，CFI 为 0.942。各个拟合指标都达到理想值，表明本研究模型的拟合度较好。

表7-2 模型拟合指数

拟合指标	标准	测量值
χ^2/df	<5	3.935
GFI	>0.9	0.911
NFI	>0.9	0.923
IFI	>0.9	0.942
NNFI	>0.9	0.929
CFI	>0.9	0.942
RMSEA	<0.08	0.070

资料来源：本研究根据统计结果整理。

对6个因子进行了验证性因子分析。从表7-3可以看出，各因子的平均提取方差(AVE值)均大于0.5，组合信度(CR值)均大于0.7，表明本研究的量表具有良好的收敛效度。

表7-3 量表的收敛效度分析

因子	平均提取方差(AVE值)	组合信度(CR值)
职业生涯成功	0.514	0.893
角色冲突	0.637	0.940
角色促进	0.632	0.965
积极应对	0.561	0.817
消极应对	0.591	0.807
多角色投入	0.970	0.979

资料来源：本研究根据统计结果整理。

验证性因子分析也可用来分析量表的区别效度。表7-4为量表的区分效度分析结果。表中对角线数字为AVE的平方根，其余为变量间的相关系数。各变量的AVE平方根均大于变量间相关系数的绝对值，说明量表具有较好的区别效度。

表 7-4　量表的区别效度分析

变　量	职业生涯成功	角色冲突	角色促进	积极应对	消极应对	多角色投入
职业生涯成功	0.717					
角色冲突	−0.150	0.798				
角色促进	0.387	−0.102	0.795			
积极应对	0.428	−0.173	0.507	0.601		
消极应对	−0.029	0.280	−0.127	−0.038	0.625	
多角色投入	0.229	0.117	0.301	0.227	0.019	0.985

说明：斜对角线数字为 AVE 的平方根。
资料来源：本研究根据统计结果整理。

3. 共同方法偏差检验

由于本研究的数据采集仅通过问卷调查一种方式，被调查者填写问卷的习惯可能导致测量结果受到共同方法偏差的影响。为此，采用 Harman 单因子法检验共同方法偏差问题。探索性因子分析(EFA)结果显示，提取特征根大于 1 的因子共 5 个，因子最大解释的变异为 27.484%，低于 40% 的临界值，[1]且所有题项的因子负荷系数均大于 0.5，都在原定义的因子内，说明量表具有较高的结构效度，受到共同方法偏差的影响较小。

三、描述性统计和相关分析

对样本的人口统计学变量和各主要变量进行描述性统计分析和相关分析，表 7-5 给出了每个变量的平均值、标准差和相关系数。从结果来看，性别与角色多样性和多角色投入显著负相关($r=-0.216, p<0.01; r=-0.173, p<0.01$)。年龄与角色多样性和多角色投入显著正相关($r=0.249, p<0.01; r=0.286, p<0.01$)。婚姻状况与角色多样性和多角色投入显著正相关($r=0.306, p<0.01; r=0.293, p<0.01$)。角色多样性与角色促进显著正相关($r=0.188, p<0.01$)，与职业生涯成功显著正相关($r=0.207, p<0.01$)。多角色投入与角色促进和职业生涯成功均呈显著正相关($r=0.320, p<0.01; r=0.225, p<0.01$)，与角色冲突显著正相关($r=0.115, p<0.05$)。角色促进

---

[1] 崔煜雯,郭丽芳.员工韧性对新型研发机构责任式创新行为的影响——一个有调节的中介模型[J].科技进步与对策,2022,39(21)：1-7.

表 7-5 变量描述性统计和相关性分析

变量	M	SD	1	2	3	4	5	6	7	8	9	10	11	12
性别(1)	1.530	0.500	1											
年龄(2)	4.157	1.233	−0.068	1										
学历(3)	3.909	0.782	0.025	0.015	1									
婚姻(4)	0.898	0.390	0.009	0.400**	−0.021	1								
角色多样性(5)	10.258	2.852	−0.216**	0.249**	−0.085	0.306**	1							
多角色投入(6)	31.124	9.554	−0.173**	0.286**	−0.077	0.293**	0.797**	1						
平均角色投入(7)	3.062	0.562	0.036	0.110*	0.000	0.054	−0.182**	0.426**	1					
角色促进(8)	3.483	0.700	−0.077	0.028	−0.031	−0.029	0.188**	0.320**	0.223**	1				
角色冲突(9)	2.600	0.878	−0.057	−0.071	0.159**	−0.006	0.102	0.115*	0.050	−0.102	1			
积极应对(10)	3.533	0.558	−0.067	−0.028	−0.020	0.031	0.122*	0.247**	0.205**	0.507**	−0.173**	1		
消极应对(11)	2.536	0.754	0.007	−0.182**	0.005	−0.055	0.076	0.001	−0.107	−0.127*	0.280**	−0.038	1	
职业生涯成功(12)	3.359	0.737	−0.092	0.012	−0.055	0.129*	0.207**	0.225**	0.032	0.387**	−0.150**	0.428**	−0.029	1

说明：* $p<0.05$，** $p<0.01$。
资料来源：本研究根据统计结构整理。

与职业生涯成功显著正相关($r=0.387,p<0.01$),而角色冲突与职业生涯成功显著负相关($r=-0.150,p<0.01$)。积极应对策略与角色多样性、多角色投入、平均角色投入、角色促进、职业生涯成功显著正相关($r=0.122,p<0.05;r=0.247,p<0.01;r=0.205,p<0.01;r=0.507,p<0.01;r=0.428,p<0.01$),与角色冲突显著负相关($r=-0.173,p<0.01$)。消极应对与平均角色投入、角色促进显著负相关($r=-0.107,p<0.05;r=-0.127,p<0.05$),与角色冲突显著正相关($r=0.280,p<0.01$)。说明主要变量之间可能存在一定的关系结构,适合进行下一步检验。

第二节 基于角色关系的职业生涯发展基本过程检验

为了验证基于角色关系的职业生涯发展的过程机制,借助 Hayes 编写的 SPSS 宏程序 PROCESS(模型 4 简单中介模型)分析角色促进和角色冲突在多角色参与和职业生涯成功间的中介效应,并以性别、年龄、学历、婚姻作为控制变量。其中自变量多角色参与具有三个侧面:① 多角色投入,是指个体在所有角色上投入的总体精力,由不同角色的投入程度加总而来,$I_总=\sum I_i$($1\leqslant i\leqslant 16$)。② 角色多样性,代表了个体承担角色种类的丰富度,可以根据其多元角色的承担情况计算得来。计算方式:当 $I_i=0$ 时,$R_i=0$;当 $I_i\neq 0$ 时,$R_i=1$;$R_总=\sum R_i$($1\leqslant i\leqslant 16$)。③ 平均角色投入=多角色投入/角色多样性,是指个体对各种角色的平均投入程度。由于这三个变量的单位不同,无法拟合成一个指标,因此相关内容将分别检验他们对角色促进、角色冲突和职业生涯成功的影响。

一、角色交互对职业生涯成功的影响作用检验

借助 SPSS 25.0 的多元回归分析,检验角色促进和角色冲突对个体职业生涯成功的影响,如表 7-6 所示。结果显示,角色促进和角色冲突对职业生涯成功均具有显著的影响。

从整体来看,角色促进对个体的职业生涯成功具有显著的正向影响,影响系数为 $0.376,p<0.001$。角色冲突对职业生涯成功具有显著的负向影响,影响系数为$-0.118,p=0.016<0.05$。

从具体维度来看,角色促进的三个维度对职业生涯成功均具有显著的正向影响。其中,能力促进的影响系数 $0.232(p<0.001)$,心理促进的影响系数

0.285($p<0.001$),资源促进的影响系数 0.145($p=0.003<0.01$),说明随着角色促进程度的提高,个体的职业生涯成功也随之提高。假设1均获得了支持。

表7-6 角色交互对职业生涯成功的影响检验

模 型	职 业 生 涯 成 功			
性别	-0.096^+	-0.076	-0.078	-0.107
年龄	-0.054	-0.081	-0.072	-0.068
学历	-0.048	-0.017	-0.037	-0.022
婚姻	0.151^{**}	0.172	0.164	0.156
角色促进		0.376^{***}		
角色冲突		-0.118^*		
能力促进			0.232^{***}	
心理促进			0.285^{***}	
资源促进			0.145^{**}	
主观冲突				-0.120^*
客观冲突				-0.101^+
F 值	2.805^*	14.200^{***}	11.582^{***}	3.404^{**}
Adj-R^2	0.020	0.179	0.169	0.038
ΔR^2	—	0.159	0.149	0.018

说明：$^+p<0.1$,$^*p<0.05$,$^{**}p<0.01$,$^{***}p<0.001$。
资料来源：本研究根据统计结果整理。

从角色冲突的维度来看,两个维度对个体的职业生涯成功均具有显著的负向影响。其中,主观冲突的影响系数 0.120($p=0.022<0.05$),客观冲突的影响系数 0.101($p=0.051<0.1$),说明随着角色冲突的程度提升,个体的职业生涯成功会随之下降。假设2均获得了支持。

二、多角色参与对角色交互的影响检验

虽然多角色投入、角色多样性和平均角色投入是反映多角色参与的三个

指标,但这三个指标并不是多角色参与的三个维度,且三个指标测量单位不同,不适合拟合成一个指标放入方程中,需要分别验证他们对角色促进和角色冲突的影响,结果参见表7-7。

表7-7 多角色参与对角色交互的影响检验

模 型	角 色 促 进				角 色 冲 突			
性别	−0.073	−0.015	−0.030	−0.083	−0.068	−0.043	−0.040	−0.070
年龄	0.042	−0.026	0.014	0.017	−0.093	−0.122*	−0.111	−0.099
学历	−0.031	−0.005	−0.015	−0.030	0.163**	0.174**	0.173**	0.163**
婚姻	−0.046	−0.124*	−0.098+	−0.048	0.035	0.002	0.001	0.035
多角色投入		0.361***				0.156**		
角色多样性			0.207***				0.136***	
平均角色投入				0.227***				0.062
F 值	0.825	9.755***	3.365**	4.566***	3.362*	4.305**	3.887**	2.971*
Adj-R^2	−0.002	0.108	0.032	0.047	0.025	0.044	0.038	0.026
ΔR^2		0.110	0.034	0.049		0.019	0.013	0.001

说明:+ $p<0.1$,* $p<0.05$,** $p<0.01$,*** $p<0.001$。
资料来源:本研究根据统计结果整理。

1. 多角色投入对角色交互的影响检验

多角色投入是个体在每种角色上投入程度的加总,反映了不同个体的相对忙碌程度。统计结果显示,多角色投入对个体的角色促进和角色冲突均具有显著的正向影响。

具体来看,多角色投入对角色促进具有显著的正向影响,标准化影响系数0.361,显著性 $p<0.001$。此时方程整体显著,$p<0.001$,方程整体的 F 值为9.755。该结果意味着,随着多角色投入程度的增加,不同角色间形成积极促进作用的程度也随之增大。假设3获得了支持。

多角色投入对角色冲突也具有显著的正向影响,标准化系数为0.156,显著性 $p=0.005<0.01$。此时方程整体显著,$p=0.001<0.01$,F 值为4.305。意味着,随着个体多角色投入程度的增加,不同角色之间产生相互抑制、不协

调等消极关系的程度也会随之增大。假设4获得了支持。

2. 角色多样性对角色交互的影响检验

角色多样性代表个体承担角色种类的多少,反映了个体的角色丰富程度,承担角色越多,个体的角色多样性越大。结果显示,角色多样性对个体的角色促进和角色冲突均具有显著的正向影响。

角色多样性对角色促进具有显著的正向影响,标准化系数为0.207,显著性水平$p<0.001$。此时,方程整体显著,$p=0.006<0.01$,F值为3.365。该结果意味着,随着个体承担的角色种类越多,角色间产生相互促进的程度就越大。假设3.2获得了支持。

角色多样性对角色冲突也具有显著的正向影响,标准化系数为0.136,显著性水平$p=0.016<0.05$。此时,方程整体显著,$p=0.002<0.01$,F值为3.887。该结果意味着,随着个体承担的角色种类越多,角色间产生相互阻碍或冲突的程度也越大。假设4.2获得了支持。

3. 平均角色投入对角色交互的影响检验

平均角色投入是指个体在每种角色上投入时间精力的平均程度,是多角色投入与角色多样性的比值,代表了个体在众多角色中的相对努力程度。一些个体在工作角色上的投入程度很高,但在其他角色上的投入程度很低,可能会降低平均角色投入程度。而有的个体在每种角色上都很认真,投入度都很高,其平均角色投入程度会很高。检验结果显示,平均角色投入仅对角色促进具有显著的正向影响,对角色冲突的影响不显著。

平均角色投入对角色促进具有显著的正向影响,标准化系数为0.227,显著性水平$p<0.001$。此时,方程整体显著,显著性水平$p<0.001$,F值为4.566。该结果说明,个体对各个角色的平均投入程度越高,意味着个体越努力,角色间形成相互促进的程度就越大。假设3.3获得了支持。

结果显示,平均角色投入程度对角色冲突的影响不显著。此时,虽然方程整体虽然显著,显著性$p=0.012<0.05$,但平均角色投入的影响系数不显著,$p=0.239>0.1$。假设4.3未获得支持。该结果说明,个体的努力程度越高,更可能带来角色之间的积极结果,以角色促进的形式呈现,而不会导致角色之间的消极影响。

综合以上结果可得,多角色参与的三个指标对角色促进均具有显著的正向影响,假设3获得了支持。多角色投入和角色多样性对角色冲突均具有显著的正向影响,但平均角色投入的影响不显著,假设4获得了部分支持。该结果说明,多角色参与可以同时提高角色促进和角色冲突的程度,而它们却是作用相反的两种过程,是一种典型的双刃剑效应。

三、角色交互的中介作用检验

综合假设 1、假设 2 和假设 3、假设 4 的结果,多角色参与对角色促进和角色冲突具有显著的正向影响,角色促进对个体职业生涯成功具有显著的正向影响,角色冲突对个体的职业生涯成功具有显著的负向影响,角色促进和角色冲突可能在多角色参与和职业生涯成功之间具有中介作用。遂借助 SPSS 宏程序 PROCESS 中的模型 4,对角色交互的中介作用进行检验。

1. 角色交互在多角色投入与职业生涯成功间的中介作用检验

由表 7-8 可知,多角色投入对职业生涯成功有显著正向影响,影响系数为 0.016,显著性水平 $p<0.001$。多角色投入对角色促进和角色冲突均有显著正向影响,影响系数分别为 0.026 和 0.014,显著性水平分别为 $p<0.001$ 和 $p<0.01$,均达到检验标准。当把自变量和中介变量同时放入方程式,角色促进对职业生涯成功具有显著的正向影响,影响系数 0.360,显著性水平 $p<0.001$;而角色冲突对职业生涯成功有显著的负向影响,影响系数为 -0.114,显著性水平 $p=0.006<0.01$。初步说明了中介作用的存在。

表 7-8 角色交互在多角色投入与职业生涯成功之间的中介作用检验

模　型	职业生涯成功	角色促进	角色冲突	职业生涯成功
常数	3.178***	2.971***	1.865***	2.321***
性别	-0.093	-0.021	-0.075	-0.094
年龄	-0.056	-0.015	-0.087*	-0.060+
学历	-0.032	-0.005	0.195**	-0.008
婚姻	0.200+	-0.223*	0.004	0.281**
多角色投入	0.016***	0.026***	0.014**	0.008+
角色促进				0.360***
角色冲突				-0.114**
F 值	5.109***	9.755***	4.305**	12.760***
Adj-R^2	0.054	0.108	0.044	0.185
ΔR^2	—	—	—	0.131

说明:+ $p<0.1$,* $p<0.05$,** $p<0.01$,*** $p<0.001$。
资料来源:本研究根据统计结果整理。

具体来看,角色促进的中介效应(多角色投入→角色促进→职业生涯成功),参见表7-9。总效应显著,$c=0.016$,系数 a 和系数 b 均显著,分别为 0.026 和 0.360,ab 为 0.010,95%的置信区间为[0.075,0.179],不包含 0,且显著性水平 $p<0.001$,说明间接效应显著。此时,直接效应 c' 为 0.008,但该系数不显著,说明角色促进在多角色投入与职业生涯成功之间起到完全中介作用。多角色投入主要通过角色促进影响个体的职业生涯成功。假设 5.1 获得了支持。

表7-9 角色交互在多角色投入与职业生涯成功之间的中介效应检验

项	c 总效应	a	b	ab 中介效应	ab (Boot SE)	ab (z 值)	ab (p 值)	ab (95% Boot CI)	c' 直接效应	检验结论
多角色投入→角色促进→职业生涯成功	0.016**	0.026**	0.360**	0.010	0.001	6.829	0.000	0.075~0.179	0.008	完全中介
多角色投入→角色冲突→职业生涯成功	0.016**	0.014**	−0.114**	−0.002	0.001	−2.661	0.008	−0.048~−0.003	0.008	完全中介

说明:* $p<0.05$,** $p<0.01$。
资料来源:本研究根据统计结果整理。

角色冲突的中介效应(多角色投入→角色冲突→职业生涯成功),总效应显著 $c=0.016$,系数 a 和 b 也都显著,但符号相反,其中 $a=0.014$,$b=-0.114$,$ab=-0.002$,95%的置信区间为[−0.048,−0.003],不包含 0,且显著性水平 $p=0.008<0.01$,说明间接效应显著。此时,直接效应 c' 为 0.008,显著性水平 $p=0.061$,在 0.05 的检验标准上不显著,在 0.1 的标准上显著,说明角色冲突在多角色投入和职业生涯成功之间起到中介作用。完全中介还是部分中介取决于直接效应的回归系数 c' 是否显著,但有学者认为 c' 会受到样本量的影响,样本量越大,标准误越小,c' 越容易显著,因此完全中介和部分中介并没有实质性的区分。[①] 可能由于本研究样本量有限,本研究的直接效应显著性水平介于显著和不显著之间。当样本量足够大时,c' 的显著性会

---

① 陈明. 你不想遇到的统计现象:完全中介与遮掩效应[EB/OL]. (2020-03-29). https://www.shangyexinzhi.com/article/1603825.html.

随之提升，进一步证实部分中介的结论。① 且鉴于直接效应 c' 与间接效应 ab 的符号相反，该结论的现实意义类似于遮掩效应。也即多角色投入通过提升角色冲突的程度，进而降低了职业生涯成功的程度。假设6.1获得了支持。

2. 角色交互在角色多样性与职业生涯成功间的中介作用检验

由表7-10所示，角色多样性对职业成功具有显著的正向影响，影响系数0.046，显著性水平 $p=0.002<0.01$。角色多样性对角色促进和角色冲突均具有显著的正向影响，影响系数分别为0.051和0.042，显著性水平分别为 $p<0.001$ 和 $p=0.016<0.05$，均通过了检验。当把自变量和中介变量同时放入方程时，角色促进对职业生涯成功的影响显著，影响系数为0.372，显著性水平 $p<0.001$；角色冲突对职业生涯成功具有显著的负向影响，影响系数为 -0.113，显著性水平 $p=0.006<0.01$。此时，角色多样性对职业生涯成功的影响依然显著，影响系数为0.032，显著性水平 $p=0.021<0.05$，初步证明了角色促进和角色冲突的中介作用。

表7-10 角色交互在角色多样性与职业生涯成功之间的中介作用检验

模 型	职业生涯成功	角色促进	角色冲突	职业生涯成功
常数	3.161***	3.204***	1.845***	2.179***
性别	-0.087	-0.042	-0.070	-0.079
年龄	-0.046	0.008	-0.079+	-0.058+
学历	-0.033	-0.014	0.194**	-0.006
婚姻	0.200+	-0.176+	0.003	0.266**
角色多样性	0.046**	0.051***	0.042*	0.032*
角色促进				0.372***
角色冲突				-0.113**
F 值	4.317**	3.365**	3.887**	13.090***
Adj-R^2	0.044	0.032	0.038	0.189
ΔR^2	—	—	—	0.154

说明：+ $p<0.1$，* $p<0.05$，** $p<0.01$，*** $p<0.001$。
资料来源：本研究根据统计结果整理。

---

① Preacher K J, Hayes A F. Asymptotic and Resampling Strategies for Assessing and Comparing Indirect Effects in Multiple Mediator Models [J]. 2008, 40(3): 879-891.

具体来看,角色促进的中介作用(角色多样性→角色促进→职业生涯成功)检验结果汇总参见表7-11。总效应显著,$c=0.046$,$p=0.002<0.01$显著。间接效应中,系数a和b也都显著,分别为0.051和0.372,$ab=0.019$,95%的置信区间为[0.034,0.118],不包含0,且显著性水平$p<0.01$,说明间接效应显著。此时直接效应也显著,$c'=0.032$,显著性$p=0.021<0.05$,说明角色促进在角色多样性和职业生涯成功之间具有部分中介作用,即角色多样性通过提升角色促进程度,正向影响职业生涯成功。假设5.2获得了支持。

角色冲突的中介作用(角色多样性→角色冲突→职业生涯成功)检验结果汇总参见表7-11。总效应显著,$c=0.046$,$p=0.002<0.01$显著。间接效应中,系数a和b也均显著,$a=0.042$,$b=-0.113$,符号相反,显著性水平均在0.05的水平上通过了检验;$ab=-0.005$,95%的置信区间为[-0.044,-0.002],不包含0,且显著性水平$p<0.01$,说明间接效应显著。直接效应也显著,$c'=0.032$,显著性水平在0.05水平上通过了检验。此时,直接效应和间接效应均显著且符号相反,说明角色冲突在角色多样性和职业生涯成功之间的部分中介作用,且表现为遮掩效应,即角色多样性会通过提升角色冲突的程度,进而降低职业生涯成功。假设6.2获得了支持。

表7-11 角色交互在角色多样性与职业生涯成功之间的中介效应检验

项	c 总效应	a	b	ab 中介效应值	ab (Boot SE)	ab (z值)	ab (p值)	ab (95% Boot CI)	c' 直接效应	检验结论
角色多样性→角色促进→职业生涯成功	0.046**	0.051**	0.372**	0.019	0.001	16.783	0.00	0.034 ~ 0.118	0.032*	部分中介
角色多样性→角色冲突→职业生涯成功	0.046**	0.042*	-0.113**	-0.005	0.001	-8.172	0.00	-0.044 ~ -0.002	0.032*	遮掩效应

说明:* $p<0.05$,** $p<0.01$。
资料来源:本研究根据统计结果整理。

3.角色交互在平均角色投入与职业生涯成功间的中介作用检验

由表7-12可知,平均角色投入对职业生涯成功的影响不显著,影响系数的显著性水平$p=0.517$,未通过显著性检验。平均角色投入对角色促进的影响显著,影响系数为0.283,显著性$p<0.001$。平均角色投入对角色冲突的影响不

显著,影响系数的显著性水平 $p=0.239$,未通过显著性检验。当自变量和中介变量同时进入方程时,角色促进对职业生涯成功的影响显著,系数为0.408,显著性 $p<0.001$,角色冲突对职业生涯成功的影响也显著,系数为-0.096,显著性 $p=0.020<0.05$。此时,平均角色投入对职业生涯成功的影响依然不显著。

表7-12 角色交互在平均角色投入与职业生涯成功之间的中介作用检验

模 型	职业生涯成功	角色促进	角色冲突	职业生涯成功
常数	3.506***	2.936***	2.004***	2.501***
性别	-0.144^+	-0.116	-0.124	-0.108
年龄	-0.034	0.010	-0.071^+	-0.045
学历	-0.045	-0.027	0.183**	-0.017
婚姻	0.284**	-0.086	0.079	0.327**
平均角色投入	0.045	0.283***	0.096	-0.062
角色促进				0.408***
角色冲突				-0.096*
F值	2.325*	4.566***	2.971*	12.297***
Adj-R^2	0.018	0.047	0.026	0.179
ΔR^2				0.161

说明:$^+ p<0.1$,* $p<0.05$,** $p<0.01$,*** $p<0.001$。
资料来源:本研究根据统计结果整理。

角色促进的中介效应(平均角色投入→角色促进→职业生涯成功)参见表7-13。具体来看,总效应不显著,$c=0.045$,未通过显著性检验。根据温忠麟等(2014)检验中介效应的方法,依次检验系数 a 和 b,$a=0.283$,显著性水平 $p<0.001$,通过了检验;$b=0.408$,$p<0.001$,通过了检验。Bootstrap法检验系数 a 和 b 的乘积,$ab=0.115$,显著性水平 $p<0.001$,且95%的置信区间为[0.041,0.143],不包含0,说明间接效应显著。但此时,c'未通过显著性检验,直接效应不显著。该结果说明角色促进在平均角色投入与职业生涯成功之间具有完全中介作用,即平均角色投入主要通过提升角色促进,进而正向影响职业生涯成功。假设5.3获得了支持。

表 7-13　角色交互在平均角色投入与职业生涯成功之间的中介效应检验

项	c 总效应	a	b	ab 中介效应值	ab (Boot SE)	ab (z 值)	ab (p 值)	ab (95% Boot CI)	c' 直接效应	检验结论
平均角色投入→角色促进→职业生涯成功	0.045	0.283**	0.408**	0.115	0.001	85.207	0.000	0.041～0.143	−0.062	完全中介
平均角色投入→角色冲突→职业生涯成功	0.045	0.096	−0.096*	−0.009	0.000	−25.160	0.000	−0.023～0.005	−0.062	中介作用不显著

说明：* $p<0.05$，** $p<0.01$。
资料来源：本研究根据统计结果整理。

角色冲突的中介效应(平均角色投入→角色冲突→职业生涯成功)，参见表 7-13。总效应 c 未通过显著性检验。根据温忠麟等(2014)检验中介效应的方法，检验系数 a 和 b，$a=0.096$，未通过显著性检验，$b=-0.096$，显著性 $p=0.020<0.05$，两个系数仅有一个显著。进而用 Bootstrap 法检验系数 a 和 b 的乘积，$ab=-0.009$，95%的置信区间为[−0.023,0.005]，中间包含 0，未通过检验，说明间接效应不显著，角色冲突在平均角色投入和职业生涯成功之间的中介作用暂未获得支持。假设 6.3 未获得支持。

第三节　应对策略的调节中介作用检验

本节将关注过程机制中可能存在的促进或干扰因素，就应对策略在基于角色关系的职业生涯发展模式中的调节作用进行检验与讨论，运用 PROCESS(模型 7)分析积极应对、消极应对、多角色参与、角色促进、角色冲突和职业生涯成功等变量之间的有调节的中介效应。

一、多角色投入影响职业生涯成功过程中的调节作用

1. 积极应对策略的作用检验

首先，运用 PROCESS 的模型 7 分析了积极应对作为调节变量的有调节中介模型，回归系数如表 7-14 所示。从表中可知，调节中介效应分析共涉及 3 个模型：

职业生涯成功＝2.321＋0.008×多角色投入－0.094×性别－0.060×年龄－0.008×学历＋0.281×婚姻＋0.360×角色促进－0.114×角色冲突

角色促进＝0.476＋0.038×多角色投入＋0.743×积极应对－0.006×多角色投入×积极应对－0.005×性别＋0.011×年龄－0.003×学历－0.219×婚姻

角色冲突＝2.552＋0.037×多角色投入－0.224×积极应对－0.005×多角色投入×积极应对－0.087×性别－0.105×年龄＋0.198×学历－0.001×婚姻

表7-14 基于多角色投入的有调节的中介效应模型分析(积极应对)

模　型	职业生涯成功	角色促进	角色冲突
常数	2.321***	0.476	2.552*
性别	－0.094	－0.005	－0.087
年龄	－0.060	0.011	－0.105**
学历	－0.008	－0.003	0.198**
婚姻	0.281**	－0.219*	－0.001
角色促进	0.360***		
角色冲突	－0.114**		
多角色投入	0.008+	0.038+	0.037
积极应对		0.743***	－0.224
多角色投入×积极应对		－0.006	－0.005
F值	12.760***	23.022***	6.085***
Adj-R^2	0.183	0.296	0.087

说明：+ $p<0.1$，* $p<0.05$，** $p<0.01$，*** $p<0.001$。
资料来源：本研究根据统计结果整理。

积极应对的调节中介效应分析参见表7-15。针对角色促进这一中介变量，积极应对在低水平时，Boot 95%CI[0.003,0.013]，不包含0，意味着在此水平时角色促进在多角色投入与职业生涯成功之间具有中介作用，且效应值为 0.008;积极应对在平均值水平时,Boot 95%CI[0.003,0.010],不包含 0,意味着在此水平时角色促进在多角色投入与职业生涯成功之间具有中介作用,且效应值为 0.006;积极应对在高水平时,Boot 95%CI[0.002,0.009],不包含 0,意味着在此水平时角色促进在多角色投入与职业生涯成功之间具有中介作用,且效应值为 0.005。综上分析可知,在不同水平时,中介作用情况一致,积极应对在多角色投入→角色促进→职业生涯成功的路径上可能没有调节中介作用,假设 7.1 未获得支持。

表 7-15 积极应对在多角色投入与职业生涯成功之间的调节中介效应分析

中介变量	水平	水平值	效应值	BootSE	BootLLCI	BootULCI
角色促进	低水平（−1SD）	2.975	0.008	0.002	0.003	0.013
	平均值	3.533	0.006	0.002	0.003	0.010
	高水平（+1SD）	4.090	0.005	0.002	0.002	0.009
角色冲突	低水平（−1SD）	2.975	−0.003	0.001	−0.006	−0.001
	平均值	3.533	−0.002	0.001	−0.005	−0.001
	高水平（+1SD）	4.090	−0.002	0.001	−0.005	−0.000

说明：BootLLCI 指 Bootstrap 抽样 95%区间下限,BootULCI 指 Bootstrap 抽样 95%区间上限。
资料来源：本研究根据统计结果整理。

针对角色冲突这一中介变量,积极应对在低水平时,Boot 95%CI[−0.006,−0.001],不包含 0,意味着在此水平时角色冲突在多角色投入与职业生涯成功之间具有中介作用,且效应值为−0.003;积极应对在平均值水平时,Boot 95%CI[−0.005,−0.001],不包含 0,意味着在此水平时角色冲突在多角色投入与职业生涯成功之间具有中介作用,且效应值为−0.002;积极应对在高水平时,Boot 95%CI[−0.005,−0.000],不包含 0,意味着在此水平时角色冲突在多角色投入与职业生涯成功之间具有中介作用,且效应值为−0.002。综上分析可知,在不同水平时,中介作用情况一致,说明积极应对在多角色投入→角色冲突→职业生涯成功的路径上可能没有调节中介作用,假设 8.1 未获得支持。

2. 消极应对策略的作用检验

分析消极应对作为调节变量的有调节中介效应,影响系数见表 7-16。从该表可知,调节中介效应分析共涉及 3 个模型:

职业生涯成功=2.321+0.008×多角色投入－0.094×性别－0.060×年龄－0.008×学历+0.281×婚姻+0.360×角色促进－0.114×角色冲突

角色促进=3.810+0.013×多角色投入－0.311×消极应对+0.005×多角色投入×消极应对－0.021×性别－0.028×年龄－0.004×学历－0.224×婚姻

角色冲突=0.268+0.035×多角色投入+0.588×消极应对－0.009×多角色投入×消极应对－0.076×性别－0.053×年龄+0.193×学历+0.003×婚姻

表 7-16　基于多角色投入的有调节的中介效应模型分析(消极应对)

模　型	职业生涯成功	角色促进	角色冲突
常数	2.321***	3.810***	0.268
性别	－0.094	－0.021	－0.076
年龄	－0.060+	－0.028	－0.053
学历	－0.008	－0.004	0.193**
婚姻	0.281**	－0.224*	0.003
角色促进	0.360***		
角色冲突	－0.114**		
多角色投入	0.008+	0.013	0.035*
消极应对		－0.311*	0.588**
多角色投入×消极应对		0.005	－0.009
F 值	12.760***	8.499***	7.636***
Adj-R^2	0.183	0.124	0.111

说明：+ $p<0.1$,* $p<0.05$,** $p<0.01$,*** $p<0.001$。
资料来源：本研究根据统计结果整理。

采用 PROCESS 的模型 7 进行调节中介效应分析,结果参见表 7-17。针对角色促进这一中介变量,消极应对在低水平时,Boot 95%CI[0.004, 0.013],不包含 0,意味着在此水平时角色促进在多角色投入与职业生涯成功之间具有中介作用,且效应值为 0.008;消极应对在平均值水平时,Boot 95%CI[0.006,0.014],不包含 0,意味着在此水平时角色促进在多角色投入与职业生涯成功之间具有中介作用,且效应值为 0.010;消极应对在高水平时,Boot 95%CI[0.006,0.017],不包含 0,意味着在此水平时角色促进在多角色投入与职业生涯成功之间具有中介作用,且效应值为 0.011。综上分析可知,在不同水平时,中介作用情况一致,说明消极应对在多角色投入→角色促进→职业生涯成功的路径上可能没有带调节的中介作用,假设 9.1 未获得支持。

表 7-17 消极应对在多角色投入与职业生涯成功之间的调节中介效应分析

中介变量	水 平	水平值	效应值	BootSE	BootLLCI	BootULCI
角色促进	低水平($-1SD$)	1.782	0.008	0.002	0.004	0.013
	平均值	2.536	0.010	0.002	0.006	0.014
	高水平($+1SD$)	3.290	0.011	0.003	0.006	0.017
角色冲突	低水平($-1SD$)	1.782	−0.002	0.001	−0.006	−0.000
	平均值	2.536	−0.002	0.001	−0.004	−0.000
	高水平($+1SD$)	3.290	−0.001	0.001	−0.003	0.000

说明:BootLLCI 指 Bootstrap 抽样 95%区间下限,BootULCI 指 Bootstrap 抽样 95%区间上限。
资料来源:本研究根据统计结果整理。

针对角色冲突这一中介变量,消极应对策略在低水平时,Boot 95%CI[−0.006,−0.000],不包含 0,意味着在此水平时角色冲突在多角色投入与职业生涯成功之间具有中介作用,且效应值为−0.002;消极应对在平均值水平时,Boot 95%CI[−0.004,−0.000],不包含 0,意味着在此水平时角色冲突在多角色投入与职业生涯成功之间具有中介作用,且效应值为−0.002;消极应对在高水平时,Boot 95%CI[−0.003,0.000],包含 0,意味着在此水平时角色冲突在多角色投入与职业生涯成功之间没有中介作用。综上分析可知,在不同水平时,中介作用情况不一致,说明消极应对在多角色投入→角色冲突→职业生涯成功的路径上具有调节中介作用。假设10.1获得了支持。

该结果显示,采用消极应对的水平较高时,多角色投入无法通过角色冲突对职业生涯成功产生影响,也即角色冲突产生中介作用的条件是消极应对处于中低水平上时。

二、角色多样性影响职业生涯成功过程中的调节作用

1. 积极应对策略的作用检验

分析积极应对作为调节变量的有调节中介效应,影响系数见表7-18。从该表可知,调节中介效应分析共涉及3个模型:

职业生涯成功=2.179+0.032×角色多样性-0.079×性别-0.058×年龄-0.006×学历+0.266×婚姻+0.372×角色促进-0.113×角色冲突

角色促进=1.189+0.022×角色多样性+0.578×积极应对+0.004×角色多样性×积极应对-0.011×性别+0.028×年龄-0.011×学历-0.196×婚姻

角色冲突=4.002-0.055×角色多样性-0.615×积极应对+0.030×角色多样性×积极应对-0.085×性别-0.087×年龄+0.190×学历+0.009×婚姻

表7-18 基于角色多样性的有调节的中介效应模型分析(积极应对)

模　型	职业生涯成功	角色促进	角色冲突
常数	2.179***	1.189	4.002**
性别	-0.079	-0.011	-0.085
年龄	-0.058+	0.028	-0.087*
学历	-0.006	-0.011	0.190**
婚姻	0.266**	-0.196*	0.009
角色促进	0.372***		
角色冲突	-0.113**		

续表

模　型	职业生涯成功	角色促进	角色冲突
角色多样性	0.032*	0.022	−0.055
积极应对		0.578**	−0.615*
角色多样性×积极应对		0.004	0.030
F 值	13.090***	20.078***	5.131***
Adj-R^2	0.187	0.267	0.071

说明：$+p<0.1$，$*p<0.05$，$**p<0.01$，$***p<0.001$。
资料来源：本研究根据统计结果整理。

用 PROCESS 的模型 7 进行调节中介作用分析，结果如表 7‑19 所示。针对角色促进这一中介变量，积极应对在低水平时，Boot 95%CI[−0.001,0.026]，包含 0，意味着在此水平时角色促进在角色多样性和职业生涯成功之间没有中介作用；积极应对在平均值水平时，Boot 95%CI[0.005,0.023]，不包含 0，意味着在此水平时角色促进在角色多样性和职业生涯成功之间具有中介作用，且效应值为 0.013；积极应对在高水平时，Boot 95%CI[0.003,0.028]，不包含 0，意味着在此水平时角色促进在角色多样性与职业生涯成功之间具有中介作用，且效应值为 0.014。综上分析，在积极应对不同水平下，角色促进的中介作用情况不一致，说明积极应对在角色多样性→角色促进→职业生涯成功的路径上存在带调节的中介作用。假设 7.2 获得了支持。

表 7‑19　积极应对在角色多样性与职业生涯成功之间的调节中介效应分析

中介变量	水　平	水平值	效应值	BootSE	BootLLCI	BootULCI
角色促进	低水平（−1SD）	2.975	0.013	0.007	−0.001	0.026
	平均值	3.533	0.013	0.005	0.005	0.023
	高水平（+1SD）	4.090	0.014	0.006	0.003	0.028

续表

中介变量	水　平	水平值	效应值	BootSE	BootLLCI	BootULCI
角色冲突	低水平（-1SD）	2.975	-0.004	0.003	-0.010	0.000
	平均值	3.533	-0.006	0.003	-0.013	-0.001
	高水平（+1SD）	4.090	-0.007	0.004	-0.018	-0.001

说明：BootLLCI 指 Bootstrap 抽样 95％区间下限，BootULCI 指 Bootstrap 抽样 95％区间上限。
资料来源：本研究根据统计结果整理。

角色促进在角色多样性和职业生涯成功之间产生中介作用的条件是积极应对在中高水平上，且当积极应对的水平提高时，中介作用的效应值也随之增大。该结果说明，并非个体承担的角色越多样，就一定能形成对角色促进机制，还需要一定程度的积极应对加以配合，寻求并促进角色之间的增值型交互影响。

针对角色冲突这一中介变量，积极应对在低水平时，Boot 95％CI[-0.010,0.000]，包含 0，意味着在此水平时角色冲突在角色多样性和职业生涯成功之间没有中介作用；积极应对在平均值水平时，Boot 95％CI[-0.013,-0.001]，不包含 0，意味着在此水平时角色冲突在角色多样性和职业生涯成功之间具有中介作用，且效应值为-0.006；积极应对在高水平时，Boot 95％CI[-0.018,-0.001]，不包含 0，意味着在此水平时角色冲突在角色多样性与职业生涯成功之间具有中介作用，且效应值为-0.007。综上分析，积极应对在不同水平时，角色冲突的中介作用情况不一致，说明具有带调节的中介作用，假设 8.2 获得了支持。

该结果意味着，角色冲突在角色多样性与职业生涯成功之间产生中介作用的条件是积极应对策略处于中高水平上。该结果证明，积极应对具有"双刃剑"作用，在形成角色促进的同时，也会由于多线程并行的任务处理模式而带来衍生的负面影响，不同角色之间不可避免地会出现资源争夺或者压力外溢的可能性，导致角色冲突系统循环的形成。该结果同时也说明，积极应对策略是角色多样性与职业生涯成功之间形成双元系统结构的必要条件。积极应对处于较低水平时，无论是角色促进循环还是角色冲突循环，均无法形成；只有在积极应对处于中高水平上时，双元系统结构才会同时形成。

2. 消极应对的作用检验

分析消极应对作为调节变量的有调节中介效应,影响系数见表7-20。从该表可知,调节中介效应分析共涉及3个模型:

职业生涯成功=2.179+0.032×角色多样性-0.079×性别-0.058×年龄-0.006×学历+0.266×婚姻+0.372×角色促进-0.113×角色冲突

角色促进=4.345-0.018×角色多样性-0.434×消极应对+0.028×角色多样性×消极应对-0.035×性别-0.005×年龄-0.018×学历-0.191×婚姻

角色冲突=0.214+0.111×角色多样性+0.622×消极应对-0.031×角色多样性×消极应对-0.083×性别-0.045×年龄+0.196×学历+0.023×婚姻

表7-20 基于角色多样性的有调节的中介效应模型分析(消极应对)

模 型	职业生涯成功	角色促进	角色冲突
常数	2.179***	4.345***	0.214
性别	−0.079+	−0.035	−0.083
年龄	−0.058	−0.005	−0.045
学历	−0.006	−0.018	0.196**
婚姻	0.266**	−0.191+	0.023
角色促进	0.372***		
角色冲突	−0.113**		
角色多样性	0.032*	−0.018	0.111+
消极应对		−0.434*	0.622**
角色多样性×消极应对		0.028+	−0.031
F 值	13.090***	4.073***	7.075***
Adj-R^2	0.187	0.053	0.102

说明: +$p<0.1$, *$p<0.05$, **$p<0.01$, ***$p<0.001$。
资料来源:本研究根据统计结果整理。

用 PROCESS 的模型 7 进行调节中介作用分析,结果参见表 7-21。针对角色促进这一中介变量,消极应对策略在低水平时,Boot 95%CI[-0.003,0.028],包含 0,意味着在此水平时角色促进在角色多样性与职业生涯成功之间不存在中介作用;消极应对在平均值水平时,Boot 95%CI[0.010,0.032],不包含 0,意味着在此水平时角色促进在角色多样性与职业生涯成功之间具有中介作用,且效应值为 0.020;消极应对在高水平时,Boot 95%CI[0.014,0.044],不包含 0,意味着在此水平时角色促进在角色多样性与职业生涯成功之间具有中介作用,且效应值为 0.028。综上分析可知,在消极应对不同水平下,角色促进的中介作用情况不一致,说明具有调节中介作用。假设 9.2 获得了支持。

表 7-21 消极应对在角色多样性与职业生涯成功之间的调节中介效应分析

中介变量	水 平	水平值	效应值	BootSE	BootLLCI	BootULCI
角色促进	低水平($-1SD$)	1.782	0.012	0.008	-0.003	0.028
	平均值	2.536	0.020	0.006	0.010	0.032
	高水平($+1SD$)	3.290	0.028	0.008	0.014	0.044
角色冲突	低水平($-1SD$)	1.782	-0.006	0.004	-0.016	-0.000
	平均值	2.536	-0.004	0.003	-0.010	0.000
	高水平($+1SD$)	3.290	-0.001	0.003	-0.007	0.003

说明:BootLLCI 指 Bootstrap 抽样 95%区间下限,BootULCI 指 Bootstrap 抽样 95%区间上限。
资料来源:本研究根据统计结果整理。

针对角色冲突这一中介变量,消极应对在低水平时,Boot 95%CI[-0.016,-0.000],不包含 0,意味着在此水平时角色冲突在角色多样性与职业生涯成功之间具有中介作用,且效应值为-0.006;消极应对在平均值水平时,Boot 95%CI[-0.010,0.000],包含 0,意味着在此水平时角色冲突在角色多样性与职业生涯成功之间没有中介作用;消极应对在高水平时,Boot 95%CI[-0.007,0.003],包含 0,意味着在此水平时角色冲突在角色多样性与职业生涯成功之间没有中介作用。综上分析可知,在消极应对不同水平下,角色冲突的中介作用情况不一致,说明具有调节中介作用,假设 10.2 获得了支持。

这个结果似乎非常有趣,直观上看,消极应对水平较低时,开启的是角色冲突的负向循环,而消极应对处于中高水平时,开启的却是角色促进的正向循环。尽管假设获得了支持,但这一结论似乎跟预想的结果存在一定出入。消极应对策略作为一种以情绪发泄、逃避现状为主的压力应对方式,在中高水平时为何会启动增值型角色交互的系统循环?反观现实,一种可能的解释是,当个体出现中高程度的消极应对时,周围人对他的异常变化会感受得非常明显,因此会激起周围人(例如,配偶、家人、朋友、同事、领导等)的同理心和保护欲。为避免情绪状况的进一步恶化,周围人会给予个体更多的理解、宽容、支持和帮助,在一定程度上激发了社会支持系统的良性作用,个体所承担的角色越多元,社会支持系统发挥作用的来源就越广泛,反而促进了角色之间的正向交互,表现为增值型角色交互。

三、平均角色投入影响职业生涯成功过程中的调节作用

1. 积极应对

分析积极应对作为调节变量的有调节中介效应,影响系数见表 7-22。从该表可知,调节中介效应分析共涉及 3 个模型:

职业生涯成功=2.501−0.062×平均角色投入−0.108×性别−0.045×年龄−0.017×学历+0.327×婚姻+0.408×角色促进−0.096×角色冲突

角色促进=0.067+0.474×平均角色投入+0.879×积极应对−0.090×平均角色投入×积极应对−0.065×性别+0.033×年龄−0.020×学历−0.133×婚姻

角色冲突=0.886+0.861×平均角色投入+0.282×积极应对−0.197×平均角色投入×积极应对−0.160×性别−0.078×年龄+0.180×学历+0.096×婚姻

表 7-22 基于平均角色投入的有调节的中介效应模型分析(积极应对)

模型	职业生涯成功	角色促进	角色冲突
常数	2.501***	0.067	0.886
性别	−0.108	−0.065	−0.160+
年龄	−0.045	0.033	−0.078+
学历	−0.017	−0.020	0.180**

续表

模　　型	职业生涯成功	角色促进	角色冲突
婚姻	0.327**	−0.133	0.096
角色促进	0.408***		
角色冲突	−0.096*		
平均角色投入	−0.062	0.474	0.861+
积极应对		0.879**	0.282
平均角色投入×积极应对		−0.090	−0.197
F 值	12.297***	19.957***	4.690***
Adj-R^2	0.177	0.266	0.064

说明：+ $p<0.1$，* $p<0.05$，** $p<0.01$，*** $p<0.001$。
资料来源：本研究根据统计结果整理。

借助 PROCESS 的模型 7 进行调节中介作用分析，结果参见表 7-23。针对角色促进这一中介变量，积极应对在低水平时，Boot 95%CI[0.012,0.159]，不包含 0，意味着在此水平时角色促进在平均角色投入和职业生涯成功之间具有中介作用，且效应值为 0.084；积极应对在平均值水平时，Boot 95%CI[0.013,0.117]，不包含 0，意味着在此水平时角色促进在平均角色投入和职业生涯成功之间具有中介作用，且效应值为 0.064；积极应对在高水平时，Boot 95%CI[−0.028,0.106]，包含 0，意味着在此水平时角色促进在平均角色投入和职业生涯成功之间没有中介作用。综上分析可知，在积极应对不同水平时，角色促进的中介作用情况不一致，说明具有调节中介作用。假设 7.3 获得了支持。

表 7-23　积极应对在平均角色投入与职业生涯成功之间的调节中介效应分析

中介变量	水　　平	水平值	效应值	BootSE	BootLLCI	BootULCI
角色促进	低水平（−1SD）	2.975	0.084	0.037	0.012	0.159
	平均值	3.533	0.064	0.026	0.013	0.117
	高水平（+1SD）	4.090	0.043	0.033	−0.028	0.106

续表

中介变量	水 平	水平值	效应值	BootSE	BootLLCI	BootULCI
角色冲突	低水平（-1SD）	2.975	-0.026	0.016	-0.063	-0.002
	平均值	3.533	-0.016	0.011	-0.040	0.001
	高水平（+1SD）	4.090	-0.005	0.011	-0.029	0.019

说明：BootLLCI指Bootstrap抽样95％区间下限，BootULCI指Bootstrap抽样95％区间上限。
资料来源：本研究根据统计结果整理。

针对角色冲突这一中介变量，积极应对在低水平时，Boot 95％CI[-0.063,-0.002]，不包含0，意味着在此水平时角色冲突在平均角色投入和职业生涯成功之间具有中介作用，且效应值为-0.026；积极应对在平均值水平时，Boot 95％CI[-0.040,0.001]，包含0，意味着在此水平时角色冲突在平均角色投入和职业生涯成功之间没有中介作用；积极应对在高水平时，Boot 95％CI[-0.029,0.019]，包含0，意味着在此水平时角色冲突在平均角色投入和职业生涯成功之间没有中介作用。综上分析可知，积极应对在不同水平时，角色冲突的中介作用情况不一致，说明具有调节中介作用。假设8.3获得了支持。

平均角色投入反映了个体在各个角色上的平均投入水平。该指标越高，说明个体是一个在各个方面都很努力的人，反之，说明个体可能在一些角色的投入上较低，总体努力程度相对较低。与简单中介效应的结果不同，当积极应对处于低水平时，角色冲突的路径仍然会被启动。但并非意味着积极应对的水平越高越好，因为仅当积极应对处于中低水平时，角色促进的路径才成立，积极应对处于高水平时，该路径反而不成立。该结果说明，个体在多角色承担过程中，要有一定的投入程度来维系关系，也需要一定程度的积极应对来挖掘增值型交互载体，但并非越高越有利于职业生涯成功。

2. 消极应对

分析消极应对作为调节变量的有调节中介效应，影响系数见表7-24。从该表可知，调节中介效应分析共涉及3个模型：

职业生涯成功=2.501-0.062×平均角色投入-0.108×性别-0.045×年龄-0.017×学历+0.327×婚姻+0.408×角色促进-0.096×角色冲突

角色促进=3.100+0.324×平均角色投入-0.035×消极应对-0.020×平均角色投入×消极应对-0.116×性别-0.001×年龄-0.028×学历-

0.084×婚姻

角色冲突＝0.598+0.240×平均角色投入+0.455×消极应对-0.040×平均角色投入×消极应对-0.121×性别-0.034×年龄+0.177×学历+0.061×婚姻

表7-24 基于平均角色投入的有调节的中介效应模型分析（消极应对）

	职业生涯成功	角色促进	角色冲突
常数	2.501***	3.100***	0.598
性别	−0.108	−0.116	−0.121
年龄	−0.045	−0.001	−0.034
学历	−0.017	−0.028	0.177**
婚姻	0.327**	−0.084	0.061
角色促进	0.408***		
角色冲突	−0.096*		
平均角色投入	−0.062	0.324	0.240
消极应对		−0.035	0.455
平均角色投入×消极应对		−0.020	−0.040
F 值	12.297***	3.873***	6.699***
Adj-R^2	0.177	0.050	0.096

说明：* $p<0.05$，** $p<0.01$，*** $p<0.001$。
资料来源：本研究根据统计结果整理。

借助PROCESS的模型7进行调节中介作用分析，结果如表7-25所示。针对角色促进这一中介变量，消极应对在低水平时，Boot 95%CI[0.026，0.220]，不包含0，意味着在此水平时角色促进在平均角色投入和职业生涯成功之间具有中介作用，且效应值为0.117；消极应对在平均值水平时，Boot 95%CI[0.049,0.184]，不包含0，意味着在此水平时角色促进在平均角色投入和职业生涯成功之间具有中介作用，且效应值为0.111；消极应对在高水平时，Boot 95%CI[0.028,0.197]，不包含0，意味着在此水平时角色促进在平均角色投入和职业生涯成功之间具有中介作用,且效应值为 0.105。综上分析,在消极应对的不同水平下,角色促进的中介作用情况一致,说明可能没有调节中介作用。假设 9.3 未获得支持。

表 7-25 消极应对在平均角色投入与职业生涯成功之间的调节中介效应分析

中介变量	水平	水平值	效应值	BootSE	BootLLCI	BootULCI
角色促进	低水平(−1SD)	1.782	0.117	0.049	0.026	0.220
	平均值	2.536	0.111	0.035	0.049	0.184
	高水平(+1SD)	3.290	0.105	0.043	0.028	0.197
角色冲突	低水平(−1SD)	1.782	−0.016	0.014	−0.050	0.006
	平均值	2.536	−0.013	0.010	−0.036	0.002
	高水平(+1SD)	3.290	−0.010	0.013	−0.041	0.012

说明:BootLLCI 指 Bootstrap 抽样 95%区间下限,BootULCI 指 Bootstrap 抽样 95%区间上限。
资料来源:本研究根据统计结果整理。

针对角色冲突这一中介变量,消极应对在低水平时,Boot 95%CI[−0.050,0.006],包含 0,意味着在此水平时角色冲突在平均角色投入和职业生涯成功之间没有中介作用;消极应对在平均值水平时,Boot 95%CI[−0.036,0.002],包含 0,意味着在此水平时角色冲突在平均角色投入和职业生涯成功之间没有中介作用;消极应对在高水平时,Boot 95%CI[−0.041,0.012],包含 0,意味着在此水平时角色冲突在平均角色投入和职业生涯成功之间没有中介作用。综上分析可知,消极应对在不同水平时,角色冲突均不具有中介作用。情况一致,说明可能没有调节中介作用。假设 10.3 未获得支持。

上述实证研究结果验证了基于角色交互的职业生涯发展的基本过程机制,验证了应对策略在两类过程间存在特定的调节作用,证明了主体可以通过调节应对方式和应对水平,来实现对角色交互过程的干预。这些结论在很大程度上支持了质性研究框架的有效性,并可作为职业生涯管理实践的指导原则和决策依据。然而,由于结论的现实意义还比较分散,需要一个整合框架对它们加以梳理,从而为个体或组织的职业生涯管理实践提供系统性参考。

第八章　角色关系构型与职业生涯管理策略

质性研究与定量研究的结论为构建基于角色关系的职业生涯管理框架奠定了理论基础。基于此，本章将引入职业生涯规划和设计视角，对以角色关系构型为思路的职业生涯管理过程进行理论概括与特征描述，为个体或组织的职业生涯管理活动提供对策参考。

本章主要包括三部分：第一节，以质性研究和定量研究的结论为基础，总结以角色交互为思路的职业生涯发展的基本原理。第二节，主要借鉴理论构形法，就角色促进与角色冲突之间的关系类型进行整合，对每类角色关系构型的基本特征进行分析与讨论，明确职业生涯发展目标下的最佳关系构型，并指明其他构型向最佳构型转化的路径。第三节，借鉴上述研究结论，对角色交互关系构型进行理论解构，明确可以帮助构型转化的实践举措，为个体或组织的职业生涯管理活动提供努力方向。

第一节　职业生涯发展角色关系过程的基本原理

本节根据实证研究的结论，对基于角色关系的职业生涯发展的两类过程进行原理性的总结。

一、两个基本过程的性质与作用

基于角色关系的职业生涯发展模式具有两类核心过程：① 角色促进过程，某些角色的发展能够带动其他角色的积极发展，带来多角色间的协调改进，从而促进职业生涯的发展；② 角色冲突过程，某些角色的发展可能抑制其他角色的发展，从而陷入片面发展的恶性循环，并可能引发主体的焦虑或压力，从而制约职业生涯发展，带来职业生涯发展的停滞甚至是倒退。

1. 结论讨论

对假设 1 的验证结果表明：角色促进对职业生涯成功具有显著的正向影响，且能力促进、资源促进、心理促进这三个维度对职业生涯成功均具有显著的正向影响。对假设 2 的验证结果表明：角色冲突对职业生涯成功具有显著的负向影响，且角色冲突的两个维度（主观冲突和客观冲突）均对个体职业生涯成功具有显著负向影响。但相比之下，主观冲突对职业生涯成功的负面影响更大，客观冲突的影响幅度不仅更小，且仅在显著性指标 $p<0.1$ 时达到显著水平。

2. 管理启示

假设 1 证实了角色交互动力机制的存在，假设 2 证实了角色交互阻力机制的存在，两个过程可能存在作用相反的力量，正是角色关系系统结构中相互较量的两类循环。占据主导作用的循环会影响角色关系系统发展的整体方向。这给职业生涯管理活动的启示在于：促进动力机制的作用发挥，抑制阻力机制的效果实现，以使角色关系系统中增长型循环占主导作用，调节型循环居于次要作用，使动力机制相对于阻力机制发挥更大的作用，整个角色关系系统才能向积极方向发展，从根本上促进职业生涯的全面、健康、可持续发展。

二、多角色参与的双刃剑效应

从投入端来看，多角色参与同时是角色促进和角色冲突两者共同的形成条件，具有双刃剑效应。

1. 结论讨论

实证结果支持了多角色参与所具有的双刃剑效应。假设 3 的统计结果显示，多角色参与中多角色投入、角色多样性、平均角色投入三个指标分别对角色促进具有显著的正向影响。随着多角色参与程度的提升，角色促进的整体水平也随之提升。同时，假设 4 的统计结果显示，多角色投入和角色多样性对角色促进具有显著的负向影响（假设 4.1 和 4.2），但平均角色投入对角色冲突的影响不显著（假设 4.3）。该结果意味着，角色冲突更多地受到多角色参与绝对水平（多角色投入和角色多样性）的影响，而多角色参与的相对水平（平均角色投入）影响却不显著。

同时，研究结果也支持了角色促进和角色冲突在多角色参与和职业生涯成功之间的中介作用。假设 5.1、5.2、5.3 的统计结果支持了角色促进在多角色投入、平均角色投入之间的完全中介作用，以及在角色多样性与职业生涯成功之间的部分中介作用。假设 6.1 的统计结果支持了角色冲突在多角色投入与职业生涯成功之间的完全中介作用，假设 6.2 的结果支持了角色冲突在角色多样性与职业生涯成功之间具有部分中介作用。假设 6.1 和 6.2 中角色冲突的中介作用均表现出与角色促进路径截然相反的力量,证实了角色冲突路径所具有的遮掩效应,也间接支持了多角色参与通过角色促进和角色冲突两条路径所实现的双刃剑效应。假设 6.3 的结果显示,角色冲突在平均角色投入与职业生涯成功之间的中介作用不成立。

2. 管理启示

多角色参与对角色促进和角色冲突两个作用相反的机制同时具有正向影响。随着多角色参与的提升,它可以同时激发多元角色间的动力机制和阻力机制,通过动力机制对职业生涯成功形成提升与增益,而通过阻力机制对职业生涯成功形成阻碍或抑制。同一个原因能够引发作用相反的两种结果,说明多角色参与具有典型的双刃剑效应。低水平的多角色参与,虽然有利于控制角色冲突,但不利于形成角色促进,最终对职业生涯发展的影响有限。但另一方面,随着多角色参与程度的增加,也可能导致消耗型角色交互的产生,从而抑制增值型角色交互对职业生涯发展的正向影响。

有趣的是,平均角色投入作为一个相对指标,是由多角色投入和角色多样性整合而来,这个变量对动力机制和阻力机制的影响却存在很大差别。平均角色投入可以提升角色促进的水平,却不会增加角色冲突的程度。这对指导职业生涯管理实践具有很好的启示:增加多元角色的均衡投入水平,可以激发多元角色关系中的动力机制,却不是触发其阻力机制。从反方向来说,在职业生涯管理过程中,最好不要在单一角色上孤注一掷,忽视或荒废了对其他角色的投入。而应更加注重多元角色的均衡发展和均衡投入,只有将资源与精力更加积极地投入角色应履行的权利和义务中去,才能获得角色能力、资源、心理的本质提升,以形成或维持每类角色的发展功能和支持功能,从而更多地激发角色之间积极相互影响的程度。

三、应对策略的调节作用

尽管角色交互的两类过程机制是客观存在的,不以个体意愿为转移,但个体仍然可以通过使用不同的应对策略调节两种过程机制的产生和发展,以实现职业生涯规划和管理的目的。

1. 结论讨论

积极应对在角色多样性→角色促进/角色冲突→职业生涯成功的路径上均存在带调节的中介作用(假设 7.2 和 8.2)。只有积极应对处于中高水平时,角色促进在角色多样性和职业生涯成功之间产生中介作用才成立,且当积极应对的水平提高时,中介作用的效应值也随之增大。只有当积极应对处于中高水平时,角色冲突在角色多样性与职业生涯成功之间的遮掩效应才成立,且当积极应对的水平提高时,中介效应的绝对值也随之增大。

积极应对在平均角色投入→角色促进/角色冲突→职业生涯成功的路径上均存在带调节的中介作用(假设7.3和8.3)。具体来说,积极应对处于中低水平时,角色促进在平均角色投入与职业生涯成功之间的中介作用成立;积极应对处于高水平时,角色促进的中介作用不成立。积极应对处于低水平时,角色冲突在平均角色投入与职业生涯成功之间原本不成立的中介作用也成立了;但积极应对处于中高水平时,角色冲突的中介作用仍然不成立。

消极应对在多角色投入→角色冲突→职业生涯成功的路径上具有调节中介作用(假设10.1获得了支持)。消极应对在中低水平时,角色冲突在多角色投入与职业生涯成功之间的遮掩效应成立。当消极应对处于较高水平时,角色冲突的遮掩效应反而不成立。

消极应对在角色多样性→角色促进/角色冲突→职业生涯成功的路径上均存在带调节的中介作用(假设9.2和10.2)。具体来说,只有当消极应对处于中高水平时,角色促进在角色多样性与职业生涯成功之间的中介作用才成立,且消极应对水平越高,中介效应越大。当消极应对处于低水平时,角色冲突在角色多样性与职业生涯成功之间的中介作用(遮掩效应)成立;消极应对处于中高水平时,角色冲突的中介作用(遮掩效应)反而不成立。

2. 实践启示

实证研究结果在一定程度上支持了有调节的中介模型的存在,即应对策略在角色交互的两类中介过程中具有调节作用。相关结论对职业生涯管理活动具有很重要的现实意义的启示。

从角色多样性的角度来看,积极应对行为水平过低,角色促进的动力机制并不成立,只有积极应对提升到中高水平上时,才能开启角色交互的动力机制。但同时,积极应对处于中高水平也是角色交互阻力机制开启的条件,它在形成角色促进的同时,也会由于多线程并行的任务处理模式而带来衍生的负面影响,不同角色之间不可避免地会出现资源争夺或者压力外溢的情况,导致角色冲突系统循环也被激活。该结果说明,积极应对策略是角色多样性与职业生涯成功之间形成双元系统结构的必要条件。积极应对处于较低水平时,无论是角色促进循环还是角色冲突循环,均无法形成;在积极应对处于中高水平上时,双元系统结构会同时被激发。

平均角色投入反映了个体在各个角色上的平均投入水平。该指标越高,说明个体是在各个角色方面都很努力;反之,说明个体可能在一些角色上投入较低,在不同角色上的投入不均衡。当积极应对处于低水平时,角色冲突的路径仍然会被启动。积极应对处于中低水平也同样是角色促进路径成立的条件。结合角色多样性角度的分析会发现，当积极应对处于中低水平时，平均角色投入能够产生更大的作用，个体靠均衡的角色投入来维护角色关系，以实现角色之间的增值型交互，但此时，角色冲突的阻力机制也会被开启。当积极应对处于中高水平时，角色多样性能够发挥更大的作用，但随之而来的动力机制和阻力机制也会同时开启，且积极应对水平越高，动力效应与阻力效应也会同时增大。

上述结论说明，积极应对在很大程度上也具有"双刃剑效应"。在职业生涯管理中，采取积极应对的程度并非越高越好或越低越好，还需要根据个体的角色投入模式综合地分析判断。如果性格相对外向，喜欢做"斜杠青年"，同时承担多种身份，则可采取高积极应对的策略，但也要防范可能随之带来的高角色冲突及其产生的不利影响。如果性格相对内向，不擅长通过社交拓展自己的角色身份，则可以选择在承担的有限角色上进行均衡投入，以高质量的角色关系促成角色促进的增长型循环，但同时也要防范可能形成的角色冲突负向循环及其不利影响。

关于消极应对策略的结果非常有趣，与假设的推论存在一定出入。消极应对水平较低时，成功开启的是角色冲突的负向循环；而消极应对处于中高水平时，开启的却是角色促进的正向循环。乍看起来，这一结果是反直觉的。但仔细想来，该结论也具有一定的现实合理性。当个体出现中高程度的消极应对时，相应的行为表现（例如，发泄情绪、回避人际交往、嗜睡等）会非常明显，周围人（例如，配偶、家人、朋友、同事、领导等）会感受到他的异常变化，从而激起了它们的同理心和保护欲。为避免角色主体情绪状况的进一步恶化，周围人会给予他更多的理解、宽容、支持和帮助，个体多角色投入的水平越高，就越容易激发周围人对于他负面情绪的理解与同情，对于他所处困境的帮助与支持；个体所承担的角色越多元，社会支持系统发挥作用的来源就越广泛。此时，消极应对策略的行为影响实质上体现的是社会支持系统的良性作用，反而促进了角色之间的正向交互，开启了动力机制，同时抑制了阻力机制。

第二节 角色关系构型及其转化路径

为了更好地利用角色交互作为促进职业生涯发展的工具或策略，需要探讨角色交互的关系组合及其特征。构形法是一种对事物的形态与结构进行建构的方法,强调形态的组合与分解。目前,这种方法在管理学领域的分类研究中被广泛使用,例如在战略人力资源管理领域,一些学者曾借鉴该方法,对人力资本属性、人力资源构型与不同雇佣形态之间的关系进行了讨论(如,Lepark,Snell,1999,2002),得到了很多具有启发意义的结论。为此,本节尝试利用构型法对"角色关系构型"进行分析和解读。

一、角色关系构型

基于角色关系的职业生涯发展存在两个基本过程:以增值型交互载体为基础的动力过程和以消耗型交互载体为基础的阻力过程,前者代表了角色间的促进关系,后者代表了角色间的冲突关系。因此,根据角色促进与角色冲突程度的差异,可以将它们的关系划分为四种类型:包括"低角色冲突/低角色促进""高角色冲突/低角色促进""低角色冲突/高角色促进"和"高角色冲突/高角色促进",参见图8-1。本研究将该分析框架命名为"角色关系构型",用以代表多元角色间四种不同的相互影响方式。结合质性研究中角色关系系统结构的相关观点,对四种模式的特征讨论如下。

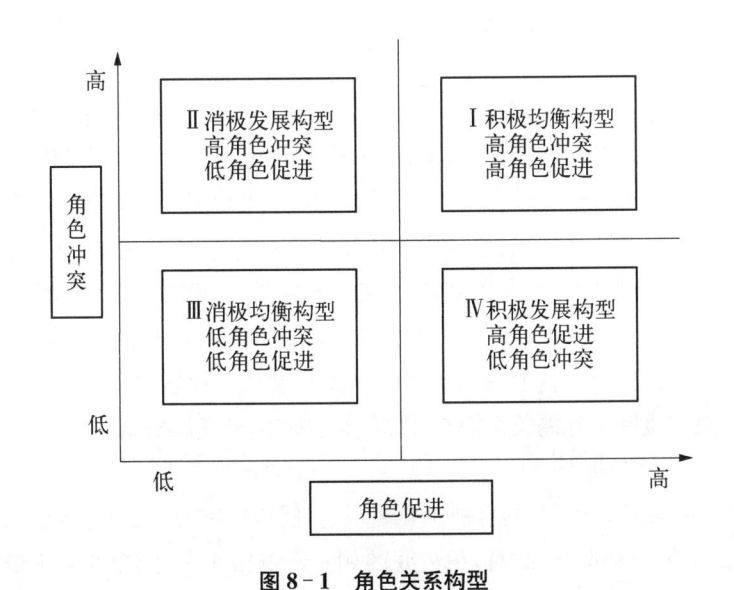

图8-1 角色关系构型

资料来源:本研究设计。

1. 积极均衡构型

第一象限中,构型Ⅰ的特征主要表现为"高角色冲突/高角色促进",意味着一种高阶均衡状态的实现,可称之为"积极均衡构型"。在角色关系系统中,动力机制与阻力机制均处于高位运行,角色间存在较强的相互影响,且角色冲突与角色促进的力量势均力敌,角色冲突所带来的消极效应因为角色促进所带来的积极效应得以缓解;角色促进所产生的积极效应又被角色冲突所形成的消极效应所遮掩,是一种抑制发展的均衡状态。

然而,与构型Ⅲ相比,这种均衡中的角色关系状态更为积极,因为多角色参与可以培养和开发个体的能力、心智模式和心理资本,通过多角色参与,个体的技能或能力水平将得以提升,个体的心智模式将更加成熟,个体的人生阅历和生活经验将更为丰富,可为后续角色发展奠定基础。尽管如此,多元角色间因为稀缺性资源的争夺或价值观、理念的冲突,仍然存在制约职业生涯发展的阻力因素,角色间出现正向相互影响的同时,也出现了高水平的负向影响,暂时无法实现角色状态的实质性提高,因此称之为"积极均衡构型",是一种比较有利于职业生涯发展的角色关系模式。

2. 消极发展构型

第二象限中,构型Ⅱ的特征主要表现为"高角色冲突/低角色促进",可称之为"消极发展构型"。此时,个体处于一种被动挣扎的消极状态。在角色关系的系统结构中,调节型循环占据主导地位,阻力机制大于动力机制,体现为角色冲突的影响大于角色促进,这种不均衡状态将推动角色状态的消极改变。

现实生活中,这种角色关系构型常表现为个体被动受制于角色间的消极互动,或未主动挖掘角色间积极互动,从而对角色发展产生了不利影响。多元角色间以时间、体力、精力等稀缺性资源为基础产生了激烈的争夺,阻力机制异常活跃;但能力、信息、心理资本等增值型载体或者不存在,或者未被识别出来,或者作用没有激发出来,因此动力机制处于相对静默状态,无法发挥应有的作用。例如,一些职业女性因为家庭的原因被迫中断甚至不得不放弃职业生涯发展就是该构型较为典型的例子。这是一种高水平角色投入之下产生的阻力机制主导的关系模式,因此称之为"消极发展构型"。

3. 消极均衡构型

第三象限中,构型Ⅲ的特征主要表现为"低角色冲突/低角色促进",可称之为"消极均衡构型"。此时,角色间的相互影响很小,各角色均处于低水平投入,虽然没有明显的角色冲突,但也无法形成角色促进,个体处于一种安于现状的消极状态。在角色关系的系统结构中,增长型循环和调节型循环均处于不活跃状态,角色间的互动无法引起角色状态的根本性改变。

现实生活中,这种角色关系构型出现在个体未能主动利用各角色之间的关系,或未将角色状态的改变作为发展目标。在多元角色没有激烈冲突和碰撞的情况下,不同角色被封闭在各自的系统中,角色各自的资源、能力、信息、社会网络和心理资本未向其他角色流动或迁移,不同角色间也未出现基于稀缺性资源、理念、价值观的相互干扰,其结果表现为一种无互动的角色关系。这是一种低角色投入水平下产生的"消极均衡构型",不利于职业角色的发展和多重角色的协同演进。

4. 积极发展构型

第四象限中,构型Ⅳ的主要特征表现为多元角色间的"低冲突/高促进",是一种积极发展的角色关系模式,可称之为"积极发展构型"。在角色关系系统结构中,增长型循环占据主导地位,调节型循环处于相对弱势的地位,因此动力机制的影响大于阻力机制,角色促进所带来的积极效应大于角色冲突所引发的消极效应,有利于角色状态的积极改进。

现实生活中,这种构型常表现为个体主动挖掘角色间的积极相互影响,并巧妙地避免了角色间的消极相互影响,或将消极影响控制在可接受范围之内,从而促进了职业生涯的突破式发展。由于动力机制的存在,个体能够从多角色参与的过程中获得更多的资源、财富、信息和人际网络,并从角色经验中培养了能力,提升了心理资本,丰富了心智模式,有利于角色间形成积极互动关系,从而促进职业生涯发展的进程。此时,角色交互阻力机制的作用可控,故不会对动力机制的作用形成根本性颠覆。该构型反映了多元角色间积极关系的理想状态,因此称之为"积极发展构型"。个体处于该构型中,则说明他正处于职业生涯发展的黄金时期。

二、职业生涯管理中的角色关系构型选择

不同角色交互构型对应了角色发展的不同作用与效果。如果将职业生涯发展作为角色交互的目标,则构型Ⅳ相对于其他构型对职业角色发展更有价值。现将不同构型对职业生涯发展的影响作用进行比较分析,以确定职业生涯发展的努力方向和实现路径。

1. 以角色交互为基础的职业生涯发展原则

基于角色关系的职业生涯发展存在两个基本过程:① 职业生涯发展的动力过程——增值型角色交互,② 职业生涯发展的阻力过程——消耗型角色交互。两种作用相反的机制之间的力量对比,最终决定了职业角色的发展或不发展。当角色促进与角色冲突的力量势均力敌时,角色关系处于一种力量均衡状态,这种均衡关系很难引起职业角色的本质变化。只有当角色促进或角色冲突某一方的力量大于另一方时,角色间关系形成一种非均衡趋势,才会引起职业角色状态的根本性改变,从而促进或抑制职业角色的发展。这一原则是基于角色关系的职业生涯发展指导实践的基本思路。

2. 角色关系均衡构型分析

角色关系构型中存在非均衡构型和均衡构型两种状态。构型Ⅰ积极均衡构型和构型Ⅲ消极均衡构型同属均衡构型，在这两种构型中，由于动力机制与阻力机制的力量相当，形成了相互牵制，动力机制形成的促进作用多被阻力过程所抵消，阻力机制形成的阻碍作用又被动力过程所缓解，角色状态会维持当前特征，而不会出现本质变化。

尽管同属于均衡构型，构型Ⅰ比构型Ⅲ更积极。因为构型Ⅲ中，角色间相互影响程度比较微弱，虽然没有表现出角色冲突，不存在明显的发展阻力，但也未形成明显的动力，发挥角色促进积极作用的难度也较大，角色交互系统处于未发展或闲置状态。现实中，这种构型在职业生涯准备期和职业生涯衰退期的主体身上较为常见。

相比之下，构型Ⅰ中各角色均处于一种相对积极的状态，角色间存在较为强烈的相互作用。然而，尽管角色促进作用明显，但角色冲突力量抵消了角色促进所带来的积极作用。受该作用的限制，个体无法实现角色状态实质性的提高。但另一方面，尽管存在角色冲突，角色促进的力量缓解了其所形成的消极影响。受该力量的影响，个体的职业角色状态也不会出现实质性的衰退。通常情况下，一些角色间的冲突是不可避免的，尤其处于职业初创期与建立期，职业角色、家庭角色或社会角色可能同时处于任务的高峰期，由于时间、体力、精力等资源的局限，角色主体势必需要在冲突角色中进行选择或权衡，避免任务高峰的重叠，或妥善处理不同角色任务之间的矛盾，表现为一种积极的职业储备状态，是多数主体职业发展的必经阶段。因此构型Ⅰ对职业生涯发展的作用要优于构型Ⅲ。

3. 角色关系非均衡构型分析

构型Ⅱ消极发展构型和构型Ⅳ积极发展构型同属于非均衡构型。在两种构型中，动力机制或阻力机制中有一方占据了主导优势，系统结果与优势一方所引发的结果相一致。具体来说，构型Ⅱ消极发展构型中，角色促进的力量较弱，角色冲突占据主导地位，其阻力机制大于动力机制，消耗型角色交互所产生的消极影响无法获得增值型角色交互的有效缓解，职业角色状态表现为消极发展。由于其作用方向与职业生涯发展的方向相反，是一种最不理想的角色间关系状态。

而构型Ⅳ积极发展构型中，角色促进的增长型循环占据主导地位，动力机制大于阻力机制，增值型角色交互形成了促进职业角色发展的力量。此时调节型环路的力量相对薄弱，意味着角色冲突的阻碍作用较小，动力机制所产生的积极结果将不会因为阻力机制的影响而消失，由此形成了系统整体向上的发展力量,最有利于职业角色发展的实现。构型Ⅳ最符合职业生涯管理的目标,也最符合基于角色关系的职业生涯发展的管理原则,是角色关系的最佳状态。

综上所述,从构型选择的角度讲,以职业生涯发展为目的,构型Ⅳ的角色间关系模式最为理想;构型Ⅰ的关系结构也较为合理,但其作用效果还处于储备阶段,尚无法实现职业角色的明显提升,位列构型Ⅳ之后;构型Ⅲ角色间关系虽然不积极,但也没有出现明显的冲突,排在构型Ⅰ之后;构型Ⅱ的关系结构最不合理,其作用效果与期望方向刚好相反,是最不理想的关系构型,因此排在最后。

三、角色关系构型的转化

构型Ⅳ积极发展构型是基于角色关系的职业生涯发展中最为理想的角色交互形态,而构型Ⅱ消极发展构型是最不理想的角色关系形态,构型Ⅰ和Ⅲ中也存在制约职业生涯发展的消极力量。但这并不意味着处于构型Ⅰ、Ⅱ和Ⅲ中的个体只能被动地接受现状,可以通过一系列方式促进向构型Ⅳ的转化,转化路径如图8-2所示。

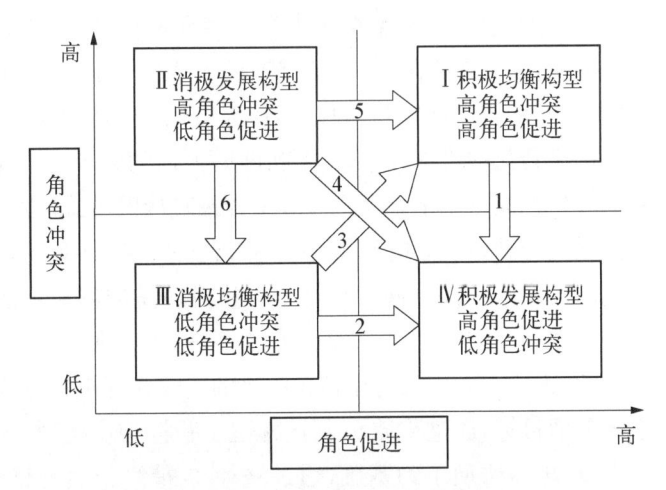

图8-2 角色关系构型的转化路径

资料来源:本研究设计。

1. 构型Ⅰ向构型Ⅳ的转化

构型Ⅰ积极均衡构型最接近理想构型Ⅳ积极发展构型,因为该构型中多角色间的积极相互影响已经存在,而且由于充分的角色参与,个体的能力水平也获得了较大的提高,为角色发展奠定了基础。但由于角色冲突程度过大,遮掩了由多角色参与所获得的能力、资源、心理资本向其他角色溢出的增长型循环的正向作用,从而抑制了角色状态的积极发展。因此,由构型Ⅰ向构型Ⅳ转化的突破口在于,削弱调节型循环的阻力作用,以降低角色冲突的程度,从而将角色促进的作用解放出来,实现角色状态的本质提升。可以通过路径1实现构型的转化。

2. 构型Ⅲ向构型Ⅳ的转化

构型Ⅲ消极平衡构型,其优势在于没有阻力机制的束缚,其劣势在于能够实现角色促进的增长型循环也处于闲置状态。因此,由构型Ⅲ向构型Ⅳ转化的突破口在于,激活、开发、利用增长型循环的价值,以提升角色促进水平,从而实现角色发展的目的。如果个体在提升角色促进的同时,仍然能将角色冲突控制在较低水平,则可以通过路径2实现向理想构型的转化。但通常情况下,角色促进的激活也会伴随着角色冲突的苏醒,也即改变的方向可能不会直接沿着路径2发生,而是出现向路径3的偏离,通过路径3暂时到达了构型Ⅰ积极均衡构型。主体需要再次以构型Ⅰ为起点,采取相应的措施,通过路径1,辗转到达理想构型Ⅳ。

3. 构型Ⅱ向构型Ⅳ的转化

构型Ⅱ消极发展构型属于不均衡构型,距离理想构型Ⅳ积极发展构型最远。相对于增长型循环,调节型循环占据了主导地位,因此角色冲突的力量大于角色促进的力量,消耗型角色交互的负面影响得不到缓解或牵制,增值型角色交互的正向影响没得以发挥,是一种与期望方向相反的力量。它向理想构型转化的难度在于,需要扭转两方面的力量——降低角色冲突水平和提升角色促进水平。路径4是一种最直接的方式,尝试在降低阻力机制的同时提升动力机制的作用,虽然在现实中存在实现这种方式的可能,但难度较大,实施条件可遇而不可求。相对容易的方式是通过间接路径实现渐进式改进。可以首先改变两种力量中的一种,实现局部改进后,再通过局部改进实现向理想构型转化的目的。较为理想的方式是以提升角色促进为前期目标,通过路径5,到达构型Ⅰ积极均衡构型,为实现角色发展蓄积力量,再以构型Ⅰ为基础,通过路径1,最终到达理想构型Ⅳ。也可以将降低角色冲突作为前期目标,通过路径6,先到达构型Ⅲ,在以构型Ⅲ为基础,通过路径2,最终达到构型Ⅳ,或者通过路径3,到达构型Ⅰ,再通过路径1,实现向构型Ⅳ转化的目的。

第三节　以角色交互为基础的职业生涯优化策略

第二节以角色关系构型为分析框架,探索利用角色间关系促进职业生涯发展的可能性。然而，上述仅说明了实现职业生涯管理目标的努力方向，相关讨论还比较抽象，尚未涉及达成目标的实践策略。本节将尝试对角色关系构型进行内容解构，以将抽象的指导原则转化成较为明确的调整措施。

一、角色关系构型的内容解构

为了进一步探讨角色冲突和角色促进两种过程之间的关系，以及不同关系构型的形成条件，以下将利用前文中提出的交互载体和多角色参与，对角色交互构型的核心内容与本质过程进行解构，为职业生涯管理的实践策略提供思考方向。

1. 交互载体的解读

交互载体是决定交互性质的重要因素。因为载体不同，角色交互的性质出现分化，一部分基于消耗型载体产生相互影响，表现出了角色冲突；一部分以增值型载体为依托形成相互影响，表现出了角色促进。也就是说，因为载体的属性不同，角色系统出现分化，一部分角色元素相结合，形成了调节型循环，一部分角色元素相聚合，形成了增长型循环。同时，因为载体数量与程度的差异，系统的不同循环又体现为作用相反的力量对比，最终形成了多元角色间不同的关系模式。

如果将增值型载体作为横轴，消耗型载体作为纵轴，以这两种载体的多少作为程度的区分，仍然可以区分出四种情况：消耗型载体少/增值型载体少表现为低角色冲突/低角色促进，消耗型载体多/增值型载体少表现为高角色冲突/低角色促进，消耗型载体少/增值型载体多表现为低角色冲突/高角色促进，消耗型载体多/增值型载体多表现为高角色冲突/高角色促进，由此形成一种内容相同但形式不同的新构型，如图8-3所示。该构型仅有助于预测角色交互发生的可能性，如果仅存在交互载体，但多角色参与程度较低，角色间的相互影响仍然无法实现。

2. 多角色参与的引入

多角色参与是角色交互形成的另外一个必要前提。多角色参与程度较低，则角色间的相互影响程度较低；多角色参与程度较高，则角色间的相互影响程度较高。实证研究中也支持了多角色参与对角色促进和角色冲突均具有正向影响，意味着通过调整多角色参与程度也可以实现干预角色交互过程的目的，从而可以影响职业角色的发展。也就是说，多角色参与是交互载体实现作用的辅助条件，或可理解为角色交互过程是交互载体与多角色参与共同发挥作用的结果。因此，在交互载体的基础上，引入多角

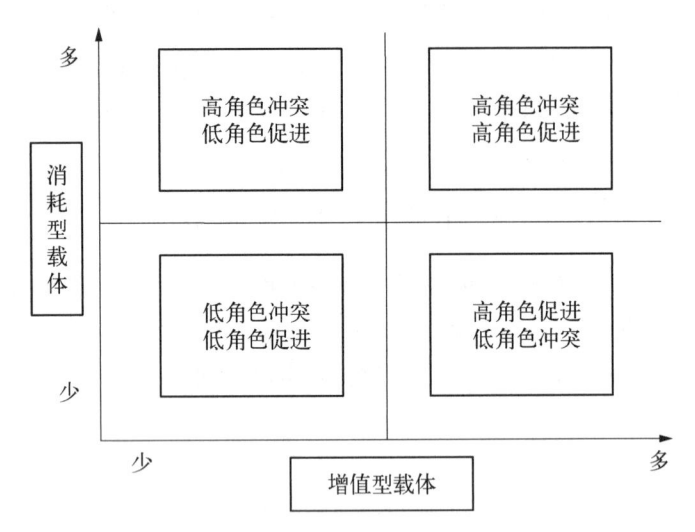

图 8-3 角色关系构型衍生的交互载体构型

资料来源：本研究设计。

色参与因素,两个条件协同影响角色间关系的产生。更进一步,角色关系构型可以解构为如图 8-4 所示。

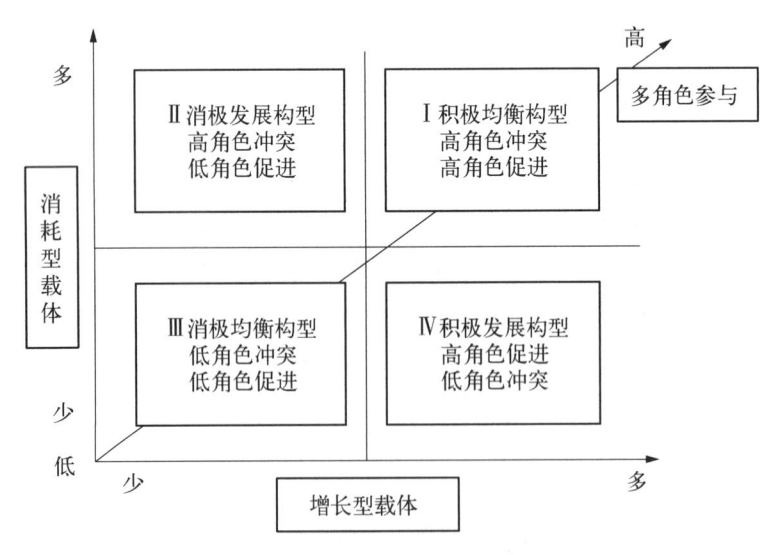

图 8-4 角色关系构型的解构

资料来源：本研究设计。

3. 角色关系构型的解构分析

角色关系构型的解构：角色间相互影响的性质、方向与程度,取决于交互载体的性质、数量和个体多角色参与的程度。具体来说,当多角色参与程度较低时,无论消耗型载体与增值型载体的数量多少,角色间都将表现出"低角色冲突/低角色促进"的消极均衡状态,便形成了构型Ⅲ——消极均衡构型。

当多角色参与程度较高时,会出现三类情况:① 当消耗型载体较多、增值型载体较少时,角色冲突的力量较强,角色促进的力量较弱,此时消耗型角色交互过程占据主导,多角色间将表现出"高角色冲突/低角色促进"的状态,便形成了构型Ⅱ——消极发展构型。② 当消耗型载体较少、增值型载体较多时,角色促进的力量较强,角色冲突的力量较弱,此时增值型角色交互过程占据主导,多角色间将表现出"高角色促进/低角色冲突"的状态,便形成了构型Ⅳ——积极发展构型。③ 消耗型载体与增长型载体都较多时,角色促进与角色冲突的力量相当,消耗型角色交互过程与增值型角色交互过程相互牵制,虽然不利于角色促进作用的发挥,但也控制了角色冲突的消极影响,角色间表现出"高角色冲突/高角色促进"的状态,便形成了构型Ⅰ——积极均衡构型。

二、角色关系构型转化的实施方式

多角色参与包含多角色投入、角色多样性、平均角色投入几个方面的内容,而平均角色投入又是由前两个指标计算而来。因此,角色交互构型可以从调整多角色投入和角色多样性两个方面入手,形成以下四种策略。从角色关系构型的本质来看,图8-2又可以转化成图8-5,明确了路径转换的四种方式:减少角色种类、增加角色种类、降低角色投入、提高角色投入。

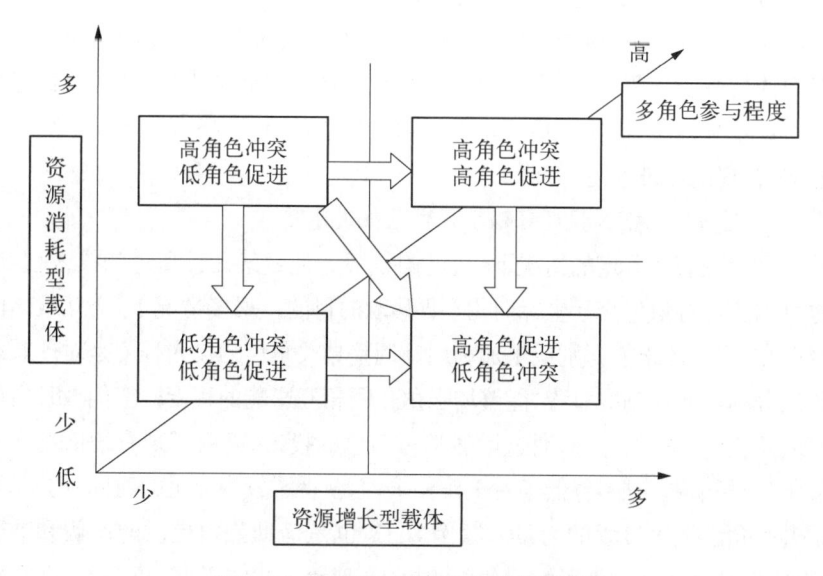

图8-5 角色交互关系构型的转化策略

资料来源:本研究设计。

1. 通过减少角色种类降低角色冲突水平

为了向构型Ⅳ改进,基于角色关系的职业生涯发展的第一种策略是调整角色种类数量(降低角色多样性)。通过减少个体承担的角色种类与数量可以限制角色间相互影响的范围,从而减少某一角色受其他角色影响的程度。例如,案例 YH 所经历的全封闭式筹备会议,就属于通过减少角色数量,降低其他角色对工作角色的干扰,提升个体对工作角色的投入程度。案例 WM、QRR 和 LF 在生育和抚养子女期间选择脱产学习的形式,以暂时舍弃工作角色来降低工作角色对家庭角色的干扰程度,也是该方式的典型例子。这种方式本质上是对交互载体的调整,通过降低消耗型载体的数量与程度来削弱角色关系系统中阻力过程的力量,以实现更低程度的角色冲突,抑制调节型循环所导致的不良后果,从而有助于角色交互坐标向下(降低冲突方向)移动。

2. 通过增加角色种类增强角色促进水平

另一方面,也可以增加角色种类,借助新角色的优势丰富增值型载体的数量,以拓展角色间相互促进的空间。例如,案例 SXY 通过引入学习角色,不仅促进了工作角色的发展(获得了在公司中地位的合法性),而且成功化解了因为生育而产生的家庭—工作冲突,最终促进了职业角色的发展(在产假结束后晋升为部门经理)。案例 YCL 通过引入兼职工作角色,不仅促进了学习角色发展,也帮助她在毕业后实现了职业角色的成功转换。案例 WM 在工作与家庭出现冲突时,不得不为了家庭暂时中断职业发展,但她适时引入学习角色,利用学习角色对职业角色的有利影响,间接促进职业生涯的延续,最后在毕业时成功完成了职业转型。这种方式实质上是通过增加增值型交互载体的数量或程度,增强角色关系系统中动力机制的力量,帮助增长型循环占据主导地位,以实现更高水平的角色促进,这种策略有助于角色交互坐标向右(提高促进方向)移动。

3. 提高角色投入程度可以增强角色促进水平

在交互载体既定的情况下,通过调整某一种或某几种角色的投入程度,也可以实现将角色交互坐标向构型Ⅳ移动的目的。很多情况下,交互载体已经存在,但个体未能识别或未加利用。调整相关角色的投入程度是对现有载体充分利用或控制的过程,能够增强角色间相互影响的程度。案例 ML 借助家庭角色(怀孕)的优势,通过增加学习角色的投入,盘活了现有增值型交互载体(公司照顾孕妇,降低了对工作要求,而获得了较为充足的时间)的资源,提升了角色促进过程的力量。案例 LHY 也是借助公司提供的产假和哺乳假(既定的载体),增加了学习角色的投入,盘活了载体资源,获得了 MBA 学位,促进了后续的职业生涯发展。这种方式实际上是对既有增值型交互载体的识别、挖掘和利用过程,有助于增强角色交互系统中动力过程的力量,帮助角色交互坐标向右(提高促进方向)移动。

4. 降低角色投入程度可以降低角色冲突水平

在消耗型载体既定的情况下,也可以通过降低某种角色的投入来缓解角色冲突。例如案例 AYL,当感受到较高水平的角色冲突,且交互载体既定,暂时没有更好的改变措施时,她调整了对工作角色的投入程度(不会像以前那样疯狂加班;高效完成工作,回家不带电脑;周末不工作;曾有外派出国的机会,但拒绝了),从而降低角色间消极影响的水平。这种方式本质上是通过调整角色投入水平,控制并降低多元角色在消耗型载体上的资源争夺程度,削弱角色交互系统中阻力过程的力量,以帮助角色交互坐标向下(降低冲突方向)移动。

三、对交互载体的识别与挖掘

多元角色间以交互载体为基础形成彼此间的相互影响。对多角色参与的调整通常会伴随着交互载体的调整而实现。这意味着,职业生涯管理的核心问题在于对交互载体的识别、挖掘与有效利用。基于角色关系的职业生涯管理策略也可以解读为"识别增值型载体,并加以充分利用;识别消耗型载体,并加以控制"。

1. 消耗型交互载体的识别

角色冲突通常表现为角色资源的专属性、有限性、排他性特征。当这种资源被一种角色占用时,其他角色将无法同时使用。又因为资源的稀缺性和有限性,消耗型载体仅能用于有限的功能领域,就形成了一种角色对另一种角色在该载体上的排他现象。上文分析中,已经梳理出消耗型交互载体的诸多表现形式,例如,时间、消极情绪、物质资源等。此外,在现实生活中,它还可以表现为体力、精力、压力、偏好、思维惯性、行为习惯等。

2. 增值型交互载体的识别

角色促进的过程通常体现了角色资源的外部效应,因此增值型载体多出现在跨界领域。当一种角色形成了特定的资源与能力时,该资源与能力的优势对其他角色同样有效,体现了增值型载体的兼容性、通用性、拓展性等特征,从而形成了多种角色在该载体上的协同开发与资源整合利用的现象。增值型载体也存在很多具体的形式,小到知识与信息,大到制度体系,都有可能为主体提供额外的价值。例如,当学习和职业两种角色需求同时存在时,在职教育为主体提供了实现载体;学习角色需求和家庭角色需求同时存在时,灵活自由的教育模式为其提供了载体;当职业角色需求、学习角色需求和家庭角色需求（例如，生育）同时存在时，国家法定产假和学校宽松的制度环境共同为其提供了载体。此时，交互载体可以是一种跨界角色所引发的资源拓展与累积的过程（例如，企业管理者担任行业协会成员拓展了职业人际网络，在校大学生的企业实习经历积累了工作经验，大学教授兼职企业顾问增加了实践来源），也可以体现为角色地位或能力的外部效应（例如，学习角色的成绩名次代表了主体的能力水平，从而对工作角色产生了跨界影响），还可能是一种制度设计为主体提供的角色便利（例如，国家法定假期、高校课程安排等）。

3. 交互载体的识别原则

值得一提的是，同一种载体的具体形式，在不同场合下可能表现出不同的载体属性。也就是说，某种载体有时是一种消耗型载体，而另一些情况下又可作为增值型载体。例如，在质性研究中发现，一些案例中，"时间"被作为多元角色争夺的稀缺性资源，案例 QRR、SXY、AYL 因为工作角色、家庭角色和学习角色对时间资源的争夺，形成了角色冲突。但在另一些案例中，"时间"又可以成为一种增值型载体为其他角色带来便利，案例 LHY 利用产假和哺乳假的时间进修学位，案例 WL 利用怀孕的便利完成论文就是典型的例子。角色在特定载体上的专属性/兼容性是判断载体性质的重要依据。通常情况下，消耗型载体具有资源专属性、有限性、排他性特征，而增值型载体则体现了资源的兼容性、通用性、拓展性、可协调性、动态柔性等属性。

四、应对策略的恰当使用

应对策略对角色关系系统表现出了一定的调节作用，对职业生涯管理实践也具有重要的借鉴意义。

1. 巧用积极应对策略

积极应对策略主要包括一些有助于职业角色发展的主动行为，例如，加强交流、收集信息、积极争取、试图改变他人看法、主动表达观点等，目的在于挖掘、拓展、利用更多的增值型交互载体。但研究中发现，由于积极应对策略本身也需要主体投入大量的时间、精力、脑力和体力，表现出了与多角色参与相类似的"双刃剑效应"。中高水平的积极应对策略是增值型角色交互和消耗型角色交互共同的条件基础，且随着积极应对程度的提升，角色促进的正向中介效应与角色冲突的遮掩中介效应也会同时增强。

在职业生涯管理中，需要巧妙运用积极应对策略，因为积极应对所涉及的行动策略，也会同时衍生出角色冲突的负面效果。研究发现，习惯于同时处理多项工作的人，在以任务优先级来调配资源方面存在一定困难，在过滤不相关信息方面也存在困难。① 为了同时执行多项任务,个体不得不分散有限的资源,结果可能哪件事都没做好,陷入一种越忙越乱的恶性循环,很难在众多角色任务中理出头绪。同时,整日被杂乱无章的信息流冲击,也会给主体的认知造成巨大负担,消耗大量能量,导致精神疲惫、容易犯错、无法思考、自控能力下降等负面影响。此外,若想促进职业生涯发展,仅关注当下多重复杂任务的处理能力是远远不够的,还需要长远目标的规划能力和突破现实局限的创新能力,哪怕是这些目标可能与当下的需求相冲突,或者有悖于过去的行为习惯。而拥有空闲时间是取得突破性创新的重要条件。采取积极应对策略无疑会增加个体的时间、精力消耗,导致其目标分散,无法专注于创新。因此,在职业生涯规划中,建议确立少数几个重要的目标,尽量将支线任务、次要任务砍掉或外包出去。

2. 善用角色支持系统

关于消极应对策略的结果非常有趣。消极应对的主要表现是逃避现实和情绪宣泄。当消极应对水平较低时,开启的是角色冲突的负向循环;而当消极应对处于中高水平时,开启的却是角色促进的正向循环。这一反直觉的结论背后却存在一定的现实合理性。

消极应对策略在很大程度上代表了不积极主动想办法解决问题,而是逃避现实,假装问题不存在。这种行为模式在职业生涯规划和管理中确实不太可取。因此,当消极应对处于低水平时,确实会触发阻力机制的负向循环,不利于职业生涯的发展。但从心理学的角度看,一味地压抑情绪并不可取,适当地发泄情绪和良性的情绪流动反而有助于个体的心理健康,从长远来看,也为职业生涯发展蓄积了心理能量。

同时,较为强烈的消极应对行为在一定程度上可以激发社会支持系统的良性作用。当个体出现低水平的消极应对时,其所采取的发泄情绪、回避人际交往、嗜睡、逃避现实等行为表现得还比较隐蔽,不易被察觉。当个体出现中高程度的消极应对时,相应的行为表现已经非常明显,周围人很容易察觉到他的异常变化,从而激起同理心、互助心和保护欲。为避免角色主体情绪状况的进一步恶化,周围人会给予他们更多的理解、宽容、支持和帮助,个体多角色投入的水平越高,就越容易激发周围人对于他负面情绪的理解与同情,个体所承担的角色越多元,社会支持系统的来源就越广泛。这一结论对实践最重要的启示就是,在职业生涯发展过程中,要善用社会支持系统的强大作用。

---

① 亚当·韦茨,梅莉亚·梅森.大脑中的管理秘密[J].哈佛商业评论,2013,91(7):102-111.

五、小　　结

　　职业生涯管理是一个系统性工程，必须协调与工作角色存在紧密联系的家庭角色和其他社会角色之间的关系。根据交互载体的不同，多元角色间的相互影响会分化成两个力量相反的过程：以调节型循环为基础的消耗型角色交互过程和以增长型循环为基础的增值型角色交互过程。据此所形成的角色关系构型，是解读个体角色关系系统结构、发现角色发展阻力、寻求角色系统改进的重要分析工具。因而对角色关系系统及相关交互载体的识别成为职业生涯管理的基础、起点与关键。多数情况下，交互载体是已经客观存在的，即使主体不主动干预，角色间的相互影响也会自然地发生。然而，作为一种客观规律，角色交互过程仍然会受到主观意识的影响，主体可以通过应对策略的调整，促进或抑制这种规律的产生、发展和效果实现。因此，掌握基于角色关系的职业生涯发展的客观规律对组织与个人的职业生涯管理活动大有裨益。

第九章　基于角色关系的职业生涯发展研究与展望

本研究以当前组织管理实践和个体职业生涯管理现象为出发点,结合职业生涯发展理论、角色理论、系统动力学理论、工作—家庭平衡理论,探索性提出了基于角色关系的职业生涯发展理论。全文围绕该模式的基本过程、分析框架和作用机理而展开,得到了一些研究结论,希望对现有理论与管理实践有所贡献。

第一节　基于角色关系的职业生涯发展研究的相关结论

在综合使用理论梳理、质性研究、定量研究、理论构型等方法的基础上,本研究探索了基于角色关系的职业生涯发展的过程机理及其在职业生涯管理中的应用,形成了基本分析框架。

一、内容框架

多元角色关系存在非线性特征,角色间存在双向反馈作用的系统特质,角色间的联合影响最终可能形成超越任何单一角色影响的整体价值,符合系统运行的基本规律。从角色关系角度,分析了角色间关系、动力机制、阻力机制和角色发展过程,发现使用系统动力学的方法分析角色关系系统不仅是可行的,而且是必要的。进而,又可以将影响个体职业生涯发展的角色细分为职业内角色和职业外角色。

职业内角色是指与职业生涯发展直接相关的工作角色,该类角色体现了职业生涯发展的角色本质。职业角色本身也具备系统属性,从横向的角度看,多元职业角色经历能够对职业生涯发展产生重要影响。从纵向的角度看,以往职业角色、当前职业角色和未来职业角色形成了一个纵向角色影响过程,推动着个体生涯发展的步伐与节奏。职业内角色也存在多种类型,不同角色性质存在较大差异,对个体职业生涯发展会产生差异化的价值。例如,基层角色与机关角色、领导角色与追随角色、正职角色与副职角色、正式雇佣角色与非正式雇佣角色等。

职业外角色是指对个体职业生涯发展具有重要影响的非工作角色,即家庭角色、社会角色等。与职业内角色相比,职业外角色对个体职业生涯发展的影响更为间接。其中,家庭角色又可细化出很多种类。例如,父母角色、子女角色、亲属角色、夫妻角色等。社会角色也包括诸多种类,例如,志愿者角色、社团成员角色、非正式组织角色等。由此可形成"职业—家庭—社会"三元角色分析框架。在复杂多变的环境中,个体在职业、家庭和社会等多重角色间进行选择与博弈,在多组织、多领域、多身份的变化中寻求职业生涯发展。本研究重点关注了职业外角色视角,探索多元角色形成的角色关系系统对职业生涯发展的影响过程。

二、过 程 机 制

对 10 名处于"职业—家庭—社会(学习)"任务交互期的女性进行质性访谈,以其职业生涯发展脉络作为案例,通过质性研究方法就基于角色关系的职业生涯发展所包含的核心要素、范式逻辑、过程机理进行了深入挖掘。

1. 角色关系的概念框架

通过案例分析,挖掘出"多角色参与""角色交互""交互载体""角色状态改变"等核心概念,并认为基于角色关系的职业生涯发展以角色交互为基础,将角色交互定义为"主体在多元角色执行与投入的过程中,角色间以特定载体为依托,根据角色系统结构产生促进或抑制的相互影响,并最终改变现有角色状态的过程"。

2. 角色关系的关键中介

交互载体是角色关系性质的关键中介,存在两种性质不同的载体形式:增值型载体和消耗型载体。增值型载体具有拓展性、兼容性、增值性等特征,消耗型载体具有专属性、排他性、有限性等特征。交互载体的两类性质对应了角色关系的两种过程:增值型交互载体可引发角色关系的积极改变,即角色促进过程;消耗型交互载体可导致角色关系的消极改变,即角色冲突过程。

3. 角色关系的基础条件

多角色参与是角色交互形成的基础条件,它既是形成角色促进的基础,也是导致角色冲突的原因。多角色参与通过角色促进形成对职业生涯发展的助益作用,通过角色冲突形成对职业生涯发展的阻碍作用。

4. 角色关系的系统结构

结合交互载体的属性及其发挥作用的方式,构建了角色关系的系统动力学模型。根据交互载体的不同,一共发现了3个多角色相互影响的循环:1个调节型循环,以稀缺性资源为载体,形成了 B_1 循环,引起多角色间的相互冲突,对应消耗型角色交互过程;2个增长型循环,分别以资源总量、能力基础为载体形成了循环 R_1 和 R_2,引起多角色间的相互促进,对应增值型角色交互过程。多角色参与对职业生涯发展的最终影响取决于角色关系的系统结构中是调节型循环还是增长型循环起主导作用。

三、假设检验

根据研究需要,开发了角色促进(增值型角色交互)和角色冲突(消耗型角色交互)的量表,其中角色促进包括能力促进、资源促进和心理促进三个维度,角色冲突包括主观冲突和客观冲突两个维度。借助问卷调查,对基于角色关系的职业生涯发展过程机制进行了假设检验。

1. 两类基本过程

统计结果支持了角色促进对个体职业生涯成功的正向影响,角色冲突对个体职业生涯成功的负向影响。具体来说,能力促进、资源促进、心理促进对个体职业生涯成功均具有显著的正向影响;主观冲突与客观冲突均对个体的职业生涯成功具有显著的负向影响。结果参见表9-1。

表9-1 两类基本过程的假设检验结果

假设		内容	支持/不支持
假设1	H1	角色促进对个体的职业生涯成功具有显著正向影响	支持
	H1.1	能力促进对个体的职业生涯成功具有显著正向影响	支持
	H1.2	资源促进对个体的职业生涯成功具有显著正向影响	支持
	H1.3	心理促进对个体的职业生涯成功具有显著正向影响	支持
假设2	H2	角色冲突对个体的职业生涯成功具有显著负向影响	支持
	H2.1	主观冲突对个体的职业生涯成功具有显著负向影响	支持
	H2.2	客观冲突对个体的职业生涯成功具有显著负向影响	$p<0.1$ 上支持

资料来源:根据实证研究结果整理。

2. 多角色参与的双刃剑效应

实证研究支持了多角色参与是角色交互的投入机制，角色交互在多角色参与和职业生涯成功之间具有中介作用。具体来说，多角色参与（多角色投入、角色多样性、平均角色投入）通过角色促进的中介作用对职业生涯成功起到显著的正向影响，多角色参与（多角色投入和角色多样性）通过角色冲突的中介作用（遮掩效应）对职业生涯成功起到显著的负向影响，表现为明显的"双刃剑效应"。结果参见表9-2。

表9-2 多角色参与双刃剑效应的假设检验结果

假 设		内　　容	支持/不支持
假设3	H3.1	多角色投入对角色促进具有显著的正向影响	支持
	H3.2	角色多样性对角色促进具有显著的正向影响	支持
	H3.3	平均角色投入对角色促进具有显著的正向影响	支持
假设4	H4.1	多角色投入对角色冲突具有显著的正向影响	支持
	H4.2	角色多样性对角色冲突具有显著的正向影响	支持
	H4.3	平均角色投入对角色冲突具有显著的正向影响	支持
假设5	H5.1	角色促进在多角色投入和职业生涯成功间具有显著的中介作用	支持
	H5.2	角色促进在角色多样性和职业生涯成功间具有显著的中介作用	支持
	H5.3	角色促进在平均角色投入和职业生涯成功间具有显著的中介作用	支持
假设6	H6.1	角色冲突在多角色投入和职业生涯成功间具有显著负向中介作用	支持遮掩效应
	H6.2	角色冲突在角色多样性和职业生涯成功间具有显著负向中介作用	支持遮掩效应
	H6.3	角色冲突在平均角色投入和职业生涯成功间具有显著负向中介作用	不支持

资料来源：根据实证研究结果整理。

3. 应对策略的调节作用

实证研究支持了应对策略参与下带调节的中介模型。积极应对策略和消极应对策略在多角色参与通过角色交互对职业生涯成功产生影响的中介过程中表现出了一定的调节作用,具体结果参见表9-3。实证研究结果还发现,与多角色参与相类似,积极应对策略也具有一定程度的"双刃剑效应",在角色多样性的影响下,积极应对策略对角色促进的中介效应(正向)和角色冲突的遮掩效应(负向)具有同样的放大作用,进而对职业生涯成功产生既促进又抑制的双重影响。同时,实证结果还发现,中高程度的消极应对具有激活社会支持系统的作用,反而有助于触发角色促进对职业生涯成功的正向影响过程。

表9-3 带调节的中介模型的假设检验结果

假 设		内　　　容	支持/不支持
假设7	H7.1	多角色投入通过角色促进影响个体职业生涯成功的中介过程受到积极应对策略的调节	不支持
	H7.2	角色多样性通过角色促进影响个体职业生涯成功的中介过程受到积极应对策略的调节	支持
	H7.3	平均角色投入通过角色促进影响个体职业生涯成功的中介过程受到积极应对策略的调节	支持
假设8	H8.1	多角色投入通过角色冲突影响个体职业生涯成功的中介过程受到积极应对策略的调节	不支持
	H8.2	角色多样性通过角色冲突影响个体职业生涯成功的中介过程受到积极应对策略的调节	支持
	H8.3	平均角色投入通过角色冲突影响个体职业生涯成功的中介过程受到积极应对策略的调节	支持
假设9	H9.1	多角色投入通过角色促进影响个体职业生涯成功的中介过程受到消极应对策略的调节	不支持
	H9.2	角色多样性通过角色促进影响个体职业生涯成功的中介过程受到消极应对策略的调节	支持
	H9.3	平均角色投入通过角色促进影响个体职业生涯成功的中介过程受到消极应对策略的调节	不支持
假设10	H10.1	多角色投入通过角色冲突影响个体职业生涯成功的中介过程受到消极应对策略的调节作用	支持
	H10.2	角色多样性通过角色冲突影响个体职业生涯成功的中介过程受到消极应对策略的调节	支持
	H10.3	平均角色投入通过角色冲突影响个体职业生涯成功的中介过程受到消极应对策略的调节	不支持

资料来源:根据实证研究结果整理。

四、管理应用

基于角色关系的职业生涯发展的基本原理是：释放角色促进对职业生涯发展的积极作用，同时控制或限制角色冲突对职业生涯发展的消极作用，从而谋求职业生涯的根本性发展。

借鉴理论构型法，分析了角色促进与角色冲突之间的四种关系构型："低角色冲突/低角色促进"的消极均衡构型Ⅲ、"高角色冲突/低角色促进"的消极发展构型Ⅱ、"低角色冲突/高角色促进"的积极发展构型Ⅳ、"高角色冲突/高角色促进"的积极均衡构型Ⅰ。四个构型分别代表了多角色间四种不同的相互影响方式，均衡构型仅能使角色状态维持现状，非均衡构型才能促进角色状态的根本性改变。构型Ⅳ"高角色促进/低角色冲突"积极发展构型是促进职业生涯发展的最理想状态，其他三种构型需要通过一定路径，向构型Ⅳ进行转化。

以下几种策略可以改善角色交互关系：① 减少角色种类可降低角色冲突水平；② 增加角色种类可提升角色促进水平；③ 提高角色投入可提升角色促进水平；④ 降低角色投入可降低角色冲突水平。这些策略本质上均为调整交互载体。通过增加增值型交互载体，实现提高角色促进的目的；通过减少消耗型交互载体，实现降低角色冲突的目的，进而促进职业生涯发展。此外，巧用积极应对策略、充分发挥社会支持系统的关键作用，也是基于角色关系的职业生涯发展的有效策略。

基于角色关系的职业生涯的管理原则可以被重新解读为"识别增值型交互载体，并加以充分利用；识别消耗型交互载体，并加以控制"的过程。对交互载体的识别成为职业生涯管理的关键。交互载体的类别不取决于它的具体形式，而取决于它的本质特征，角色在特定载体上的专属性/兼容性是判断载体性质的重要依据。

第二节 基于角色关系的职业生涯发展模式的管理实践

本研究的相关结论可以为个体的自我职业生涯管理和企业的组织人力资源管理提供一定的指导借鉴。

一、对自我职业生涯管理的重要启示

基于角色关系的职业生涯发展是在无边界、易变型和知识型职业生涯发

展之下提出的,是从个体视角对职业生涯发展趋势的一种解读,对个体自我职业生涯管理及工作—家庭平衡的意义主要体现在以下方面。

1. 开启职业生涯发展的新方向

当前,由于环境的变化,个体与组织间雇佣关系的性质和内容发生了重要转变,多数组织不再为员工提供稳定的就业预期和完善的内部职业生涯通道,员工跨组织边界的流动成为越来越普遍的现象。基于角色关系的职业生涯发展的提出,为无边界、易变型和知识型框架下个体的职业生涯发展提供了新思路:他们无须再将组织内部晋升作为职业生涯发展的唯一标准,而可以将目光放宽到多组织领域,通过职业—家庭—社会等多元角色与身份的参与、平衡与转换实现职业生涯发展的目的。同时,通过多元角色的协调发展促进个体的全面发展与自我实现也逐渐成为职业生涯发展追求的终极目标。

2. 揭示职业生涯发展新的促进因素

无边界、易变型和知识型职业生涯以职业竞争力作为发展的重点,实证研究也已经证实,角色促进是增强个体职业竞争力的重要因素,为个体的职业生涯发展提供了动力来源。一方面,通过职业、家庭、社会等多元角色的承担,个体可以构建起优质的社会网络,找到更多的增值型交互载体,协调角色间积极的影响关系,从而促进职业生涯的发展。另一方面,先前的角色经历可能对现在和未来的职业生涯发展具有影响,因此个体可以结合曾经的职业、教育、社会等角色经历,挖掘先前角色的优势与价值,帮助当前角色绩效的实现;或立足于当前工作角色、家庭角色、社会角色,设计未来的职业发展方向与路径。

3. 缓解劳动异化造成的职业压力

组织理论与马克思主义学者均认为,技术分工破坏了工作的完整性是劳动者产生压力的主要原因。技术分工不仅使劳动主体"去技能化",通过简单、单调、极易掌握的操作破坏了劳动本身的内在价值,形成了劳动者之间的横向隔离,而且削弱了他们的就业安全,割断了他们的共同经验。同时,技术分工也使生产性工作与管理性工作相分离,加强了管理者权力的合法性,切断了劳动者思想与行为的一致性,工作完全外在于工人,不再是他们实现自己抱负的有效途径,而沦为消耗体力和压抑精神的邪恶力量。因此,当前实践中所凸显出的员工压力问题,是过于强调职业角色发展而忽略家庭角色和其他社会角色实现的情况下所产生的畸形现象。基于角色关系的职业生涯框架,提倡多角色协调发展的理念,为个体偏重单一角色时产生的不良影响提供了一定解决思路,利于个体提升幸福感。

4. 指出目标冲突管理的新思路

基于角色关系的职业生涯发展作为一种多元角色协调发展的模式,可为解决工作—家庭冲突问题提供新视角。基于角色关系的职业生涯发展将人作为一个完整的主体,提倡多元角色间的协调发展,强调人与生命的完整性、系统性与主动性,关注职业与家庭的协调发展,思想与行为的联动发展,内在价值与外在价值的共同发展,短期利益与长期利益的兼顾发展,是全人发展理念的重要体现。基于角色关系的职业生涯发展的分析框架也为冲突目标的管理问题提供了新思路,可利用交互载体的性质,引入增值型交互载体,避免冲突事件的正面交锋,通过并行的、折中的、迂回的方式,实现直接或间接化解冲突的目的。

5. 提供职业生涯管理的新途径

角色关系构型的提出,为员工个体的职业生涯管理活动提供了重要的分析工具。该框架有助于员工个体判断自身当前的情况和未来的发展方向。具体来说,通过对当前角色现状的分析,个体可以确定自己在角色关系构型坐标系中的相对位置,将抽象的角色间关系定位为角色关系的具体类别。以此为基础,结合对交互载体的识别,个体可以明确角色关系系统中的动力机制与阻力机制,从而分析出角色关系系统改进的突破口、关键点、杠杆解。同时,还可以通过对交互载体的识别、开发与利用,挖掘出实现发展目标的具体措施、实施途径和实践策略,为职业生涯规划与管理提供新的思路与方法。

二、对组织职业生涯管理的启示借鉴

尽管基于角色关系的职业生涯发展是从个体视角出发进行的研究,但系统理论认为,个体的发展是组织发展的根本性动力,基于角色关系的职业生涯发展及其相关理念、方法,也是促进组织发展的必要因素,同样对企业人力资源管理和组织职业生涯管理具有重要的借鉴意义。

1. 促成组织与员工共同发展的动力源

传统的职业人的发展理念,对绩效或组织利益过分强调,组织管理会陷入机械论的思维,阻碍人们潜能的充分发挥。也就是说,以绩效为基础的人力资源开发模式无法有效挖掘出员工完成更大使命的能力,会使他们与组织更疏远,归根结底将损害到组织的根本利益。同时,传统理论假设人为理性人,一些组织变量会遵从理性行为模式对员工进行激励。目前越来越多的研究显示,由于压力、焦虑等情绪问题的存在,员工出现了越来越多的非理性行为,从而产生诸多工作场所退行行为,例如,职场"摸鱼"、工作破坏、旷工、离职等,对组织长期健康发展造成了严重的阻碍。

与此相比,基于角色关系的职业生涯发展更多关注潜意识智能的释放,使人们追求的目标从生存、收入、安全等低层次的需求向获得尊重、自我实现等高层次需求转化,能够培养个体健康的心智模式,系统性地缓解畸形心态的形成,从而可以有效避免非理性行为的产生。拥有健康心态的员工是组织健康发展的基本前提,是组织长远发展的必要保障。基于角色关系的职业生涯发展作为一种注重个人发展的整体性方法,往往可以促进员工形成更高的自我成就感,并更容易做出促进组织繁荣的理性决定和行动,这将有利于打造一支信息更新更快、涉猎知识更广泛、更具有批判性思维的员工队伍。

2. 拓展组织管理的实践空间

基于角色关系的职业生涯发展的一些核心理念,可能在企业或组织的人力资源管理活动中找到更大的作用发挥空间。例如,利用角色交互的思想,有助于员工援助计划(EAP)的有效设计和实施。借助多元角色协调发展的理念,员工援助计划可以拓展其视野,突破"工作—家庭"的二元性思维,站在更加立体的"工作—家庭—社会"三元世界中解决问题,关注更加开放的系统中的员工社会生活,为员工的增值型角色交互提供载体和平台(例如,在女性孕育哺乳阶段,增加培训活动以替代工作活动,以促进职业角色的后续发展),为员工的消耗型角色交互提供综合解决方案(例如,增加家属保险等福利,切实降低家庭负担、突发事件对员工的工作与生活的冲击)。

角色交互理念还可能在工作设计中得到应用。该理念认为,一些角色之间由于对稀缺资源的争夺而产生冲突,不利于角色的发展,而另一些角色之间由于可实现资源的交互、增值与共享以产生促进,有利于角色的发展。可以参考这一思路,在工作设计中将有利于角色作用发挥的工作岗位(或角色)设计成一个工作集群(例如,工作团队),将那些不利于角色作用发挥的工作岗位(或角色)适当隔离(例如,在团队组建时避免选择性格不和的成员),或者将有利于职能发挥的两个岗位身份赋予同一个领导人(兼任)等。这一思想与岗位轮换和交互记忆系统等领域的研究结论也非常吻合。

此外,实践中,一些单位还曾经用党建联建的方式解决了不同单位之间的沟通协调矛盾,也符合角色交互的理念和思路。一方政策不明,另一方求助无门,双方党支部通过开展党建联建活动,加强了深入沟通与相互理解,顺利促进业务领域矛盾的化解。

3. 关注特殊职业群体的人力资源开发

基于角色关系的职业生涯理念还可为女性等特殊职业群体的人力资源开发问题提供一定的参考。目前,有些单位在聘用和晋升等问题上仍然存有对女性员工的多种歧视,这些歧视与女性生育和抚养的特殊使命有关。随着我国"三孩"政策的正式推行,女性的生育使命又增加了新的任务和内容,无形中加大了工作—家庭平衡的难度。绝大多数女性的职业上升期,同时也是完成生育使命的黄金时期,促使她们不得不做出艰难的选择,是中断职业发展还是放弃家庭幸福?这种两难困境给女性的自由全面发展带来了重要挑战。因此,如何帮助职业女性成功渡过生涯发展过程中的"多角色任务交互期",最大限度地激发职业女性的潜能,不仅是提高女性幸福感的重要手段,也可以帮助组织挖掘更大的人力资源价值实现空间。

根据基于角色关系的职业生涯发展的理念,组织可以扩展对特殊群体的管理思路。例如,将教育培训作为促进女性职业发展和协调工作—家庭冲突的重要载体,为生育期女性员工提供更多的教育或培训机会,将对女性员工该阶段的成本投入转化成一种人力资本投资。通过重视员工工作—家庭—社会三元角色之间的关系,组织可以挖掘出更多的员工激励方式,实现与员工在人力资源开发问题上的共同目标。

第三节 基于角色关系的职业生涯发展研究的未来展望

一、本研究的创新点

作为个体层次的职业生涯发展研究,本书对职业生涯领域的研究进行了补充和发展,力争有所突破,其创新点主要体现在以下方面。

1. 借鉴角色分析、系统动力学等理论,扩展了职业生涯的研究视角

传统职业生涯发展研究多以心理学、行为学为基础,试图解释具有不同特质的个体职业生涯选择(或发展)的差异化模式,对生涯发展的共性问题缺少必要关注。本研究以角色理论为基础,重新审视了职业生涯发展的本质过程,认为职业生涯发展以角色交互为基础,且角色间不仅存在冲突,也存在角色促进的路径。同时,结合系统动力学理论,从角色关系系统的角度对多元角色间相互影响的过程机理进行了本质探索,发现多角色间的相互影响需要依托特定的载体而进行,以交互载体为基础形成角色关系系统结构,增长型循环(增值型角色交互)可作为促进职业生涯发展的动力来源,调节型循环(消耗型角色交互)演化成阻碍职业生涯发展的阻力机制。角色视角与系统动力学视角的结合,可以形成对传统职业生涯发展理论的补充,有助于揭示职业生涯发展的角色本质与内在机理。

2. 突破了狭义的职业生涯研究范式,体现了研究体系的创新

传统职业生涯发展理论多从以工作为中心的单一视角看待生涯发展问题,或仅关注了家庭周期与职业发展的联系,将其他社会角色作为研究背景

进行了同质化处理,尤其是将学习与开发活动作为职业生涯发展的前置因素考虑。新形势下,有必要重新审视与生涯发展密切相关的工作、家庭和社会角色,考察多元因素框架下的生涯规划与发展问题。这样的研究是对传统以"工作"为中心的一元视角和以"工作—家庭平衡"为中心的二元视角的反思和补充。同时,传统职业生涯发展理论多注重个体因素、工作因素、组织因素、环境因素等单一要素对员工职业生涯发展的影响作用,只能从静态的角度解释生涯发展的局部规律。职业生涯发展原本就是一个由众多主客观因素相互影响、相互制约、共同决定的动态的角色发展问题,选择动态的分析单元更有利于挖掘促进职业发展的系统性因素。本研究以"工作—家庭—社会"的多元角色关系系统作为分析单元,探索性地提出了基于角色关系的职业生涯发展理念,探讨角色促进或角色冲突对职业角色发展的影响,更加系统、科学,符合生涯问题的客观情况。

3. 在"角色交互"概念提炼基础上,构建了新的理论模型和研究框架

在质性研究的基础上,本研究提炼了基于角色关系的职业生涯发展的概念框架,抽象出"多角色参与""角色交互""交互载体""角色状态改变"等概念,就概念之间的逻辑关联进行了梳理,形成了基于范式模型的概念体系,是对角色理论体系的补充,也是对"工作—家庭冲突""工作—家庭促进"和"工作—家庭平衡"领域研究的拓展与升华,更为分析和解读职业生涯发展的本质过程提供了有效的理论基础。

在质性研究和定量研究的基础上,区分了角色促进与角色冲突四种不同的关系模式,提出了角色关系构型,根据系统动力学原理,就每种关系构型对职业角色发展的作用进行了探讨,由此选择了促进职业生涯发展的最佳构型(构型Ⅳ"低角色冲突/高角色促进"的积极发展构型),还探讨了其他构型向最佳构型转化的路径和方式。该分析框架的提出,为职业生涯发展问题的研究提供了新的分析工具,也为角色系统改进和冲突目标管理等问题的解决提供了新思路。

4. 开发了角色交互量表,贡献了测量工具

根据研究需要,本研究开发了角色促进(增值型角色交互)和角色冲突(消耗型角色交互)的量表,为检验量表质量进行了预调研。针对部分题项同时在两个指标上的因子载荷都很高的情况进行调整和修正,最终得到了角色促进的16题项量表和角色冲突的9题项量表,且量表的信度和效度均达到了检验标准。其中,角色促进可以区分出能力促进、资源促进、心理促进三个维度,角色冲突可以区分出主观冲突和客观冲突两个维度。这些维度也体现了角色之间关系形成的基础,也即交互载体的存在。量表的开发为基于角

关系的职业生涯发展研究提供了测量工具。

5. 提供了新的职业生涯管理理念和管理策略

基于角色关系的职业生涯发展理念是对传统职业生涯理论的修正和补充，也是组织发展的必要基础和前提。具体来说，组织视角下的职业人开发理念认为，工作绩效是促进职业生涯发展的必要前提。在这种模式下，压力问题不可避免地与职业生涯发展相伴而生。由于对绩效结果的过分关注，组织会试图通过各种干预措施去提升绩效，导致一种过于机械的组织生活，使员工在组织中受到了限制，无法使其潜能获得有效发挥。而为了实现激励性的绩效标准，员工经常过度投入，从而引起角色紧张与角色超载，同时导致了职业角色对家庭角色的挤占。

相比之下，基于角色关系的职业生涯发展模式秉持"完整人的全面开发"理念，更符合全人开发的原则。该理念认为绩效是发展的必然结果，而不应以绩效去推动发展。与单纯要求绩效提升的做法相比，基于角色关系的职业生涯发展模式可能会孕育出更高的个人绩效水平。因为人的全面发展有利于其体力、智力、认知能力、理解能力、创造能力等基础性元技能的形成，有助于主体形成一种高阶能力，以帮助他们更系统性地解决问题。同时，职业、家庭、社会等角色的协调发展还有利于还原一种完整的生活状态，使个体获得更多资源与问题解决方式，帮助个体在多元角色参与中实现多重社会价值。此外，该模式还可以在很大程度上帮助主体还原一个健全完整的心智模式，提升其内在与外在的双向满足，从而不仅能够帮助个体提升主观幸福感，而且为组织的有机发展奠定了基础。两种理念的比较如表9-4所示。

表9-4 两种开发理念的对比分析

理　　念	职业人开发理念	基于角色关系的职业生涯发展理念
工作性质	碎片化、割裂、隔离	主张还原工作的完整性
心智模式	只见树木不见森林	由一斑而窥全豹
能力模式	专项技能强化	高阶能力、潜意识的激发
工作与家庭的关系	冲突	促进与冲突的协调
发展标准	绩效提升	满意度提升与多重价值实现
压力形成	系统性增强	系统性调节

资料来源：本研究设计。

二、本研究的局限

本研究仍存在一定的不足，有待未来进一步补充和完善。

第一，本研究区分了职业内角色和职业外角色两个视角，但后续的具体研究中仅从职业外角色的角度对角色关系系统进了阐释。未来的研究还应重视对职业内角色视角的挖掘。无边界、易变型、知识型职业生涯发展时代，职业角色本身也呈现出多元化特征，例如，多元岗位经历、多元职业身份转换（斜杠青年）、跨层级流动等，同样也符合系统特征，对职业生涯发展具有更加直接的影响。以交互载体为基础，挖掘职业角色本身的系统性发展，或可为职业生涯领域的理论与实践带来更为直接、更为关键的启示与突破。

第二，在质性研究中重点关注了学习者角色的作用，将之作为社会角色的代表。社会角色还包括诸多种类，如志愿者角色、社团成员角色、非正式组织角色等，仅以"学习者角色"作为"社会角色"的观测过于简单，可能会忽略其他社会角色的潜在影响。尽管在定量研究中进一步补充了社会角色的其他种类，但可能会疏漏一些影响方式、影响过程的具体细节。未来研究中还要对每类角色的性质、种类、阶段进行细化，以便更深入地探讨角色交互产生影响的机理与方式。

第三，尽管本研究以"工作—家庭—社会"的多元角色互动作为分析单元，认为角色间的非线性影响能够产生特定的角色关系系统结构，强调多角色间以动态非均衡的方式进行协同发展与演进。然而，在量表开发中，仅要求被调查者模糊地评价多角色间产生相互影响的方式、程度和水平，仍然没能解决多元角色互动的方向性问题，可能会疏漏掉角色交互的关键细节。未来的研究中还需要对角色交互的概念内涵、维度、方向、测量等关键问题进行更深入的挖掘与探索，以更加完整地描绘出角色关系系统结构的常模。

第四，样本局限。第一阶段实证研究（第六章提到的预调研）的样本选择了在职学历群体（MBA、MPA、MPACC、在职硕士、在职博士等）以挖掘角色交互特征，用以对角色冲突和角色促进量表进行信效度检验。但在职教育群体可能存在有别于普通职业群体的特点，例如，事业心强、自我效能感高、职业主动性强等，这些特点可能对角色促进和角色冲突量表形成一些潜在的影响。尽管第二阶段的实证研究中，样本选择了一般职业群体，但也因样本数量有限，研究结论在多样化群体、更大范围内的适用性仍需更多实证研究进行佐证。

第五，本书仅以职业生涯发展的一个片段为基础进行了研究，没有贯穿职业生涯发展的全过程。基于角色关系的职业生涯发展的综合结果可能存在一定的阶段性和时滞性，仅以时间横断面数据进行假设检验，角色间关系的后续影响可能尚未充分展现出来，无法反映职业生涯发展的历史全貌，其结果势必会受到一定制约。未来仍需要以纵向的时间序列为依据对职业生涯发展的角色关系过程进行系统性阐释，借助履历数据挖掘、名人传记分析、对已退休人员进行质性研究等方式，探索角色关系及职业生涯的纵向发展过程，以弥补横截面数据存在的局限。

第六，应对策略直接借鉴了国外学者开发的量表，将之划分为积极应对和消极应对。在量表使用过程中受到了一定程度的制约，导致实证研究部分的结果存在一些出乎意料的情形。与西方国家相比，中国人对于两种应对策略的理解可能存在一定的文化差异。其中，积极应对策略中，与领导据理力争、冒很大风险做一些危险的事、主动表达情绪等行为不太符合儒家文化背景下含蓄内敛的表达方式。同时，消极应对策略中，痛哭一场、发泄情绪、表达愤怒等方式，在中国文化情境中被认为是一种极端异常状态，主体一旦出现这些行为，立即会引起周围人的警觉，并施以善意的援手。换言之，中国人对积极应对和消极应对的理解有别于西方国家，更关注于内在的主动意识和可掌控且对外界影响较小的行为，例如，以主动规划、积极调整认知、主动预判未来趋势等方式进行积极应对，以走一步看一步、不拒绝也不负责、情绪低落、纵情声色娱乐等方式表现消极应对。因此，未来研究中还应选择或开发更为符合中国文化情景的应对方式量表，以探索应对策略在职业生涯发展中的关键价值。

三、未来研究方向

基于角色关系的职业生涯发展理论存在广阔的研究空间。

第一，实践中，基于角色关系的职业生涯发展模式仍存在很多具体形式，未来的研究需要将基于角色关系的职业生涯发展模式拓展到更广阔的实践领域中检验其有效性，以对该理论进行进一步验证、补充和完善。例如，大学生实习，通过学生角色与非正式工作角色的交互，实现促进职业生涯发展的目的；工作者角色与行业协会成员的角色交互，也可以实现促进职业生涯发展的目的；通过岗位轮换实现不同岗位角色之间的角色交互，也可以促进职业生涯的发展；基层岗位角色与机关总部角色之间的交互，可以促进个体工作视角更加全面，也可以促进职业生涯的发展。

第二，作为一种职业生涯发展的客观规律，主观干预可以影响发展进程和发展速度，未来的研究需要进一步挖掘、讨论它与员工自我职业生涯管理活动之间的关系，明确该模式产生作用的过程机制。同时，基于角色关系的职业生涯发展模式还可能与个体特质有关，例如，生涯发展动机、主动性人格、职业价值观、理想信念、性别角色认同、角色宽度自我效能、自律性等因素都将对个体的职业生涯发展过程产生重要影响。未来的研究还应该将主观与客观相结合，探讨个体主动性过程对基于角色关系的职业生涯发展模式的影响。同时，职业角色作为生涯发展的重点，角色模拟、角色演练、时间管理能力对角色表现具有重要影响，也可以作为未来研究的关注领域。

第三，尽管处于无边界、易变型、知识型职业发展阶段，组织的招聘、培训、绩效、晋升等人力资源管理活动仍然对个体的职业生涯发展具有极其重要的影响。诸如行业特性、企业网络、组织特性、战略类型、雇佣方式、组织氛围、人才补充策略、人力资源激励与开发方式、居家办公、福利及休假制度、弹性工作制等因素均可能成为员工的增值型交互载体，进而带来积极溢出的角色便利。未来的研究还需要关注组织职业生涯管理活动与基于角色关系的职业生涯发展模式之间的关系，探索组织因素如何参与或影响基于角色关系的职业生涯发展过程。

第四，本书成文的过程中，中国的计划生育政策已经进行了几次重大调整，从原来的一胎政策，到单独二孩，再到全面二孩，再到三孩，女性的生育自由得到了解放。但同时，女性的生育意愿与职业发展意愿会出现多次交锋，生育任务和家庭责任也会随之变得更加具有挑战，基于角色关系的职业生涯发展模式在多子女生育政策之下的适用性如何还需要进一步探讨与验证。同时，受中国传统文化和职业成功模式的影响，中国社会与西方有所不同，前者以强关系为核心，而后者则以弱关系为信息传播的纽带，角色交互理论在西方情境下是否适用还有待进一步证实。此外，新生代员工与老一代员工在价值观和生活方式上也有着明显的变化，该模式是否存在年龄差异也有待进一步挖掘。

参 考 文 献

[1] Adler P S, Kwon S W. Social Capital: Prospects for A New Concept [J]. Academy of Management Review, 2002, 27(1): 17 - 40.

[2] Afaf M I, Norbeck J S, Laffrey S C. Role Integration and Health Among Female Clerical Workers [J]. Research in Nursing and Health, 1989, 12: 355 - 364.

[3] Allis P, O'Driscoll M. Positive Effects of Nonwork-to-Work Facilitation on Well-being in Work, Family and Personal Domains [J]. Journal of Managerial Psychology, 2008, 23(3): 273 - 291.

[4] Allport G W. The Ego in Contemporary Psychology [J]. Psychological Review, 1943, 50(5): 451 - 476.

[5] Amstad F T, Meier L L, Fasel U, et al. A Meta-Analysis of Work-Family Conflict and Various Outcomes With a Special Emphasis on Cross-Domain Versus Matching-Domain Relations [J]. Journal of Occupational Health Psychology, 2011, 16(2): 151 -169.

[6] Appelbaum S H, Hare A. Self-Efficacy as a Mediator of Goal Setting and Performance: Some Human Resource Applications [J]. Journal of Managerial Psychology, 1996, 11 (3): 33 - 47.

[7] Arthur M B. The Boundaryless Career: A New Perspective for Organizational Enquiry [J]. Journal of Organizational Behavior, 1994, 15(4), 295 - 306.

[8] Arthur M B, Claman P H, DeFillippi R. Intelligent Enterprise, Intelligent Career [J]. Academy of Management Executive, 1995, 9(4): 7 - 20.

[9] Arthur M B, Rousseau D M. The Boundaryless Career: A New Employment Principle for a New Organizational Era [M]. New York: Oxford University Press, 1996.

[10] Arthur N, McMahon M. Multicultural Career Counseling: Theoretical Applications of the Systems Theory Framework [J]. Career Development Quarterly, 2005, 53(3): 267 - 274.

[11] Aryee S, Fields D, Luk V. A Cross-Cultural Test of a Model of the Work-Family Interface [J]. Journal of Management, 1999, 25(4): 491 - 511.

[12] Astin H S. The Meaning of Work in Women's Life: A Sociopsychological Model of

Career Choice and Work Behavior [J]. The Counseling Psychologist, 1984, 12(3-4): 117-126.

[13] Atkinson J. Manpower Strategies for Flexible Organizations [J]. Personnel Management, 1984, 16(8): 28-31.

[14] Baldwin T T, Camden D, Wiggenhorn W. The Evolution of Learning Strategies in Organizations: From Employee Development to Business Redefinition [J]. Academy of Management Executive, 1997, 11(4): 47-58.

[15] Bakker A B, Demerouti E, Toon W, et al. A Multi-Group Analysis of the Job Demands-Resources Model in Four Home Care Organizations [J]. International Journal of Stress Management, 2003, 10 (1): 16-38.

[16] Barnett R C, Hyde J S. Women, Men, Work, and Family: An Expansionist Theory [J]. American Psychologist, 2001, 56(10): 781-796.

[17] Barrick M R, Mount M K. The Big Five Personality Dimensions and Job Performance: A Meta-Analysis [J]. Personnel Psychology, 1991, 44(1): L-26.

[18] Barron F M, Harrington D M. Creativity, Intelligence and Personality [J]. Annual Review of Psychology, 1981, 32(1): 439-476.

[19] Baruch Y, Rosenstein E. Career Planning and Managing in High Tech Organizations [J]. International Journal of Human Resource Management, 1992, 3(3): 477-496.

[20] Baruch Y, Peiperl M. An Empirical Assessment of Sonnenfeld's Career Systems Typology [J]. International Journal of Human Resource Management, 2003, 14(7): 1267-1283.

[21] Baruch Y. Career Development in Organizations and Beyond: Balancing Traditional and Contemporary Viewpoints [J]. Human Resource Management Review, 2006, 16(2): 125-138.

[22] Beaty J C, Cleveland J N, Murphy K R. The Relation Between Personality and Contextual Performance in "Strong" Versus "Weak" Situations [J]. Human Performance, 2001, 14(2): 125-148.

[23] Betz D C, Hackett G. The Relationship of Career-Related Self-Efficacy Expectations to Perceived Career Options in College Men and Women [J]. Journal of Counseling Psychology, 1981, 28(5): 399-410.

[24] Betz N E, Fitzgerald L F. The Career Psychology of Women [M]. New York: Academic Press, 1987.

[25] Blumer H. Symbolic Interactionism [M]. London: University of California Press, 1969.

[26] Bowen D D, Hisrich R D. The Female Entrepreneur: A Career Development Perspective [J]. Academy of Management Review, 1986, 11(2): 393-407.

[27] Brandon D P, Hollingshead A B. Transactive Memory Systems in Organizations:

Matching Tasks, Expertise, and People [J]. Organization Science, 2004, 15(6): 633-644.

[28] Briscoe J P, Hall D T. Grooming and Picking Leaders Using Competency Frameworks: Do They Work? An Alternative Approach and New Guidelines for Practice. [J]. Organizational Dynamics, 1999,28(2): 37-52.

[29] Briscoe J P, Hall D T. The Interplay of Boundaryless and Protean Careers: Combinations and Implications [J]. Journal of Vocational Behavior, 2006, 69(1): 4-18.

[30] Briscoe J P, Hall D T, DeMuth R L F. Protean and Boundaryless Careers: An Empirical Exploration [J]. Journal of Vocational Behavior, 2006,69(1): 30-47.

[31] Brown D, Brooks L. Career Choice and Development: Applying Contemporary Theories to Practice [M]. San Francisco: Jossey-Bass Publishers,1990.

[32] Canavagh S J. Job Satisfaction of Nursing Staff Working in Hospitals [J]. Journal of Advanced Nursing, 1992, 17(6): 704-711.

[33] Carlson D S, Kacmar K M, Wayne J H, et al. Measuring the Positive Side of the Work-Family Interface: Development and Validation of a Work-Family Enrichment Scale [J]. Journal of Vocational Behavior, 2006, 68(1): 131-164.

[34] Carver C S, Connor-Smith J. Personality and Coping [J]. Annual Review of Psychology, 2010, 61(1): 679-704.

[35] Clark A. The Working Life of Women in the Seventeenth Century [M]. London: Routledge, 1919.

[36] Coleman J S. Social Capital in the Creation of Human Capital [J]. American Journal of Sociology, 1998(94): 95-120.

[37] Connell J, Burgess J. In Search of Flexibility: Implications for Temporary Agency Workers and Human Resource Management [J]. Australian Bulletin of Labour, 2002, 28(4): 272-283.

[38] Connelly C E, Gallagher D G. Emerging Trends in Contingent Work Research [J]. Journal of Management, 2004, 30(6): 959-983.

[39] Cotter D A, Hermsen J M, Ovadia S, Vanneman R. The Glass Ceiling Effect [J]. Social Forces, 2001, 80(2): 655-682.

[40] Coverman S. Role Overload, Role Conflict, and Stress: Addressing Consequences of Multiple Role Demands [J]. Social Forces, 1989, 67(4): 965-983.

[41] Crites J O. Problems in the Measurement of Vocational Maturity [J]. Journal of Vocational Behavior, 1974, 4(1): 25-31.

[42] Crouter A C. Spillover From Family to Work: The Neglected Side of the Work-Family Interface [J]. Human Relations, 1984, 37(6): 425-442.

[43] Daalen G Van, Willemsen T M, Sanders K. Reducing Work-Family Conflict Through

Different Sources of Social Support [J]. Journal of Vocational Behavior, 2006, 68(1): 1–15.

[44] Davidson J, Caddell D. Religion and the Meaning of Work [J]. Journal for the Scientific Study of Religion, 1994, 33(2): 135–147.

[45] DeFillippi R J, Arthur M B. The Boundaryless Career: A Competency-Based Perspective [J]. Journal of Organizational Behaviour, 1994, 15(4): 307–324.

[46] DeFrank R S, Cooper C L. Worksite Stress Management Interventions: Their Effectiveness and Conceptualization [J]. Journal of Managerial Psychology, 1987, 2(1): 4–10.

[47] Demerouti E, Bakker A B. Dual Process at Work in a Call Centre: An Application of the Job-Demands Resources Model [J]. European Journal of Work and Organizational Psychology, 2003, 12(4): 393–417.

[48] Duffy R D, Dik B J. Beyond the Self: External Influences in the Career Development Process [J]. The Career Development Quarterly, 2009, 58(1): 29–43.

[49] Dutton J E, Dukerich J M, Harquail C V. Organizational Images and Member Identification [J]. Administrative Science Quarterly, 1994, 39(2): 239–263.

[50] Eby L T, Butts M, Lockwood A. Predictors of Success in the Era of Boundaryless Careers [J]. Journal of Organizational Behavior, 2003, 24(5): 689–708.

[51] Edwards J R, Rothbard N P. Mechanisms Linking Work and Family: Clarifying the Relationship Between Work and Family Constructs [J]. Academy of Management Review, 2000, 25(1): 178–199.

[52] Farmer H S. Environmental, Background, and Psychological Variables Related to Optimizing Achievement and Career Motivation for High School Girls [J]. Journal of Counseling Psychology, 1980, 17(1): 85–70.

[53] Farmer H S. Model of Career and Achievement Motivation for Women and Men [J]. Journal of Counseling Psychology, 1985, 32(3): 363–390.

[54] Felstead A, Gallie D. For Better or Worse? Non-Standard Job and High Involvement Work Systems [J]. International Journal of Human Resource Management, 2004, 15(7): 1293–1316.

[55] Finegold D, Mohrman S A. What Do Employees Really Want?: The Perception vs. The Reality [EB/OL]. Los Angeles: University of Southern California, 2001. http://ceo.usc.edu/research_monograph/what_do_employees_really_want.html.

[56] Ford M T, Heinen B A, Langkamer K L. Work and Family Satisfaction and Conflict: A Meta-Analysis of Cross-Domain Relations [J]. Journal of Applied Psychology, 2007, 92(1): 57–80.

[57] Forster N S. A Case Study of Women Academics'Views on Equal Opportunities, Career Prospects and Work-Family Conflicts in a British University [J]. Women in

Management Review,2000,15(7):316-330.

[58] French J R P Jr, Caplan R D, van Harrison R. The Mechanisms of Job Stress and Strain [M]. Chichester: Wiley, 1982.

[59] Freudenberger H J. Staff Burn-out [J]. Journal of Social Issues 1974, 30 (1): 159-165.

[60] Frone M R, Russell M, Cooper M L. Antecedents and Outcomes of Work-Family Conflict: Testing A Model of the Work-Family Interface [J]. Journal of Applied Psychology, 1992, 77(1): 65-78.

[61] Frone M R, Russell M, Cooper M L. Relation of Work-Family Conflict to Health Outcomes: A Four-Year Longitudinal Study of Employed Parents [J]. Journal of Occupational and Organizational Psychology, 1997, 70(4): 325-335.

[62] Frone M R. Work-Family Balance [M]//Quick J C, Tetrick L E, eds. Handbook of Occupational Health Psychology. Washington, DC: American Psychological Association, 2003: 143-162.

[63] Fu C K, Shaffer M A. The Tug of Work and Family Direct and Indirect Domain-Specific Determinants of Work-Family Conflict [J]. Personnel Review, 2001, 30(5): 502-522.

[64] Gallagher D G, Sverke M. Contingent Employment Contracts: Are Existing Employment Theories Still Relevant? [J]. Economic and Industrial Democracy, 2005, 26(2): 181-203.

[65] Ganster D C, Fusilier M R, Mayes B T. Role of Social Support in the Experience of Stress at Work [J]. Journal of Applied Psychology, 1986, 71(1): 102-110.

[66] Ginzberg E. Toward a Theory of Occupational Choice: A Restatement [J]. Vocational Guidance Quarterly, 1972, 20(3): 2-9.

[67] Ginzberg E, Ginsburg S W, Axelrad S, et al. Occupational Choice: An Approach to a General Theory [M]. New York: Columbia University Press, 1951.

[68] Gori A, Topino E, Fabio A D. The Protective Role of Life Satisfaction, Coping Strategies and Defense Mechanisms on Perceived Stress Due to COVID-19 Emergency: A Chained Mediation Model [J]. PLoS ONE, 2020, 15(11): 1-11.

[69] Graen G B, Chun H, Dharwadkar R, et al. Predicting Speed of Managerial Advancement Over 23 Years Using A Parametric Duration Analysis: A Test of Early Leader-Member Exchange, Early Job Performance, Early Career Success, and University Prestige [C]//Best Papers Proceedings: Making Global Partnerships Work Association of Japanese Business Studies. Washington, DC: OMNIPRESS, 1997: 75-89.

[70] Granovetter M S. The Strength of Weak Ties [J]. American Journal of Sociology, 1973, 78(6): 1360-1380.

[71] Granovetter M S. The Strength of Weak Ties: A Network Theory Revisited [J]. Sociological Theory, 1983, 1: 201–233.

[72] Granovetter M S. Economic Action and Social Structure: The Problem of Embeddedness [J]. American Journal of Sociology, 1985, 91(3): 481–510.

[73] Greenhaus J H. Career Dynamics [M]//Borman W C, Ilgen D R, Klimoski R J, eds. Handbook of Psychology: Volume 12 Industrial and Organizational Psychology. New York: John Wiley & Sons, Inc, 2003: 519–540.

[74] Greenhaus J H, Beutell J N. Sources of Conflict Between Work and Family Roles [J]. Academy of Management Review, 1985, 10(1): 76–88.

[75] Greenhaus J H, Callanan G A. Career Management [M]. 2nd ed. Fort Worth: Dryden Press, 1994.

[76] Greenhaus J H, Parasuraman S, Wormley W M. Effects of Race on Organizational Experiences, Job-Performance Evaluations, and Career Outcomes [J]. Academy of Management Journal, 1990, 33(1): 64–86.

[77] Greenhaus J H, Powell G N. When Work and Family Are Allies: A Theory of Work-Family Enrichment [J]. Academy of Management Review, 2006, 31(1): 72–92.

[78] Gutteridge T G. Organizational Career Development Systems: The State of the Practice [M]//Hall D T, ed. Career Development in Organizations. San Francisco: Jossey-Bass Publishers, 1986: 50–95.

[79] Grzywacz J G, Carlson D S, Kacmar K M, et al. A Multi-Level Perspective on the Synergies Between Work and Family [J]. Journal of Occupational & Organizational Psychology, 2011, 80(4): 559–574.

[80] Grzywacz J G, Marks N F. Reconceptualizing the Work-Family Interface: An Ecological Perspective on the Correlates of Positive and Negative Spillover Between Work and Family [J]. Journal of Occupational Health Psychology, 2000 (5): 111–126.

[81] Hall D T. The Protean Career: A Quarter-Century Journey [J]. Journal of Vocational Behavior, 2004, 65(1): 1–13.

[82] Hall D T, Chandler D. Psychological Success: When the Career Is a Calling [J]. Journal of Organizational Behavior, 2005, 26(2): 155–176.

[83] Hall J M, Stevens P E, Afaf I M. Developing the Construct of Role Integration: A Narrative Analysis of Women Clerical Works' Daily Lives [J]. Research in Nursing and Health, 1992, 15(6): 447–457.

[84] Hall P. Change, Choice and Conflict in Social Policy [M]. London: Heinemann, 1975.

[85] Hanson G C, Hammer L B, Colton C L. Development and Validation of a Multidimensional Scale of Perceived Work-Family Positive Spillover [J]. Journal of Occupational Health Psychology, 2006, 11(3): 249–265.

[86] Harris L C. Approaches to Career Success: An Exploration of Surreptitious Career-Success Strategies [J]. Human Resource Management, 2006, 45(1): 43-65.

[87] Hecht T D, McCarthy J M. Coping With Employee, Family, and Student Roles: Evidence of Dispositional Conflict and Facilitation Tendencies [J]. Journal of Applied Psychology, 2010, 95(4): 631-647.

[88] Hek H Van Der, Plomp H N. Occupational Stress Management Programmes: A Practical Overview of Published Effect Studies [J]. Occupational Medicine, 1997, 47(3): 133-141.

[89] Hendrix W H, Summers T P, Leap T L, Steel R P. Antecedents and Organizational Effectiveness Outcomes of Employee Stress and Health [M]//Crandall R, Perrew P L, eds. Occupational Stress: A Handbook. New Jersey: Prentice Hall, 1995: 75-86.

[90] Heslin P A. Conceptualizing and Evaluating Career Success [J]. Journal of Organizational Nehavior, 2005, 26(2): 113-136.

[91] Heslin P A. Experiencing Career Success [J]. Organizational Dynamics, 2005, 34(4): 376-390.

[92] Hobfoll S E, Johnson R J, Ennis N, et al. Resource Loss, Resource Gain, and Emotional Outcomes Among Inner City Women [J]. Journal of Personality and Social Psychology, 2003, 84(3): 632-643.

[93] Holland J L. Making Vocational Choices: A Theory of Careers [M]. Englewood Cliffs: Prentice Hall, 1973.

[94] Holland J L. Making Vocational Choices: A Theory of Vocational Personality and Work Environment [M]. Englewood Cliffs: Prentice Hall, 1985.

[95] Hoobler J M, Wayne S J, Lemmon G. Bosses' Perceptions of Family-Work Conflict and Women's Promotability: Glass Ceiling Effects [J]. Academy of Management Journal, 2009, 52(5): 939-957.

[96] Houseman S N. Why Employers Use Flexible Staffing Arrangements: Evidence From an Establishment Survey [J]. Industrial and Labor Relations Review, 2001, 55(1): 149-170.

[97] Hughes E C. Institutional Office and the Person [J]. American Journal of Sociology, 1937, 43(3): 404-413.

[98] Isaac C A, Kaatz A, Carnes M. Deconstructing the Glass Ceiling [J]. Sociology Mind, 2012, 2(1): 80-86.

[99] Jackson L A, Grabski S V. Perception of Fair Pay and Gender Wage Gap [J]. Journal of Applied Social Psychology, 1988, 18(7, Pt 1): 606-625.

[100] Jackson S E, Schuler R S, Rivero J C. Organizational Characteristics as Predictors of Personnel Practices [J]. Personnel Psychology, 1989, 42(4): 727-786.

[101] Jansen P G W, Vinkenburg C J. Predicting Management Career Success From

Assessment Center Data: A Longitudinal Study [J]. Journal of Vocational Behavior, 2006, 68(2): 253-266.

[102] Jones C, DeFillippi R J. Back to the Future in Film: Combining Industry and Self-Knowledge to Meet the Career Challenges of the 21st Century [J]. Academy of Management Executive, 1996, 10(4): 89-103.

[103] Judge T A. An Empirical Investigation of the Predictors of Executive Career Success [J]. Personnel Psychology, 1995, 48(3): 485-519.

[104] Kalleberg A L. Flexible Firms and Labor Market Segmentation Effects of Workplace Restructuring on Jobs and Workers [J]. Work and Occupations, 2003, 30(2): 154-175.

[105] Kalleberg A L. Nonstandard Employment Relations: Part-Time, Temporary and Contract Work [J]. Annual Review of Sociology, 2000, 26: 341-365.

[106] Karasek R. Job Demands, Job Decision Latitude, and Mental Strain: Implications for Job Redesign [J]. Administrative Science Quarterly, 1979, 24(2): 258-306.

[107] Karatepe O M, Kilic H, Isiksel B. An Examination of the Selected Antecedents and Outcomes of Work-Family Conflict and Family-Work Conflict in Frontline Service Jobs [J]. Services Marketing Quarterly, 2008, 29(4): 1-24.

[108] Kessler R C, Price R H, Wootman C B. Social Factors in Psychopathology: Stress, Social Support and Coping Process [J]. Annual Review of Psychology, 1985, 36: 531-572.

[109] Kgan J. The Nature of the Child [M]. New York: Basic Books, 1984.

[110] Kim S, Rew L. Ethnic Identity, Role Integration, Quality of Life, and Depression in Korean-American Women [J]. Archives of Psychiatric Nursing, 1994, 8(6): 348-356.

[111] Kopelman R E, Greenhaus J H, Connolly F T. A Model of Work, Family, and Interrole Conflict: A Construct Validation Study [J]. Organizational Behavior and Human Performance, 1983, 32(2): 198-215.

[112] Kossek E E, Ozeki C. Bridging the Work-Family Policy and Productivity Gap: A Literature Review [J]. Community Work & Family, 1999, 2(1): 7-32.

[113] Kossek E E, Ruderman M N, Braddy P W, et al. Work-Nonwork Boundary Management Profiles: A Person-Centered Approach [J]. Journal of Vocational Behavior, 2012, 81(1): 112-128.

[114] Kudielkka B M, Kanel R V, Gande M L, et al. Effort-Reward Imbalance, Overcommitment and Sleep in a Working Population [J]. Work and Stress, 2004, 18(2): 167-178.

[115] Kuijpers M A C T, Schyns B, Scheerens J. Career Competencies for Career Success [J]. The Career Development Quarterly, 2006, 55(2): 168-178.

[116] Lazarus R S, Folkman S. Stress, Appraisal and Coping [M]. New York: Springer, 1984.

[117] Lazarus R S, Folkman S. Transactional Theory and Research on Emotions and Coping [J]. European Journal of Personality, 1987, 1(3): 141-169.

[118] Lazarus R S. Psychological Stress in the Work Place [M]//Crandall R, Perrewe P L, eds. Occupational Stress: A Handbook. New Jersey: Prentice Hall, 1995: 3-14.

[119] Lepark D P, Snell S A. The Human Resource Architecture: Toward a Theory of Human Capital Allocation and Development [J]. The Academy of Management Review, 1999, 24(1): 31-48.

[120] Lepark D P, Snell S A. Examining the Human Resource Architecture: The Relationships Among Human Capital, Employment, and Human Resource Configurations [J]. Journal of Management, 2002, 28(4): 517-543.

[121] Li Hongbin, Zhou Li-An. Political Turnover and Economic Performance: The Incentive Role of Personnel Control in China [J]. Journal of Public Economics, 2005, 89(9-10): 1743-1762.

[122] Li Xinjian, Liu Xing, Shi Bo. "Insiders" or "Outsiders"?: Adoption, Staffing Pattern, and HR Configuration of Temporary Agency Workers in the Chinese Context [J]. Journal of Chinese Human Resource Management, 2012, 3(1): 33-48.

[123] Linton R. The Study of Man [M]. New York: Appleton-Century, 1936.

[124] Linville P W. Self-Complexity as a Cognitive Buffer Against Stress-Related Illness and Depression [J]. Journal of Personality and Social Psychology, 1987, 52(4): 663-676.

[125] Lo S. Perceptions of Work-Family Conflict Among Married Female Professionals in Hong Kong [J]. Personnel Review, 2003, 32(3): 376-390.

[126] Locke E A, Taylor M S. Stress, Coping, and the Meaning of Work [M]//Nord W, Brief A P, eds. Meaning of Occupational Work: A Collection of Essays. New York: Heath, 1990: 135-170.

[127] London M, Stumpf S A. Managing Careers [M]. Reading, MA: Addison Wesley, 1982.

[128] Long B C. Relation Between Coping Strategies, Sex-Typed Traits, and Environmental Characteristics: A Comparison of Male and Female Managers [J]. Journal of Counseling Psychology, 1990, 37(2): 185-194.

[129] Luo Jar-Der. Particularistic Trust and General Trust: A Network Analysis in Chinese Organizations [J]. Management and Organization Review, 2005, 1(3): 437-458.

[130] MacPhail F, Dong Xiao-Yuan. Women's Market Work and Household Status in Rural China: Evidence From Jiangsu and Shandong in the Late 1990S [J]. Feminist Economics, 2007, 13(3/4): 93-124.

[131] Marks S R, MacDermid S M. Multiple Roles and the Self: A Theory of Role Balance [J]. Journal of Marriage and the Family, 1996, 58(2): 417-432.

[132] Marshall N L, Barnett R C. Variations in Job Strain across Nursing and Social Work Specialties [J]. Journal of Community & Applied Social Psychology, 1993, 3(4): 261-271.

[133] Marshall N L, Barnett R C. Work-Family Strains and Gains Among Two-Earner Couples [J]. Journal of Community Psychology, 1993, 21(1): 64-78.

[134] Maslach C, Jackson S E. The Measurement of Experienced Burnout [J]. Journal of Occupational Behavior, 1981, 2(2): 99-113.

[135] McCall G J, Simmons J L. Identities and Interaction: An Examination of Human Associations in Everyday Life [M]. New York: Free Press, 1978.

[136] Meleis A I, Norbeck J S, Laffrey S C. Role Integration and Health among Female Clerical Workers [J]. Research in Nursiing and Health, 1989, 12(6): 355-364.

[137] Merton R K. The Role Set: Problem in Sociological Theory [J]. British Journal of Sociology, 1957, 8(2): 106-120.

[138] Mesmer-Magnus J R, Chockalingam V. Convergence Between Measures of Work-to-Family and Family-to-Work Conflict: A Meta-Analytic Examination [J]. Journal of Vocational Behavior, 2005, 67(2): 215-232.

[139] Mimura C, Griffiths P. The Effectiveness of Current Approaches to Workplace Stress Management in the Nursing Profession: An Evidence Based Literature Review [J]. Occupational Environmental Medicine, 2003, 60(1): 10-15.

[140] Miner A S, Robinson D F. Organizational and Population Level Learning as Engines for Career Transitions [J]. Journal of Organizational Behavior, 1994, 15(4): 345-364.

[141] Moore J E. One Road to Turnover: An Examination of Work Exhaustion in Technology Professionals [J]. MIS Quarterly, 2000, 24(1): 141-175.

[142] Morrison A M, White R P, van Velsor E. Breaking the Glass Ceiling [M]. MA: Addison-Wesley, 1987.

[143] Murdock G. Social Structure [M]. New York: Macmillam, 1949.

[144] Murphy L R. Workplace Interventions for Stress Reduction and Prevention [M]// Cooper C L, Payne R, eds. Causes, Coping and Consequences of Stress at Work. New York: John Wiley & Sons, 1988.

[145] Naila K. Women's Economic Empowerment and Inclusive Growth: Labour Markets and Enterprise Development [R]. Canada: IDRC-DFID Report, 2012.

[146] Nee V. A Theory of Market Transition: From Redistribution to Markets in State Socialism [J]. American Sociological Review, 1989, 54(5): 663-681.

[147] Netemeyer W R G. Salesperson Creative Performance: Conceptualization,

Measurement, and Nomological Validity [J]. Journal of Business Research, 2004, 57(8): 508-812.

[148] Newman J E, Beehr T A. Personal and Organizational Strategies for Handling Job Stress: A Review of Research and Opinion [J]. Personnel Psychology, 1979, 32(1): 1-43.

[149] Ng T W H, Eby L T, Sorensen K L, et al. Predictors of Objective and Subjective Career Success: A Metal-Analysis [J]. Personnel Psychology, 2005, 58(2): 367-408.

[150] Noe R A. Is Career Management Related to Employee Development and Performance? [J]. Journal of Organizational Behavior, 1996, 17(2): 119-133.

[151] Olson-Buchanan J B, Boswell W R. Blurring Boundaries: Correlates of Integration and Segmentation Between Work and Nonwork [J]. Journal of Vocational Behavior, 2006, 68(3): 432-445.

[152] Owens W A, Schoenfeldt L F. Toward A Classification of Persons [J]. Journal of Applied Psychology Monograph, 1979, 64(5): 569-607.

[153] Parker P. Working With the Intelligent Career Model [J]. Journal of Employment Counseling, 2002, 39(2): 83-96.

[154] Parker P. Coaching for Career Development and Leadership Development: An Intelligent Career Approach [J]. Australian Journal of Career Development, 2004, 13(3): 55-60.

[155] Parsons F. Choosing a Vocation [M]. Boston: Houghton, Mifflin and Company, 1909.

[156] Pasewark R, Viator R E. Sources of Work-Family Conflict in the Accounting Profession [J]. Behavioral Research in Accounting, 2006, 18(1): 147-165.

[157] Pazy A. Joint Responsibility: The Relationship Between Organizational and Individual Career Management and the Effectiveness of Careers [J]. Group and Organization Studies, 1988, 13(3): 311-331.

[158] Pleck J H. Men's Family Work: Three Perspectives and Some New Data [J]. The Family Coordinator, 1979, 28(4): 481-488.

[159] Pleck J H. The Work-Family Role System [J]. Social Problems, 1977, 24(4): 417-427.

[160] Polivka A E, Nardone T. On the Definition of Contingent Work [J]. Monthly Labor Review, 1989, 112: 9-16.

[161] Porter L W, Steers R M, Mowday R T, et al. Organizational Commitment, Job Satisfaction, and Turnover Among Psychiatric Technicians [J]. Journal of Applied Psychology, 1974, 59(5): 603-609.

[162] Raabe B, Frese M, Beehr T A. Action Regulation Theory and Career Self-

Management [J]. Journal of Vocational Behavior, 2007, 70(2): 297-311.

[163] Reilly P A. Balancing Flexibility-Meeting the Interests of Employer and Employee [J]. European Journal of Work and Organizational Psychology, 1998, 7(1): 7-22.

[164] Richardson K M, Rothstein H R. Effects of Occupational Stress Management Intervention Programs: A Meta-Analysis [J]. Journal of Occupational Health Psychology, 2008, 13(1): 69-93.

[165] Rotondo D M, Carlson D S, Kincaid J F. Coping With Multiple Dimensions of Work-Family Conflict [J]. Personnel Review, 2003, 32 (3): 275-296.

[166] Rotondo D M, Kincaid J F. Conflict, Facilitation, and Individual Coping Styles Across the Work and Family Domains [J]. Journal of Managerial Psychology, 2008, 23(5): 484-506.

[167] Savickas M L. Career Construction: A Developmental Theory of Vocational Behavior [M]//Brown D, ed. Career Choice and Development. 4th ed. San Francisco: Jossey-Bass, 2002: 149-205.

[168] Savickas M L, Erik P J. The Career Adapt-Abilities Scale: Construction, Reliability, and Measurement Equivalence Across 13 Countries [J]. Journal of Vocational Behavior, 2012, 80(3): 661-673.

[169] Savickas M L. Career Construction Theory and Counseling Model [M]//Brown S D, Lent R W, eds. Career Development and Counseling: Putting Theory and Research To Work. 3rd ed. Hoboken: Wiley, 2020: 165-200.

[170] Schein E H. Career Dynamics: Matching Individual and Organizational Needs [M]. Reading: Addison-Wesley Pub.Co., 1978.

[171] Schein E H. Career Anchors Revisited: Implications for Career Development in the 21st Century [J]. the Academy of Management Executive(1993-2005), 1996, 10(4): 80-88.

[172] Schultz T W. Investment in Human Capital [J]. American Economic Review, 1961, 51(1): 1-17.

[173] Seibert S E, Kraimer M L, Holtom B C, et al. Even the Best Laid Plans Sometimes Go Askew: Career Self-Management Processes, Career Shocks, and the Decision to Pursue Graduate Education [J]. Journal of Applied Psychology, 2013, 98 (1): 169-182.

[174] Seibert S E, Kraimer M L, Liden R C. A Social Capital Theory of Career Success [J]. Academy of Management Journal, 2001, 44(2): 219-237.

[175] Selmer J, Ebrahimi B P, Li M T. Corporate Career Support: Chinese Mainland Expatriates in Hong Kong [J]. Career Development International, 2000, 5(1): 5-12.

[176] Senge P M. The Fifth Discipline: The Art and Practice of the Learning Organization [M]. 1990, New York: Doubleday/Currency.

［177］ Shartle C L. Occupational Information: Its Development and Application [M]. 2nd ed. New York: Prentice-Hall, 1952.

［178］ Sieber S D. Toward a Theory of Role Accumulation [J]. American Sociological Review, 1974, 39 (4): 567-578.

［179］ Siegrist J. Adverse Health Effects of High-Effort/Low-Reward Conditions [J]. Journal of Occupational Health Psychology, 1996, 1(1): 27-41.

［180］ Sorensen G, Verbrugge L M. Women, Work, and Health [J]. Annual Review of Public Health, 1987, 8: 235-251.

［181］ Spector P E. Interactive Effects of Perceived Control and Job Stresses on Affective Reactions and Health Outcomes for Clerical Workers [J]. Work & Stress, 1987, 1(2): 155-162.

［182］ Staines G L. Spillover Versus Compensation: A Review of the Literature on the Relationship Between Work and Nonwork [J]. Human Relations, 1980, 33(2): 111-129.

［183］ Stets J E. Identity Theory and Emotions [M]//Stets J E, Turner J H, eds. Handbooks of Sociology and Emotions. New York: Springer, 2006: 203-223.

［184］ Strauss K, Griffin M A, Parker S K. Future Work Selves: How Salient Hoped-for Identities Motivate Proactive Career Behaviors [J]. Journal of Applied Psychology, 2012, 97(3): 580-597.

［185］ Sullivan S E. The Changing Nature of Career: A Review and Research Agenda [J]. Journal of Management, 1999, 25(3): 457-484.

［186］ Summers T P, DeCotiis T A, DeNisi A S. A Field Study of Some Antecedents and Consequences of Felt Job Stress [M]//Crandall R, Perrewe P L, eds. Occupational Stress: A Handbook. New Jersey: Prentice Hall, 1995: 38-47.

［187］ Super D E. Theory of Vocational Development [J]. Theory and Practice of Vocational Guidance, 1953, 8(5): 13-24.

［188］ Super D E. The Psychology of Careers: An Introduction to Vocational Development [M]. New York: Harper & Brothers, 1975.

［189］ Super D E. A Life-Span, Life-Space Approach to Career Development [J]. Journal of Vocational Behavior, 1980, 16(3): 282-298.

［190］ Taylor E, H Uml M, Cohen A, et al. The Impacts of Work-Family Interface and Coping Strategy on the Relationship Between Workaholism and Burnout in Campus Recreation and Leisure Employees [J]. Leisure Studies, 2021, 40(5): 1-16.

［191］ Ten Brummelhuis L L, Bakker A B. A Resource Perspective on the Work-Home Interface: The Work-Home Resources Model [J]. American Psychologist, 2012, 67(7): 545-556.

［192］ Thoits P A. 2-Dimensions of Life Events That Influence Psychological Distress: An

Evaluation and Synthesis of the Literature [M]//Kaplan H B, ed. Psychosocial Stress. New York: Academic Press, 1983: 33 - 103.

[193] Thurman J E, Trah G. Part-Time Work in International Perspective [J]. International Labour Review,1990, 129: 23 - 40.

[194] Tiedje B L, Wortman C B., Downey G, et al. Women With Multiple Roles: Role-Compatibility Perceptions, Satisfaction, and Mental Health [J]. Journal of Marriage and the Family, 1990, 52(1): 63 - 72.

[195] Turner R. Sponsored and Contest Mobility and the School Sstem [J]. American Sociological Review, 1960, 25(6): 855 - 867.

[196] Vallas S P. Rethinking Post-Fordism: The Meaning of Workplace Flexibility [J]. Sociological Theory, 1999, 17(1): 68 - 101.

[197] Van Der Doef M, Maes S. The Job Demand-Control (-Support) Model and Psychological Well-Being: A Review of 20 Years of Empirical Research [J]. Work & Stress, 1999, 13(2): 87 - 114.

[198] Van Der Vliert E. Role Conflict Between Supervisor and Subordinate [J]. Personnel Review, 1976, 5(1): 19 - 23.

[199] Van Maanen J, Schein E H. Career Development [M]//Hackman J R, Suttle J L. Improving Life at Work: Behavioral Science Approaches to Organizational Change. Santa Monica: Goodyear Pub. Co., 1977: 30 - 95.

[200] Voydanoff P. Implications of Work and Community Demands and Resources for Work-to-Family Conflict and Facilitation [J]. Journal of Occupational Health Psychology, 2004, 9(4): 275 - 285.

[201] Walder A G. Career Mobility and the Communist Political Order [J]. American Sociological Review, 1995, 60(3): 309 - 328.

[202] Wayne J H, Grzywacz J G, Carlson D S, et al. Work-Family Facilitation: A Theoretical Explanation and Model of Primary Antecedents and Consequences [J]. Human Resource Management Review, 2007, 17(1): 63 - 76.

[203] Wayne J H, Randel A E, Stevens J. The Role of Identity and Work-Family Support in Work-Family Enrichment and Its Work-Related Consequences [J]. Journal of Vocational Behavior, 2006, 69(3): 445 - 461.

[204] Wegner D M. Transactive Memory: A Contemporary Analysis of the Group Mind [M]//Mullen B, Goethals G R, eds. Theories of Group Behavior. New York: Springer-Verlag, 1986: 185 - 208.

[205] Willis T A. Downward Comparison Principles in Social Psychology [J]. Psychological Bulletin, 1981, 90(2): 245 - 271.

[206] Zhao Bin, Yu Wei-Xin. Nonstandard Employing Knowledge Worker's Organization Commitment: A Comparative Research Based on Different Employment Types [C].

2008 4th International Conference on Wireless Communications, Networking and Mobile Computing,2008:1-4.

[207] Zytowski D G. Toward a Theory of Career Development for Women [J]. The Personnel and Guidance Journal,1969,47(7):660-664.

[208] [美]Strauss Anselm,Corbin Juleit. 质性研究概论[M]. 徐宗国,译. 台北:巨流图书公司,2007.

[209] [美]埃文·塞德曼. 质性研究中的访谈:教育与社会科学研究者指南[M]. 周海涛,主译. 重庆:重庆大学出版社,2009.

[210] [美]彼得·德鲁克. 非营利组织的管理[M]. 吴振阳,译. 北京:机械工业出版社,2009.

[211] [美]彼得·德鲁克. 后资本主义时代[M]. 傅振焜,译. 北京:东方出版社,2009.

[212] [美]彼得·德鲁克. 旁观者[M]. 廖月娟,译. 北京:机械工业出版社,2009.

[213] [美]彼得·圣吉. 郭进隆,译. 第五项修炼——学习型组织的艺术与实务[M]. 上海:上海三联书店,1998.

[214] [美]德内拉·梅多斯,乔根·兰德斯,丹尼斯·梅多斯. 增长的极限(第2版)[M]. 李宝恒,译. 成都:四川人民出版社,1984.

[215] [美]吉姆·柯林斯,杰里·波勒斯. 基业长青:企业永续经营的规则[M]. 真如,译. 北京:中信出版社,2009.

[216] [美]拉姆·查兰. 高管路径:"轮岗培养"领导人才[M]. 徐中,杨懿梅,译. 北京:机械工业出版社,2011.

[217] [美]拉姆·查兰,史蒂芬·德罗特,詹姆斯·诺埃尔. 领导梯队:全面打造领导力驱动型公司[M]. 北京:机械工业出版社,2015.

[218] [美]林南. 社会网络与地位获取[M]. 俞弘强,译//曹荣湘,编选. 走出囚徒困境——社会资本与制度分析. 上海:上海三联书店,2003:153-178.

[219] [美]林南. 社会资本——关于社会结构与行动的理论[M]. 张磊,译. 上海:上海人民出版社,2005.

[220] [美]乔纳森·H·特纳. 社会学理论的结构[M]. 吴曲辉,等译. 杭州:浙江人民出版社,1987.

[221] [日]横山宁夫. 社会学概论[M]. 毛良鸿,等译. 上海:上海译文出版社,1983.

[222] [英]邓肯·G·米切尔. 新社会学词典[M]. 蔡振扬,谈谷铮,雪原,译. 上海:上海译文出版社,1987.

[223] 白海峰,张秀娟,谢晓非,等. 职业女性工作—家庭冲突、社会支持和幸福感的关系研究[J]. 金融经济,2006(12):187-188.

[224] 白光林,王国栋. 职业高原影响因素与离职倾向关系研究[J]. 人类工效学,2013,19(1):32-36.

[225] 鲍雪莹,陈贡,刘木林. 基于履历信息的国际科技人才特征分析——以近十年诺贝尔物理、化学、生理或医学奖得主为例[J]. 现代情报,2014,34(9):4-9.

[226] 边燕杰.城市居民社会资本的来源及作用:网络观点与调查发现[J].中国社会科学,2004(3):136-208.

[227] 曹培鑫,王瑶琦.角色与认同困境:国际广播中的华人记者研究[J].文艺理论与批评,2021(4):118-128.

[228] 崔冰,侯学博.基于个人与组织互动的职业生涯规划分析[J].教育与职业,2005(16):51-53.

[229] 畅志杰.公安交警工作压力与工作倦怠研究——以天津市公安交警为例[D].天津:南开大学,2011.

[230] 陈家建,赵阳."科级天花板":县域治理视角下的基层官员晋升问题[J].开放时代,2020(5):186-199.

[231] 陈卫平.角色认知的概念与功能初探[J].社会科学研究,1994(1):106-111.

[232] 陈向明.质性研究方法与社会科学研究[M].北京:教育科学出版社,2009.

[233] 陈忠卫,田素芹.工作—家庭冲突双向性理论评述[J].经济与管理,2012,26(7):58-63.

[234] 程社明.企业战略管理、绩效管理与职业生涯管理的整合[J].中国人力资源开发,2008(1):62-65.

[235] 邓丽芳,郑日昌.组织沟通对成员工作压力的影响:质、量结合的实证分析[J].管理世界,2008(1):105-114.

[236] 董占奎,黄登仕.社会网络环境下工作搜寻行为实验研究[J].管理科学学报,2013,16(7):1-12.

[237] 方佳敏,严虹.知识型人才职业生涯自我管理研究[J].科技管理研究,2011(1):139-142.

[238] 费孝通.社会学概论[M].天津:天津人民出版社,1984.

[239] 风笑天.独生子女——他们的家庭、教育和未来[M].北京:社会科学文献出版社,1992.

[240] 傅安国,郑剑虹.人际关系网络对事业生涯发展影响的质性研究——以三所重点本科院校的优秀毕业生为例[J].青年研究,2012(3):63-74.

[241] 傅志明.企业人力资源管理模式及其转变趋势分析——人力资源供求管理的视角[J].山东社会科学,2010(12):65-68.

[242] 高晓萌,朱博,杜江红,等.企业员工工作家庭促进与职业生涯成功的关系:心理资本的中介作用[J].中国临床心理学杂志,2020,28(1):181-184.

[243] 龚栩,谢嘉瑶,徐蕊,等.抑郁-焦虑-压力量表简体中文版(DASS-21)在中国大学生中的测试报告[J].中国临床心理学杂志,2010,18(4):443-446.

[244] 郭志刚,杨小玲.社会契约的演变特征与情境发现[J].改革,2010,(6):151-157.

[245] 国云丹.高知女性、生育与职业发展——以上海市21位女性为例[J].妇女研究论丛,2009(2):26-31.

[246] 何建华.国外女性职业生涯开发研究现状综述[J].外国经济与管理,2006,28(1):

23-29.

[247] 纪晓丽,凌玲,曾艳.基于双因素理论的员工工作压力源管理研究[J].科技管理研究,2007(9):215-217.

[248] 贾仁安,丁华荣.系统动力学——反馈动态性复杂分析[M].北京:高等教育出版社,2002.

[249] 江卫东,陈丽芬.工作倦怠与工作压力源和工作满意度关系研究[J].南京理工大学学报(自然科学版),2009,33(4):22-26.

[250] 姜飞.探析现代企业组织的员工心理契约管理[J].全国商情(理论研究),2010(8):35-36.

[251] 姜丽钧.上海企业员工超四成为劳务派遣[N].东方早报,2011-01-18.

[252] 姜文锐,马剑虹.工作压力的要求-控制模型[J].心理科学进展,2003,11(2):209-213.

[253] 蒋建武,戴万稳.非典型雇佣下的员工-组织关系及其对员工绩效的影响研究[J].管理学报,2012,9(8):1178-1182.

[254] 金恩莲,宋联可,杨东涛.和谐企业文化缓解员工工作压力探析[J].技术经济与管理研究,2010(2):86-89.

[255] 康淑斌.知识经济背景下职业生涯管理的变革与发展[J].科技与管理,2003(5):125-127.

[256] 康小明.社会资本对高等教育毕业生职业发展成就的影响与作用——基于北京大学经济管理类毕业生的实证研究[J].清华大学教育研究,2006,27(6):49-57.

[257] 康小明.人力资本、社会资本与职业发展成就[M].北京:北京大学出版社,2009.

[258] 李丽,张力.我国国有企业员工职业生涯规划探析——基于职业锚理论的多重职业生涯规划[J].兰州大学学报(社会科学版),2010,38(S1):86-90.

[259] 李玲,沈勤.护士工作压力、A型行为类型与主观幸福感的关系[J].中国心理卫生杂志,2009,23(4):255-285.

[260] 李培林.流动民工的社会网络和社会地位[J].社会学研究,1996(4):42-52.

[261] 李平,曹仰锋.案例研究方法:理论与范例——凯瑟琳·艾森哈特论文集[M].北京:北京大学出版社,2012.

[262] 李新建,孙美佳.多元雇佣及对我国企业人力资源管理实践的影响[J].经济管理,2011(Z2):36-39.

[263] 李新建,孙美佳.高端职业群体工作-家庭冲突的双元形成机理及其社会性别差异研究——基于某直辖市的调查数据[J].未来与发展,2013(8):59-65.

[264] 李新建,王健友,孟繁强.超组织人力资源管理研究:机理、模式与应用[M].太原:山西人民出版社,2011.

[265] 廖泉文,万希.中国人力资源管理的发展趋势[J].中国人力资源开发,2004(12):4-8.

[266] 林丹瑚,王芳,郑日昌,等.高校教师工作家庭关系、工作特征与生活满意度的研究

[J].心理学探新,2008(1):92-96.
[267] 林梅,余红,杜宁.大学生压力感与焦虑及抑郁和社会支持的关系[J].中国临床康复,2005,9(24):80-81.
[268] 林逸舒.论教师生涯、学涯与职涯之间之调和与发展策略[J].研习资讯,1993,21(6):68-77.
[269] 林宗弘,吴晓刚.中国的制度变迁、阶级结构转型和收入不平等:1978-2005[J].社会,2010,30(6):1-40.
[270] 刘海善.论社会的本质特征[C]//上海市社会学学会,编.社会学文集.1985:52-56.
[271] 刘加艳,时勘.人力资源管理实践对于员工组织承诺的影响[J].人类工效学,2005,11(4):21-23.
[272] 刘宁,刘晓阳.企业管理人员职业生涯成功的评价标准研究[J].经济经纬,2008(5):75-78.
[273] 刘宁,岳爱娴.无边界职业生涯——无限延展职崖空间[J].人力资源,2006(15):34-36.
[274] 刘宁.社会网络对企业管理人员职业生涯成功影响的实证研究[J].南开管理评论,2007,10(8):69-77.
[275] 刘汶蓉.家庭价值的变迁和延续——来自四个维度的经验证据[J].社会科学,2011(10):78-89.
[276] 刘星,李新建.基于扎根理论的多元雇佣工作群体的雇佣身份断层与激活因素研究[J].管理学报,2015,12(7):1001-1011.
[277] 刘璇璇,张向前.民营企业核心员工职业生涯管理投资决策分析[J].商业研究,2008(10):57-61.
[278] 刘玉新,张建卫.高层管理者的工作压力、社会支持及二者关系研究[J].南开管理评论,2005,8(6):9-16.
[279] 柳婷.组织职业生涯管理的研究综述[J].现代管理科学,2006(7):37-52.
[280] 柳玉芝,蔡文媚.中国城市独生子女问题[J].人口研究,1997,12(2):1-6.
[281] 龙立荣,方俐洛,凌文辁.组织职业生涯管理及效果的实证研究[J].管理科学学报,2002,5(4):61-67.
[282] 龙立荣,方俐洛,凌文辁.企业员工自我职业生涯管理的结构及关系[J].心理学报,2002(2):183-191.
[283] 龙立荣,方俐洛,凌文辁.组织职业生涯管理的发展趋势[J].心理学动态,2001,9(4):347-351.
[284] 龙立荣.企业员工自我职业生涯管理的结构及关系[J].心理学报,2003(2):541-545.
[285] 龙书芹.职业成功测量:主客观指标的整合及实证研究[J].华中师范大学学报,2010,49(4):52-57.
[286] 卢嘉,时堪,杨继锋.工作满意度的评价结构和方法[J].中国人力资源开发,

2001(1):15-17.

[287] 鲁锦涛.基于系统动力学的社会网络效用研究——以干部职业获得为例[D].山西:太原科技大学,2012.

[288] 罗家德.关系与圈子——中国人工作场域中的圈子现象[J].管理学报,2012,9(2):165-171.

[289] 吕建国,孟慧.职业心理学[M].大连:东北财经大学出版社,2000.

[290] 吕杰,徐延庆.无边界职业生涯研究演进探析与未来展望[J].外国经济与管理,2010,32(9):37-44.

[291] 马灿,周文斌,赵素芳.家庭支持对员工创新的影响——工作投入的中介和生涯规划清晰的调节作用[J].软科学,2020,34(1):103-109.

[292] 马跃如,程伟波.自我职业生涯管理结构维度与人口变量的差异性分析[J].科技管理研究,2010(9):130-133.

[293] 美世咨询公司.2022年全球人才趋势研究报告[R].

[294] 潘新红.技能柔性的形成机理与实现途径研究[D].天津:南开大学,2009.

[295] 潘镇,陈亚勤.中国情景下工作—家庭冲突与离职倾向的关系[J].企业经济,2012,31(12):42-47.

[296] 秦启文,周永康.角色学导论[M].北京:中国社会科学出版社,2011.

[297] 申林.工作、职业和生活的平衡——关于职业选择、职业发展与生活计划的研究[J].中国人力资源开发,2008(10):52-57.

[298] 世界经济论坛.2023年未来就业报告[R].2023.

[299] 宋斌,闫军.国外职业生涯发展理论综述[J].求实,2009(S1):194-195.

[300] 宋国学.可雇佣性胜任能力:职业生涯研究的新视角[J].管理探索,2008(5):25-27.

[301] 宋君卿,王鉴忠.职业生涯管理理论历史演进和发展趋势[J].生产力研究,2008(23):129-131.

[302] 宋志强,葛玉辉,陈悦明.扁平化组织结构对员工职业生涯通道的影响及应对策略[J].中国人力资源开发,2012(2):40-48.

[303] 孙美佳,李新建.职业女性的生涯交互模式探索[J].管理案例研究与评论,2017,10(4):364-380.

[304] 孙敏.员工投入现象的本质、特征和机制研究[D].广州:华南理工大学,2012.

[305] 万明钢,沈晖.文化视野中的性别角色与性别行为研究述论[J].妇女研究论丛,2000(5):54-58.

[306] 王传毅,杨佳乐,辜刘建.博士生培养质量及其影响因素研究——基于Nature全球博士生调查的实证分析[J].宏观质量研究,2020,8(1):69-80.

[307] 王聪聪.86.4%受访者期待未来十年国家加大老人护理投入——社工人士建议设立助老志愿服务时间银行,把城市志愿活动向助老方面延伸[N].中国青年报,2012-11-13(7).

[308] 王丹,郑晓明.无边界职业生涯时代大学生生涯发展探析[J].社会科学战线,2020(12):276-280.

[309] 王鉴忠,宋君卿.成长型心智模式与职业生涯成功研究[J].外国经济与管理,2008,30(6):59-65.

[310] 王康.社会学词典[M].济南:山东人民出版社,1988.

[311] 王三银,刘洪,齐昕.工作-家庭边界管理的一致性对员工工作绩效的影响研究[J].软科学,2017,31(8):62-65.

[312] 王卫东.中国城市居民的社会网络资本与个人资本[J].社会学研究,2006(3):151-166.

[313] 王懿霖,编译.《2022年全球人才趋势报告》发布[J].求贤,2023(1):4.

[314] 王永丽,张智宇,何颖.工作-家庭支持对员工创造力的影响探讨[J].心理学报,2012,44(12):1651-1662.

[315] 王忠军,龙立荣.知识经济时代的职业生涯发展:模式转变与管理平衡[J].外国经济与管理,2008,30(10):39-44.

[316] 王忠军,龙立荣.员工的职业成功:社会资本的影响机制与解释效力[J].管理评论,2009,21(8):30-39.

[317] 王忠军,杨彬,汪义广,等.无边界职业生涯取向与青年员工职业成功:职业胜任力的中介作用[J].心理与行为研究,2020,18(6):812-818.

[318] 温忠麟,叶宝娟.中介效应分析:方法和模型发展[J].心理科学进展,2014,22(5):731-745.

[319] 翁清雄,席酉民.企业员工职业成长研究:量表编制和效度检验[J].管理评论,2011,23(10):132-143.

[320] 伍瑛,张建民.职业生涯管理系统的系统变量及其影响[J].商业时代,2006(36):45-46.

[321] 奚从清.角色论——个人与社会的互动[M].杭州:浙江大学出版社,2010.

[322] 谢宝国,龙立荣.职业生涯高原对员工工作满意度、组织承诺、离职意愿的影响[J].心理学报,2008,40(8):927-938.

[323] 谢俊,严鸣.积极应对还是逃避?主动性人格对职场排斥与组织公民行为的影响机制[J].心理学报,2016,48(10):1314-1325.

[324] 谢克海,黄瑛.论应变性职业生涯管理及角色的分派[J].中国人才,2002(10):40-42.

[325] 徐智华.自我与组织职业生涯管理的整合[J].科技管理研究,2011(5):161-164.

[326] 许光清,邹骥.系统动力学方法:原理、特点与最新进展[J].哈尔滨工业大学学报(社会科学版),2006,8(4):72-77.

[327] 严鸣,涂红伟,李骥.认同理论视角下新员工组织社会化的定义和结构维度[J].心理科学进展,2011,19(5):624-632.

[328] 严圣阳,王忠军,杜坤,等.生涯成功的测量工具实证研究[J].武汉商业服务学院学

报,2008,22(3):73-75.

[329] 杨建锋,陈欢,明晓东,等.基于三元自我角色视角的职业生涯建构理论述评[J].中国人力资源开发,2021,38(5):25-44.

[330] 杨开城.浅论课程开发理论中的角色分析和知识组件[J].教育理论与实践,2004,24(5):46-49.

[331] 杨凯乔,邓雁玲,李辉,等.警察工作压力对工作形塑的影响:职业生涯韧性的中介作用[J].中国健康心理学杂志,2023,31(2):226-232.

[332] 叶庆余.管理系统分析[M].北京:中国铁道出版社,1989.

[333] 叶晓倩,王泽群,李玲.组织职业生涯管理、内部人身份认知与回任知识转移——个体—组织一致性匹配的调节效应[J].南开管理评论,2020,23(4):154-165.

[334] 尹洁林,马丽.基于员工心理契约的组织职业生涯管理[J].技术经济与管理研究,2012(8):57-60.

[335] 袁利金,蒋绍忠.系统动力学:社会系统模拟理论和方法[M].杭州:浙江大学出版社,1988.

[336] 曾练平.IT职员工作-家庭冲突与职业枯竭的关系[J].现代生物医学进展,2008,9(4):731-733.

[337] 翟学伟.社会流动与关系信任——也论关系强度与农民工的求职策略[J].社会学研究,2003(1):1-11.

[338] 张建卫,刘玉新.工作家庭冲突与退缩行为:家庭友好实践与工作意义的调节作用[J].预测,2011,30(1):1-9.

[339] 张伶.基于资源获取发展观的工作-家庭促进研究[J].南开学报(哲学社会科学版),2010(3):127-134.

[340] 张伶,聂婷.团队凝聚力、工作家庭促进与员工在职行为关系研究[J].管理学报,2013,10(1):103-109.

[341] 张勉,李海,魏钧,等.交叉影响还是直接影响?工作—家庭冲突的影响机制[J].心理学报,2011,43(5):573-588.

[342] 张顺,郭小弦.社会网络资源及其收入效应研究——基于分位回归模型分析[J].社会,2011,31(1):94-111.

[343] 张铤.内职业生涯:大学生职业生涯规划的关注转向[J].教育探索,2010(10):67-69.

[344] 张艳霞.父母的家庭角色分工与子女的家庭观念——对城市独生子女家庭与非独生子女家庭的比较分析[J].郑州大学学报(哲学社会科学版),2009,42(1):31-35.

[345] 张宇.论角色认同的重新定位[J].求索,2008(3):68-69.

[346] 张再生.职业生涯规划[M].天津:天津大学出版社,2007.

[347] 张再生,肖雅楠.职业生涯发展:社会性别视角的分析[C]//张再生,主编.社会性别与公共管理.天津:天津大学出版社,2007:102-107.

[348] 张再生,肖雅楠.职业生涯发展理论及中国本土新现象：隐喻视角分析[J].东北大学学报(社会科学版),2008,10(4)：319-326.

[349] 赵增耀.内部劳动市场的经济理性及其在我国的适用性[J].经济研究,2002(3)：76-96.

[350] 郑洁.家庭社会经济地位与大学生就业——一个社会资本的视角[J].北京师范大学学报(社会科学版),2004(3)：111-118.

[351] 郑林科,梁国林,杨玉民.青年科技人才"奉献投入—心理资本—绩效产出"预测模型研究——基于BG企业青年科技人才素质评价实证分析[J].心理研究,2011,4(1)：55-62.

[352] 中共中央组织部干部一局.《党政领导干部选拔任用工作条例》学习辅导[M].北京：党建读物出版社,2014.

[353] 钟永光,贾晓菁,李旭,等.系统动力学[M].北京：科学出版社,2009.

[354] 周含,刘津言.社会网络对企业中高层女性管理者职业成功的影响研究[J].中国人力资源开发,2012(12)：5-11.

[355] 周文霞,谢宝国,辛迅,等.人力资本、社会资本和心理资本影响中国员工职业成功的元分析[J].心理学报,2015,47(2)：251-263.

[356] 周晓虹.现代社会心理学：多维视野中的社会行为研究[M].上海：上海人民出版社,1997.

[357] 周雪光.从"官吏分途"到"层级分流"：帝国逻辑下的中国官僚人事制度[J].社会,2016,36(1)：1-33.

[358] 周永康.大学生角色认同的实证研究[D].重庆：西南大学,2008.

[359] 朱飞.中国高科技企业的雇佣关系变革：特征、问题及其管理对策研究[J].生产力研究,2009(11)：119-121.

附　　录

附录A　深度访谈意见征询

亲爱的女性朋友,您好!

　　非常感谢您协助我们进行"女性MBA毕业生受教育、职业和家庭生涯交互开发"的研究调查。该项研究主要想了解您在MBA学习期间的一些情况,作为专项跟踪研究的重要素材。没有任何商业性质,而且对您提供的资料做匿名处理,请您放心,保证不会泄露您的个人隐私。该调查包括两部分,首先是对您的一些基本情况进行调查;而后,在基本调查的基础上,我们要对您进行电话访谈或面谈。

×××
2012年4月1日

1. 您的姓名:
2. 您的出生日期:＿＿＿年＿＿＿月
3. 您现在的职业:
4. 初次参加工作的时间:＿＿＿年＿＿＿月
5. 初次参加工作的职业:
6. 您一共转换了几次职业:
　　　□1次　　□2次　　□3次　　□4次　　□5次以上
　　其中:(1) 第一次职业转换的时间:＿＿＿年＿＿＿月,岗位＿＿＿
　　　　　(2) 第二次职业转换的时间:＿＿＿年＿＿＿月,岗位＿＿＿
　　　　　(3) 第三次职业转换的时间:＿＿＿年＿＿＿月,岗位＿＿＿
　　　　　(4) 第四次职业转换的时间:＿＿＿年＿＿＿月,岗位＿＿＿
7. 您攻读MBA的时间:从＿＿＿年＿＿＿月到＿＿＿年＿＿＿月
8. 您攻读MBA时是:
　　　□脱产　　□在职　　□先脱产后在职　　□先在职后脱产

9. 您攻读 MBA 所选的专业方向：
10. 您的最高学历： □MBA □博士
11. 您在上 MBA 以前的学历：
    □大专 □本科 □专接本
12. 您在本科(大专)期间所学的专业：
13. 您目前的婚姻状态：
    □已婚有配偶 □离异 □丧偶
14. 您丈夫的职业：
15. 您丈夫的现学历：
    □大专及以下 □本科 □专接本 □硕士
    □硕士在读 □博士 □博士在读 □博士后
16. 您丈夫攻读最高学历的时间：从＿＿年＿＿月到＿＿年＿＿月
17. 您丈夫攻读最高学历时是：
    □脱产 □在职 □先脱产后在职 □先在职后脱产
18. 您有几个子女：＿＿个,其中：＿＿男＿＿女
    他们出生的时间分别是：男：＿＿年＿＿月;女：＿＿年＿＿月
19. 攻读 MBA 时,您发生了哪种情况(可多选)：
    □结婚 □怀孕 □分娩 □哺乳期
20. 您 □是 □否愿意接受我们的下一步访谈

    如果方便,请留下您的联系方式：电话＿＿＿＿ 邮箱＿＿＿＿

    再次感谢您的大力协助！

附录 B 访谈记录节选

QRR

年龄：29 岁

教育经历：××科技大学生物工程专业毕业。

总体特征描述：亲切健谈,积极乐观,充满正能量。身体看起来比较健康。

求学动机：

　　读 MBA 目的很明确,就是为了转行。原本就职于某高中的网校,与该

高中合作办高考复读班,担任生物老师和班主任。主要的工作内容是负责上生物课、班级管理、监督学生晚自习、负责判作业等。工资很低,每月才1 800元。但工作压力不大。奖金每年会发四五千。工作了三年半,起初单位承诺如果工作出色可以转到该高中做老师,但后来发现只是画的一个大饼,成为正式老师的可能性并不大。觉得这个工作不正规,没什么职业发展前景,因此想起考研,可以在毕业之后重新择业。

选择过程:

2008年9月开始复习,差不多同一时期发现自己怀孕了。如果没怀孕会选择读普通班(在职MBA),不会考虑辞职读全日制MBA,毕竟在职攻读还可有一份比较稳定的收入。怀孕并不是提前规划好的,完全在计划之外,本来打算在上学期间课程不多的学期再生孩子,以免影响学业。但既然已经怀孕了,为了更好地照顾孩子,也为了更好地完成学业,面试之后取通知书时,向学校申请改成全日制MBA。

生育之前没有太大困难:

复习期间心里很清静,也完全不觉得一边怀孕一边复习有什么困难,各方面兼顾得很好。在2009年8月底产下8斤半男孩。孩子出生后仅休息了45天,学校就开学了,克服各种困难开始了MBA的相关课程。

生育之后的困难:

首先最大的困难是精力不足,感觉特别累,体力吃不消。第一年的课很紧凑,周一到周五基本都是课。老师们对全日班的要求比较严格,不能缺太多课。加上我也是个学习很努力的人,几乎所有课程都很认真听讲,积极完成老师们布置的各种任务。此外,我在MBA学习期间,还充分利用了这段难得的不用工作的时间,考了很多资格证书,为后续换工作做准备。

读全日制MBA的这段时间,感觉经济压力很大。一方面,我没有了每个月的固定收入,没有稳定的现金流,心里就少了一些安全感。另一方面,宝宝刚出生,需要花钱的地方很多,再加上每年还要交学费,经济上的压力感觉很明显。大人可以很节省,但孩子需要的东西一定要舍得花钱,每个月的固定开销摆在那儿呢。

印象很深刻,那段时间总生病。一是因为产后没休息好,基本上出了月子就开始上学了。另外也是因为各方面的压力很大,学业的压力、经济的压力、未来前途未卜的压力等。那段时间身体很虚弱,免疫力差,课程负担较重的那两个学期发烧四五次。那段时间确实很难熬,我是个很负责任的妈妈,一直坚持母乳喂养,可是我一生病,尤其是发烧的情况下,吃了药就不能给宝宝喂母乳,真是又心疼又焦急。但还好,最后还是咬牙挺过去了,坚持喂到1岁左右才给孩子断奶。

其间获得的帮助：

孩子2岁前,主要是婆婆负责帮忙照看,妈妈也会偶尔来打个替班。爱人是生科院老师,白天需要带领学生做实验,也没有太多精力照顾家里。多亏有两位长辈的帮助,减轻了我的负担,让我从繁忙的家务中解脱出来,才有更多精力能够投入学业当中。

班级有40多名同学,性别比例1∶1。女同学在读MBA期间生孩子的情况比较常见,同学中孩子妈妈比较多,孩子都挺小需要照顾,大家经常聚在一起分享育儿经验。除此之外,班级同学之间的交流很多,大家学习都很投入,一起参与课堂讨论,一起完成课下老师布置的任务,一起参加班级活动,同学们之间的关系很亲近。毕业后还会经常定期、不定期地聚会。

也获得了导师的帮助,他帮忙推荐了工作。后来工作时,同学们也很帮忙,从同班同学、同届同学以及同校同学处均获得了较大帮助。

职业生涯发展结果：

2011年6月进入××银行,对公客户经理,在没有稳定客户之前,工作很累,绩效指标要求很高,目前还无法完成。转换工作后每个月有5 000多,虽然工资高了,但压力很大,上班离家太远。单位的人际氛围还挺好,就是完成业绩指标的压力太大。

挖掘客户,不仅仅是聊得来就行,资源背后往往是人情和长期合作,突然改贷款银行,会破坏原来的关系。因此,培养客户群需要较长的时间,但银行的绩效指标是短期功利性的。目前有准备辞职的打算。觉得可以转为管理岗,也可以考虑进企业,正在联系筹划之中。通常都是私人关系拉客户,尤其是民营企业的老总对存贷款的权力很大。

目前小孩已经上幼儿园,送到山西父母家照看。父母家的经济条件很好,现在也不需要交抚养费。

总体感受：

对学业没有什么影响,除了生病等原因,基本上没有缺过课。已婚已育,因为不用休产假,省去了很多用人成本,用人单位很喜欢雇用已婚已育的女员工,至少比未婚女性和已婚未育的女性更受用人单位欢迎。通过读MBA期间完成了生宝宝、带宝宝的人生大事,为自己争取到了职场上的相对优势。

一开始想去证券公司,与同学交谈中获悉理财分析师的工作压力很大,所以想着去银行,没想到银行的客户经理工作压力也很大。因为想去银行,所以财务的课上得非常认真。所学的知识在工作中用到了很多。觉得MBA读得挺值得。

女性想要平衡家庭和事业的确挺难的,同等条件下,女性在能力、学历、努力程度方面能拼得过男性,但是在社交应酬方面女性完全没有优势。而且目前中国的社会,女性要更多地负责照顾家庭,在职业生涯发展上需要付出更多的努力。

附录C 2013年调查问卷(预调研)

亲爱的朋友:

您好。此调查问卷旨在了解多角色参与对个人、家庭和职业发展的影响,以便为改善您的职业状态提供建议。研究者承诺问卷信息仅做学术研究之用,会对您的隐私保密,请您放心填写,并如实回答。对于您的帮助与配合本人深表感谢,并致以诚挚敬意!祝您身体健康,生活愉快!

×××

2013年6月9日

一、基本信息

1. 您的性别:(A) 男   (B) 女
2. 您的出生年份:____年
3. 您第一学历所在的学校:
4. 您攻读在职学位的形式(例如,MBA、EMBA等),所在学校:____
5. 您正在或已经获得的最高学历为:(A) 硕士   (B) 博士
6. 您攻读在职学位的时间:从____年____月到____年____月
7. 您的婚姻状况:A 未婚   B 已婚
8. 你的子女数量:____个孩子
9. 初次参加工作的时间:____年
10. 初次参加工作以来,您换过几次工作:____次(若没有,请填"0")

11. 开始攻读在职学位以来,您换过几次工作:＿＿次
12. 初次参加工作以来,您的累积晋升次数:＿＿次
13. 开始攻读在职学位以来,您的累积晋升次数:＿＿次

二、请就您当前的职业竞争力进行评价

您当前的职业竞争力	1(非常不符合)	2(比较不符合)	3(不清楚)	4(比较符合)	5(非常符合)
1. 目前供职单位将我视作组织的宝贵资源	1	2	3	4	5
2. 目前供职的单位认为我能为组织创造价值	1	2	3	4	5
3. 我在目前供职的单位里有许多发展机会	1	2	3	4	5
4. 我很容易就能在其他单位找到与现在类似的工作	1	2	3	4	5
5. 凭我的技能和经验,我有很多可以选择的工作机会	1	2	3	4	5
6. 凭我的技能和经验,其他单位也将我视为宝贵的资源	1	2	3	4	5

三、请您就职业发展满意度进行评价

您的职业发展满意度	1(非常不满意)	2(比较不满意)	3(一般)	4(比较满意)	5(非常满意)
1. 对自己在职业上所取得的成就,我感到	1	2	3	4	5
2. 对自己在实现总体职业目标上所取得的进步我感到	1	2	3	4	5
3. 对自己在收入目标上所取得的进步,我感到	1	2	3	4	5
4. 对自己在晋升目标上所取得的进步,我感到	1	2	3	4	5
5. 对自己在技能目标上所取得的进步,我感到	1	2	3	4	5

四、如果您曾经有攻读在职学位的经历,请回忆该阶段您同时承担的角色种类及相应的时间精力投入程度,并在相应数字下面进行标记(例如,如果当时尚未结婚,则在"配偶角色"项,数字 0 上面做标记;如果当时有男/女朋友,且该角色需要我投入较多的时间与精力,则在"恋人角色"项,数字 4 上做标记)

请根据攻读"在职学位"期间的角色情况填写	0(无角色)	1(投入极少)	2(投入较少)	3(投入适中)	4(投入较多)	5(投入极多)
1. 配偶角色(丈夫/妻子)	0	1	2	3	4	5
2. 恋人角色(男/女朋友)	0	1	2	3	4	5
3. 子女角色(儿子/女儿)	0	1	2	3	4	5
4. 父母角色(父亲/母亲)	0	1	2	3	4	5
5. 家务劳动承担者	0	1	2	3	4	5
6. 家庭事务决策者	0	1	2	3	4	5
7. 经营者(自己当老板)	0	1	2	3	4	5
8. 正式工作角色	0	1	2	3	4	5
9. 兼职工作角色	0	1	2	3	4	5
10. 自由职业者	0	1	2	3	4	5
11. 学生角色	0	1	2	3	4	5
12. 社团或非营利组织成员	0	1	2	3	4	5
13. 志愿者或社会工作者	0	1	2	3	4	5
14. 朋友角色(友谊)	0	1	2	3	4	5
15. 宗教角色	0	1	2	3	4	5
16. 业余活动的爱好者	0	1	2	3	4	5
如有其他角色(请注明)	0	1	2	3	4	5

五、请回忆攻读在职学位期间,当您同时承担工作、家庭、学生等多种角色时,给您带来的困难,并根据困难的程度在相应数字上进行标注

请根据多角色参与对您的消极影响程度回答	0(从不这样)	1(很少这样)	2(偶尔这样)	3(有时这样)	4(经常这样)	5(总是这样)
1. 多角色参与使我时间不够用	0	1	2	3	4	5
2. 多角色参与使我感到时间冲突	0	1	2	3	4	5
3. 多角色参与使我体力透支	0	1	2	3	4	5
4. 多角色参与使我精神疲惫	0	1	2	3	4	5
5. 多角色参与使我力不从心	0	1	2	3	4	5
6. 多角色参与使我情绪低落	0	1	2	3	4	5
7. 多角色参与使我心力交瘁	0	1	2	3	4	5
8. 多角色参与使我感到很大压力	0	1	2	3	4	5
9. 多角色参与使我顾此失彼	0	1	2	3	4	5
10. 多角色参与让我感到理念冲突	0	1	2	3	4	5
11. 多角色参与使我不得不委曲求全	0	1	2	3	4	5
12. 多角色参与使我感到悲观无助	0	1	2	3	4	5
13. 多角色参与使我感到手忙脚乱	0	1	2	3	4	5
14. 多角色参与使我感到自顾不暇	0	1	2	3	4	5

六、请根据您攻读在职学历时的经历,回答以下问题

攻读在职学位期间	0(从不这样)	1(很少这样)	2(偶尔这样)	3(有时这样)	4(经常这样)	5(总是这样)
1. 我感到缺乏快乐	0	1	2	3	4	5
2. 我感到缺乏动力	0	1	2	3	4	5
3. 我感到无望	0	1	2	3	4	5
4. 我感到忧郁沮丧	0	1	2	3	4	5
5. 我感到缺少兴趣	0	1	2	3	4	5
6. 我经常贬低自我	0	1	2	3	4	5
7. 我感到生活毫无意义感	0	1	2	3	4	5
8. 我感到体力消耗过度	0	1	2	3	4	5
9. 我特别敏感	0	1	2	3	4	5
10. 我感到精神紧张	0	1	2	3	4	5
11. 我感到不安	0	1	2	3	4	5
12. 我感到很难放松	0	1	2	3	4	5
13. 我感到缺乏耐心	0	1	2	3	4	5
14. 我易被激怒	0	1	2	3	4	5

七、请回忆攻读在职学位期间,当您同时承担工作、家庭、学生等多种角色时,对您形成的积极影响,并根据影响程度在相应数字上进行标注

请根据多角色参与对您的积极影响程度回答	0(没有帮助)	1(帮助很小)	2(帮助较小)	3(一般)	4(帮助较大)	5(帮助很大)
1. 多角色参与拓展了我的人际网络	0	1	2	3	4	5
2. 多角色参与提升了我的社会地位	0	1	2	3	4	5
3. 多角色参与为我带来了更多额外资源	0	1	2	3	4	5

续表

请根据多角色参与对您的积极影响程度回答	0(没有帮助)	1(帮助很小)	2(帮助较小)	3(一般)	4(帮助较大)	5(帮助很大)
4. 多角色参与使我获得了更多的帮助	0	1	2	3	4	5
5. 多角色参与使我获得了更多情感支持	0	1	2	3	4	5
6. 多角色参与使我获得了更多有价值的信息	0	1	2	3	4	5
7. 多角色参与使我获得了更先进的知识与理念	0	1	2	3	4	5
8. 多角色参与提升了我的学习能力	0	1	2	3	4	5
9. 多角色参与提升了我的分析理解能力	0	1	2	3	4	5
10. 多角色参与提升了我解决问题的能力	0	1	2	3	4	5
11. 多角色参与拓展了我的视野	0	1	2	3	4	5
12. 多角色参与提升了我思考问题的高度与深度	0	1	2	3	4	5
13. 多角色参与提升了我的心智成熟度	0	1	2	3	4	5
14. 多角色参与改进了我处理问题的方式	0	1	2	3	4	5
15. 多角色参与丰富了我的人生阅历	0	1	2	3	4	5
16. 多角色参与提高了我的心理安全感	0	1	2	3	4	5
17. 多角色参与满足了我的情感需求	0	1	2	3	4	5
18. 多角色参与提高了我的自信心	0	1	2	3	4	5

续表

请根据多角色参与对您的积极影响程度回答	0(没有帮助)	1(帮助很小)	2(帮助较小)	3(一般)	4(帮助较大)	5(帮助很大)
19. 多角色参与提高了我的成就感	0	1	2	3	4	5
20. 多角色参与帮助我在多方面实现了自身价值	0	1	2	3	4	5

再次感谢您的配合,祝您工作顺利,生活愉快!

附录 D 2021 年调查问卷

亲爱的朋友:

您好。此调查问卷旨在了解参与多角色对个人、家庭和职业发展的影响,为改善您的职业状态提供建议。研究承诺问卷信息仅做学术研究之用,并对您的隐私保密,请您放心填写,并如实回答。在此,向您深表感谢,并致以诚挚敬意!祝身体健康,生活愉快!

一、基本信息

1. 您的性别:

   (A) 男   (B) 女

2. 您的年龄:

   (A) 25 周岁以下   (B) 26—30 周岁   (C) 31—35 周岁

   (D) 36—40 周岁   (E) 41—50 周岁   (F) 51—60 周岁

   (G) 61 周岁以上

3. 您的最高学历:

   (A) 高中及以下   (B) 本科及大专   (C) 硕士   (D) 博士

4. 您的婚姻状况:

   (A) 未婚   (B) 已婚   (C) 离婚

5. 您的子女数量:

   (A) 0 个   (B) 1 个   (C) 2 个   (D) 3 个及以上

6. 您的工龄:

(A) 3 年以下　　(B) 4—5 年　　(C) 6—10 年　　(D) 11—15 年
(E) 16 年及以上

7. 工作以来,您换过几次工作:
(A) 没换过　　(B) 1—2 次　　(C) 3—4 次　　(D) 5—6 次
(E) 7 次及以上

8. 参加工作以来,您的累积晋升次数:
(A) 暂未晋升　　(B) 1—2 次　　(C) 3—4 次　　(D) 5—6 次
(E) 7 次及以上

二、请就您当前的职业竞争力进行评价

您当前的职业竞争力	1(非常不符合)	2(比较不符合)	3(不清楚)	4(比较符合)	5(非常符合)
1. 目前供职单位将我视作组织的宝贵资源	1	2	3	4	5
2. 目前供职单位认为我能为组织创造价值	1	2	3	4	5
3. 我在目前供职的单位里有许多发展机会	1	2	3	4	5
4. 我很容易就能在其他单位找到与现在类似的工作	1	2	3	4	5
5. 凭我的技能和经验,我有很多可以选择的工作机会	1	2	3	4	5
6. 凭我的技能和经验,其他单位也将我视为宝贵的资源	1	2	3	4	5

您的职业发展满意度	1(非常不满意)	2(比较不满意)	3(一般)	4(比较满意)	5(非常满意)
1. 对自己在职业上所取得的成就,我感到	1	2	3	4	5
2. 对自己在实现总体职业目标上所取得的进步,我感到	1	2	3	4	5
3. 对自己在收入目标上所取得的进步,我感到	1	2	3	4	5

续表

您的职业发展满意度	1(非常不满意)	2(比较不满意)	3(一般)	4(比较满意)	5(非常满意)
4. 对自己在晋升目标上所取得的进步,我感到	1	2	3	4	5
5. 对自己在技能目标上所取得的进步,我感到	1	2	3	4	5

三、请根据您当前所承担的角色任务及精力投入程度回答以下问题,0 表示未承担该角色,1 表示对该角色投入较少,5 表示对该角色投入精力较多

请根据您所承担的角色情况填写	0(未承担)	1(投入极少)	2(投入较少)	3(投入适中)	4(投入较多)	5(投入极多)
1. 配偶角色(丈夫/妻子)	0	1	2	3	4	5
2. 恋人角色(男/女朋友)	0	1	2	3	4	5
3. 子女角色(儿子/女儿)	0	1	2	3	4	5
4. 父母角色(父亲/母亲)	0	1	2	3	4	5
5. 家务劳动承担者	0	1	2	3	4	5
6. 家庭事务决策者	0	1	2	3	4	5
7. 经营者(自己当老板)	0	1	2	3	4	5
8. 正式工作角色	0	1	2	3	4	5
9. 兼职工作角色	0	1	2	3	4	5
10. 自由职业者	0	1	2	3	4	5
11. 学生角色	0	1	2	3	4	5
12. 社团或非营利组织成员	0	1	2	3	4	5
13. 志愿者或社会工作者	0	1	2	3	4	5
14. 朋友角色(友谊)	0	1	2	3	4	5
15. 宗教角色	0	1	2	3	4	5
16. 业余活动的爱好者	0	1	2	3	4	5
如有其他角色(注明)	0	1	2	3	4	5

四、请根据您承担多类角色给您带来的<u>困难</u>程度,在相应数字上进行标注

请根据参与多类角色对您的消极影响程度回答	1(很少这样)	2(偶尔这样)	3(有时这样)	4(经常这样)	5(总是这样)
1. 参与多类角色使我时间不够用	1	2	3	4	5
2. 参与多类角色使我感到时间冲突	1	2	3	4	5
3. 参与多类角色使我体力透支	1	2	3	4	5
4. 参与多类角色使我精神疲惫	1	2	3	4	5
5. 参与多类角色让我感到理念冲突	1	2	3	4	5
6. 参与多类角色使我不得不委曲求全	1	2	3	4	5
7. 参与多类角色使我感到悲观无助	1	2	3	4	5
8. 参与多类角色使我感到手忙脚乱	1	2	3	4	5
9. 参与多类角色使我感到自顾不暇	1	2	3	4	5

五、请根据承担多类角色对您形成的<u>积极</u>影响程度,在相应数字上进行标注

请根据参与多类角色对您的积极影响程度回答	1(帮助很小)	2(帮助较小)	3(一般)	4(帮助较大)	5(帮助很大)
1. 参与多类角色拓展了我的人际网络	1	2	3	4	5
2. 参与多类角色为我带来了更多额外资源	1	2	3	4	5
3. 参与多类角色使我获得了更多的帮助	1	2	3	4	5
4. 参与多类角色使我获得了更多情感支持	1	2	3	4	5
5. 参与多类角色使我获得了先进的知识与理念	1	2	3	4	5

续表

请根据参与多类角色对您的积极影响程度回答	1(帮助很小)	2(帮助较小)	3(一般)	4(帮助较大)	5(帮助很大)
6. 参与多类角色提升了我的学习能力	1	2	3	4	5
7. 参与多类角色提升了我的分析理解能力	1	2	3	4	5
8. 参与多类角色提升了我解决问题的能力	1	2	3	4	5
9. 参与多类角色拓展了我的视野	1	2	3	4	5
10. 参与多类角色提升了我思考问题的高度与深度	1	2	3	4	5
11. 参与多类角色丰富了我的人生阅历	1	2	3	4	5
12. 参与多类角色提高了我的心理安全感	1	2	3	4	5
13. 参与多类角色满足了我的情感需求	1	2	3	4	5
14. 参与多类角色提高了我的自信心	1	2	3	4	5
15. 参与多类角色提高了我的成就感	1	2	3	4	5
16. 参与多类角色帮助我在多方面实现了自身价值	1	2	3	4	5

六、请根据您应对困难和挫折时采取的态度和做法,填答以下选项

请根据您采取的态度和做法回答	1(非常不符合)	2(比较不符合)	3(不清楚)	4(比较符合)	5(非常符合)
1. 遇到问题时,与周围人商量					
2. 试图说服相关负责人改变其想法					

续表

请根据您采取的态度和做法回答	1(非常不符合)	2(比较不符合)	3(不清楚)	4(比较符合)	5(非常符合)
3. 通过与他人交流以掌握更多情况					
4. 在一些问题上我会与领导据理力争					
5. 找能够对解决问题有所帮助的人进行沟通					
6. 曾经做过一些具有风险挑战的事					
7. 积极向他人表达自己的感受					
8. 坚持自己的立场,努力争取自己想要的东西					
9. 提出多样的问题解决方案					
10. 在脑海中反复思量我要怎么说,该怎么做					
11. 我会想想我崇拜的人在相同的处境下会怎么做,并以此为借鉴					
12. 下班时尽量不拖延					
13. 自我批评、自我训诫					
14. 希望能够有奇迹发生					
15. 顺其自然,有时只是运气不好					
16. 在感觉压力大时,比平时睡得更多					
17. 感觉压力大时,试图忘掉整件事情					
18. 试图通过吃东西、饮酒、吸烟、服用药物等方式使自己感觉好一些					

请根据您采取的态度和做法回答	1(非常不符合)	2(比较不符合)	3(不清楚)	4(比较符合)	5(非常符合)
19. 拿别人出气					
20. 期望能够改变事情的结局或者调整自己的感受					
21. 我会做白日梦,幻想出一个比当下更好的处境					
22. 希望有压力的情况消失或以某种方式结束					
23. 对事情的结局仍抱有幻想或期望					
24. 会痛哭一场					
25. 压抑自己愤怒沮丧的情绪					
26. 通常会避免跟人打交道					
27. 逃避与其他工作同事打交道					
28. 通过骂人、摔东西、撕纸等方式表达愤怒和懊恼					

再次感谢您的配合,祝您工作顺利,生活愉快!